Kretschmann · Die Kraft der inneren Bilder

Konzept und Beratung der Reihe Beltz Weiterbildung:

Prof. Dr. Karlheinz A. Geißler, Schlechinger Weg 13, D-81669 München.
Prof. Dr. Bernd Weidenmann, Weidmoosweg 5, D-83626 Valley.

Rolf Kretschmann

Die Kraft der inneren Bilder

101 Übungen, mit denen Sie Probleme in Beruf und Privatleben meistern können

Beltz Verlag · Weinheim und Basel

Über den Autor:

Rolf Kretschmann, Jg. 1943, Diplom-Sozialwirt und Soziotherapeut, arbeitet in Kassel in eigener Praxis.

Besuchen Sie uns im Internet:
http:/www.beltz.de

Gesetzt nach den neuen Rechtschreibregeln
Lektorat: Ingeborg Sachsenmeier

Herstellung: Ute Jöst, Publikations-Service, Birkenau
Satz: Satz- und Reprotechnik GmbH, Hemsbach
Druck: Druckhaus Beltz, Hemsbach
Umschlaggestaltung und Grafiken auf S. 3, 11: Bernhard Zerwann, Bad Dürkheim
Zeichnungen: Ulrike Rath
Printed in Germany

ISBN 3-407-36362-1

Inhaltsverzeichnis

Einführung

Probleme leichter, lockerer, lustvoller lösen

Wunschträume: Motivationshilfe

Ein ganzer Chor von Wünschen steckt in uns. Einer davon ist: dass das Leben nur luftig und lustig sein möge. Wir tragen ja irgendwie immer den Traum vom Himmel auf Erden mit uns herum. Aber warum auch nicht? Dieser Traum hilft uns immerhin, dann und wann einen etwas leichteren Weg zu finden, als wir ihn bisher gewohnt waren. Und dieser Traum lässt Sie vielleicht auch zu eben diesem Buch greifen.

Träumen ist nicht abwegig, sondern hilfreich und nötig. Träume sind bedeutsam für unsere seelische Stabilität. Schon von alters her wird ihnen eine besondere Bedeutung beigemessen. Und bis heute werden Traum-Interpretationen als Lebenshilfe genutzt, allerdings vor dem Hintergrund wechselnden Verständnisses und sich ändernder Theorien.

Innere Bilder: Orientierungshilfe

Aber nicht nur unsere Nachtträume sind lebenswichtig für unser Seelenleben. Schon die Tagträume brauchen wir als Pfadfinder und Problemlösungshelfer. Nehmen Sie nur das Problem, dass Sie zum Bahnhof wollen. Was spielt sich in Ihnen ab? Sie sehen erst einmal innerlich den Bahnhof vor sich und danach die Straßen oder Verkehrsmittel, die Sie dorthin bringen können. Nur so finden Sie ihn tatsächlich. Sie greifen also auf innerlich gespeicherte Bilder zurück.

Tagträume: Problemlösungshilfe

Solche inneren Bilder helfen uns aber auch sonst. Denn sie sind nicht so starr und unveränderlich wie die äußere Realität. Wir können sie durcheinander wirbeln und beliebig zusammensetzen – wie dies eben im Traum geschieht. Wir können sie zudem symbolhaft mit Emotionen aufladen. Ihr Spektrum reicht dabei von der detailgetreuen Abbildung äußerer Realität bis zu den wunderbarsten Irrealitäten und Traumwelten.

Diese Eigenschaft macht sie ausgesprochen hilfreich für das Problemlösen. In unseren inneren Bilder- und Traumwelten können wir erst einmal alle möglichen Problemkonstellationen nachbilden. Danach ist es möglich, geeignete Lösungsansätze durchzutesten und auszuprobieren. Zugleich können wir Wünsche, Ängste oder sonstige Emotionen sichtbar in diese Problem-

und Lösungskonstellationen einbringen. Und wo Probleme eigentlich nur abstrakt sind, finden sich zudem Symbole, mit denen sich stellvertretend arbeiten lässt.

So auf inneren Bildebenen Probleme zu lösen ersetzt nicht unbedingt andere Lösungsmöglichkeiten. Aber der Einstieg in diese Bilderwelt kann manchmal wesentlich schneller Erfolg bringen als andere Vorgehensweisen. Er kann zudem zu verblüffenden Einsichten und besonders kreativen Lösungen führen. Und er kann – nicht zuletzt – einfach auch Vergnügen bereiten.

Zum Umgang mit diesem Buch

Lesergruppen

Dieses Buch wendet sich zunächst an diejenigen, die ihre persönliche Problemlösungskompetenz im Selbststudium erweitern wollen. Es ist in Anrede und Text fast durchgehend auf diese Leser zugeschnitten. Aber in gleichem Maße ist das Buch auch für diejenigen bestimmt, die als Trainerin oder Trainer neue Ideen für ihre Seminare suchen.

Wenn Sie für Ihren persönlichen Bedarf neue Möglichkeiten der Problemlösung kennen lernen wollen, fühlen Sie sich vielleicht zunächst von dem vielfältigen Angebot dieses Buches irritiert oder erschlagen. Vertrauen Sie dann einfach Ihren Wünschen und Abneigungen! Diese werden Sie schon leiten. Blättern Sie im Buch herum und schauen Sie, wo Sie etwas »anspringt«. So finden Sie wahrscheinlich das, was im Moment gerade von Bedeutung für Sie ist.

Themenauswahl

Selbst wenn ein Thema vielleicht nicht haargenau Ihr eigenes Problem trifft, so können Sie doch oft davon profitieren. Denn viele Themen decken auch Bereiche mit ab, die im Text nicht ausdrücklich erwähnt werden. Im Übrigen bietet Ihnen Übung 54 ein Verfahren, das Sie für die Auswahl von Themen benutzen können. Es setzt allerdings voraus, dass Sie schon mit etlichen anderen Übungen vertraut sind.

Manche Übungen sind nur für eine einmalige Anwendung bestimmt. Ein Problem ist damit umgehend zu lösen. Mit anderen Themen und Übungen sollten Sie dagegen eine Weile leben. Das bedeutet: Das dort vorgestellte Verfahren muss längerfristig angewendet werden. Es kann unter Umständen Wochen dauern, bis die erwünschte Wirkung dauerhaft eintritt. In dieser Zeit sollten Sie sich nicht übernehmen: Maximal drei solcher Themen sind nebeneinander zu bewältigen.

Anleitung für eigene Bilder

Vielleicht sitzen Sie zunächst ratlos da, wenn Sie auf eine lange Anleitung für ein inneres Bild stoßen. Sie fragen sich: Wie kann ich mir das merken, ohne zwischendurch ins Buch zu sehen? Es gibt Autoren, die deshalb vorschlagen, einen Anleitungstext auf Band aufzunehmen und abzuspielen. Das geht – aber damit ist man an den zeitlichen Rhythmus des aufgesprochenen Textes gebunden. Ich schlage stattdessen vor, sich die Anleitung einzuprägen. Man kann sich die wichtigsten Teile aussuchen und andere weglassen. Eine Hilfe ist zudem, das Wesentliche in Stichworten festzuhalten und sich zu merken. Die Stichworte rufen dann das Übrige ins Gedächtnis zurück.

Die Anleitungstexte sind so knapp wie möglich geschrieben. Es fehlen Ausschmückungen, die Sie tiefer in ein inneres Bild hineinführen könnten. Deshalb ein Tipp dazu: Zunächst entspannen Sie sich, wie es in Übung 2 oder 9 beschrieben ist. Ist das geschehen, konzentrieren Sie sich zunächst mit geschlossenen Augen auf spontan sichtbare Einzelheiten des jeweils gewählten inneren Bildes. Schauen Sie sich diese genau an. Dann geraten Sie automatisch tiefer in die inneren Bilder hinein. Sie erleben mehr und intensiver. Und die gewünschten Problemlösungen stellen sich dann fast von alleine ein.

Bildstopp

Ausnahmsweise kann es vorkommen, dass ein inneres Bild starke Eigendynamik gewinnt und sich in unerwünschter Weise entwickelt. Dann sagen Sie innerlich energisch »Stopp!«. Sie bringen es so zum Stillstand. Danach ballen Sie die Hände zu Fäusten, recken und strecken sich und öffnen die Augen.

Bildbeendigung

Die normale Beendigung von inneren Bildern geschieht ebenfalls so: Mit dem Ballen von Fäusten, Recken und Strecken und Augenöffnen. Eine mögliche andere Form finden Sie in Übung 9.

Wenn Sie als Trainerin oder Trainer dieses Buch für Ihre Seminare verwenden wollen, ist ein gewisses Maß an Erfahrung im Umgang mit inneren

Anleitung für Bilder in der Gruppe

Bildern unabdingbar. Denn um die Entwicklung solcher Visualisierungen zu unterstützen, empfiehlt es sich etwa, die knappen Anleitungen aus diesem Buch mit Füllwörtern und -sätzen zu strecken. So räumen Sie den Teilnehmern ausreichend Zeit für die Entwicklung der inneren Bilder ein, ohne dass dabei Ihre verbale Führung abreißt. Hilfreich ist zudem, wenn Sie die Anleitung zur Visualisierung aus der hier meistens verwendeten »Sie«-Anredeform in die »Ich«-Form transponieren (statt »Sie stellen sich vor …« ist die Anleitung besser: »Ich stelle mir vor …«). Wenn sich bei Teilnehmern ein inneres Bild in unvorhergesehener Weise entwickelt – das ist selten, aber nicht ausgeschlossen –, ist es zudem wichtig, diese Situation in geeigneter Weise aufzufangen.

Kapitel 1
Probleme lockern

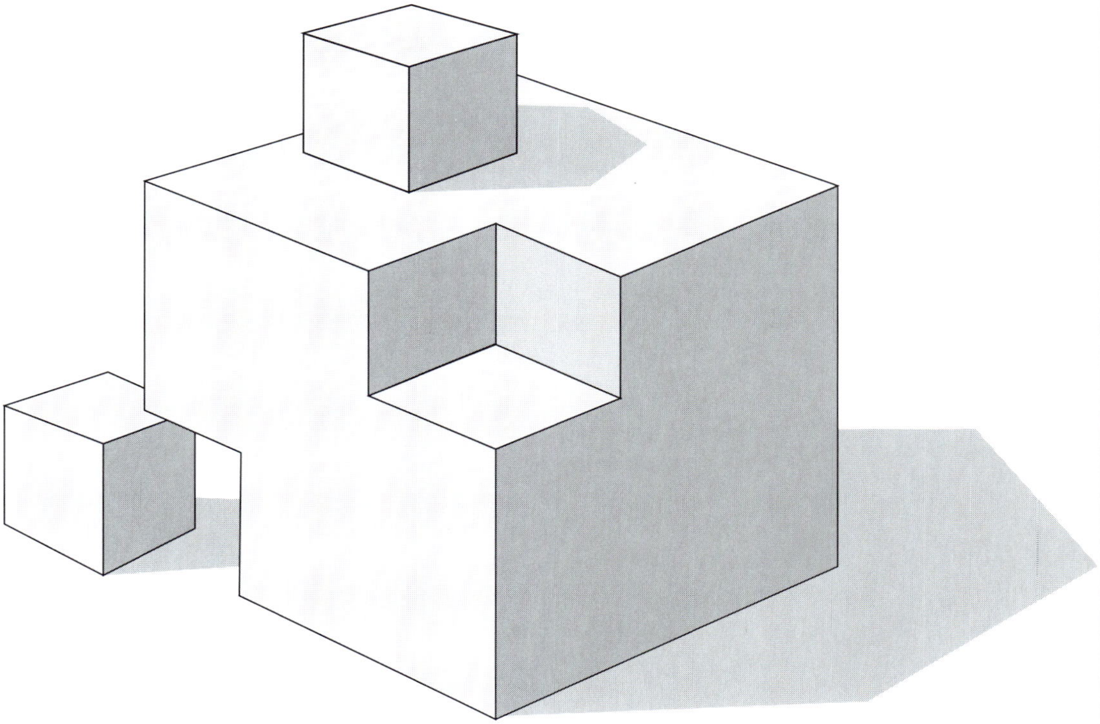

Übung 1 Anfangshemmungen auflösen: Erheiternde Verfremdung

Probleme gibt es zuhauf und Sie haben vermutlich auch einige davon. Sonst würden Sie sich wohl nicht gerade diesem Buch widmen. Bevor wir uns aber tiefer in Ihre Problemschichtungen hineingraben, fangen wir für eine erste Demonstration und Lektion doch einfach mit dem Nächstliegenden an.

Problembeispiel: Lesebeginn

Für einige Menschen ist der Lesebeginn bei manchem Buch ein Problem, ja fast ein kleines Drama. Er kostet sie einfach reichlich Überwindung. Sie haben den Kopf übervoll und sollen sich dann auch noch seitenlang in die Gedanken eines fremden Menschen verstricken lassen? Sie brauchen dafür entweder Druck – die Freundin etwa will endlich das Buch zurück – oder aber das seltene Geschenk eines ganz entspannt glücklichen Augenblickes. Ich selbst jedenfalls kann ein Buch, das mich im Laden anschrie »Kauf mich!«, danach monatelang auf derselben Stelle verstauben lassen.

Sollten Sie also gerade eher zufällig und lustlos dies Buch aufgeschlagen haben, schlage ich Ihnen ein kleines Fantasie-Experiment vor. Sie werden sehen: Das Leseproblem wird sich sofort etwas verkleinern. Und selbst wenn Sie dieses Problem nicht haben, wird sich in Ihnen etwas verändern. Stellen Sie sich also innerlich Folgendes vor:

Sie werfen dieses Buch hoch bis unter die Zimmerdecke und es kommt mit knatterndem Geflatter wieder herunter. Sie fangen es auf. Dann schleudern Sie es gegen die Wand. Da prallt es ab wie ein Ball und springt zu Ihnen zurück. Sie ziehen nun an ein paar Buchseiten. Sie floppen heraus, aber Gummibänder zerren sie sofort wieder hinein. Sie schlagen das Buch hinten auf, ein kleiner Kuckuck pickt mit dem Kopf vor, quietscht »Kuckuck!«, reißt sofort den Schnabel zurück und klappt zugleich die Seiten über sich zu.

Nun – wie ist es jetzt, dieses Buch hier vor sich zu haben? Sind Sie erheitert, und eine mögliche anfängliche Leseschwere ist verdunstet wie ein drückender Nebel vor einem sonnigen Tag? Oder sind etwa nur Ihre Mundwinkel verächtlich nach unten gerutscht? Hat es weiter oben in Ihnen nur leicht zähnefletschend gedacht: Was soll solch ein Gemache? – Dann legen Sie dieses Buch am besten gleich zur Seite.

Zu meinen Gunsten nehme ich jedoch einfach an: In Ihrem Mund beginnt sich jetzt Lese-Speichel zu sammeln. Doch wenn jetzt zwar Ihr Problem erledigt ist – sofern Sie überhaupt eins hatten –, so drückt mich aber meinerseits nun eins: ein Autoren-Problem. Allerdings eignet sich das ebenfalls sehr schön für Demonstrationszwecke.

Problembeispiel: Leseerwartungen

Dieses Problem ist der bohrende und beißende Gedanke, dass Sie als Leserin oder als Leser möglichst viel, leicht und sinnfällig bei mir lernen wollen. Und dann möchten Sie noch glänzend unterhalten werden. Mit anderen Worten: Von meiner Kunst, es Ihnen recht zu machen, hängen Auflage und Umsatz ab. Das gibt Druck! Da bleibt mir die Schreibspucke weg! Da verwindet sich das Gehirn. Und ich muss schleunigst zu einer Respektlosigkeit finden, die meine Schreibhemmung löst. Was also tun? Ich stelle mir Folgendes vor:

Ein paar Leser haben sich höchstpersönlich auf meinen Schreibtisch verirrt. Nein, nicht in Lebensgröße, sondern sie sind nur – das ist der Trick, und ich hoffe, Sie gestatten ihn mir – sie sind nur etwa so hoch wie mein Kaffeebecher. Da stehen sie nun ratlos herum. Dann klettern sie auf einen Papierstoß, halten Umschau und springen wieder herunter. Schließlich wagen sie sich bis zur Tischkante vor, wo sie mit entsetztem Blick die Entfernung bis zum Boden ausloten. Dann kehren sie zu zwei Blätterstapeln zurück und versuchen zu erschnuppern, was ich da vielleicht Gutes geschrieben haben könnte.

Wie gesagt: Ich hoffe, Sie gestatten mir diesen Trick. Bei mir jedenfalls können nun die Gedanken widerstandsfreier durch die Gehirnwindungen gleiten. Ich schreibe nun lockerer die nächsten Seiten herunter. Und mit nicht mehr fernen Lesern, sondern nahen und interessierten Besuchern kann ich jetzt gut Freund werden. Also auch mit Ihnen.

Übungsergebnis

Was haben Sie jetzt gelernt? Es sollte – auf einen abstrakten Nenner gebracht – etwa so lauten: In einer Situation der Bedrohung und Beklemmung hilft erheiternde Verfremdung. Das, was zunächst bedrückend und lähmend wirkt – sei es Ding oder Mensch –, wird in einen befremdlichen Zusammenhang gebracht. Ein bisschen Stauchung und Verkleinerung helfen noch zusätzlich.

Nach demselben Muster funktioniert übrigens auch der Witz: Es wird eine verblüffende Beziehung zwischen verschiedenen Dingen und Situationen hergestellt – und schon fühlt sich das Zwerchfell gekitzelt. Ein gerissener, erfolgsversessener Redner kann deshalb immer wieder mal für einen Lacher in seinem Vortrag sorgen. Dann sind am Ende Herz, Hirn und Hände des Publikums noch locker genug, um heftig Beifall zu spenden.

Übung 2 Stimmung verbessern: Lachend außer sich geraten

Lockerungsübungen müssen nicht unbedingt punktgenau am Problem ansetzen. Sie können auch den gesamten Menschen ins Visier nehmen, den etwas drückt und beengt. Das ist besonders dann von Vorteil, wenn die Ursachen für die Bedrückung und Beengung gar nicht so genau auszumachen sind. Oder wenn sie so zahlreich sind, dass man alle Hände voll zu tun hätte, wollte man sich ihnen einzeln widmen.

Der Alltag insgesamt kann ja schon das Lebensgefühl in die Klemme bringen. Der Beruf fordert seinen Tribut. Er zwingt leicht zu einer engen Leistungs-, Konkurrenz-, Macht-, Geld- oder Erfolgsperspektive. Er bringt oft dazu, die eigenen Gefühle mit kräftigem Daumendruck niederzuhalten. Oder es gibt den Freizeit-, Haushalts-, Partner- oder Kinderstress. Der macht besorgt, nervös, ängstlich, wütend oder auch nur todmüde – jedenfalls nicht locker, kreativ und besonders problemlösefähig.

Gruppen-Lockerung

Gerade zu Beginn eines Seminars kann es deshalb wichtig sein, dass sich die Teilnehmer von mitgebrachtem Alltagsstress befreien. Wie gehe ich dann vor? Das in Übung 1 angeschnittene Thema Witz legt eine Spur. Beim Witz lockt man den Zuhörer kunstgerecht in die Falle seiner eigenen Erwartungen, die man dann in verblüffender Weise enttäuscht. Das reizt zum Lachen. Ich baue auch eine Falle auf, die Lachen provoziert – allerdings in anderer Form:

Zuerst bitte ich meine Zuhörer, sich ganz bequem hinzusetzen und die Augen zu schließen. Zusätzlich sollen sie sich darauf konzentrieren, innerlich alles loszulassen. Auch äußerlich sollen sie alles loslassen – insbesondere die Arme sollen sie hängen lassen. Dann dürfen sie noch ihren Atem wahrnehmen, wie er aus- und einströmt – so etwa wie Ebbe und Flut. Das sind Vorkehrungen, durch die sie eine erste Entspannung und Lockerung erfahren. Damit können sie das Folgende intensiver erleben.
Danach bitte ich sie, während sie mit geschlossenen Augen dasitzen, sich innerlich eine fröhliche Gesellschaft vorzustellen. Eine Gesellschaft, in der gera-

de alles lacht. Aber das soll nicht nur ein heftigeres Gekichere sein, sondern ein Lachen aus vollem Herzen. Da soll man vor Lachen trampeln, brüllen, heulen und sich verrenken. Da soll man auf die Fensterbank trommeln oder sich am Boden kugeln. Da soll eine Lachsalve der anderen folgen. Und ich schlage meinen Zuhörern vor, sich in ihrer Vorstellung mitten unter die Lacher zu begeben. Sie sollen sich da umschauen und umhören. Sie sollen entdecken, zu welchen Formen des Gelächters Menschen vor lauter innerem Kitzel fähig sind.

Wirkungen der Übung

Dabei schaue ich meinen Zuhörern zu. Und was geschieht? Zuerst erscheint auf ihren Gesichtern ein schwaches Lächeln. Dann kommt aber schon der erste laute Lacher: Da ist jemand innerlich so angesteckt, dass er sich nicht mehr halten kann. Das wiederum verstärkt das Lächeln der Übrigen. Es verbreitet sich rundum Heiterkeit. Und wenn ich dann alle bitte, sich von der innerlich erlebten Gesellschaft in die reale äußere Gesellschaft zurückzubegeben – und dafür die Hände zu Fäusten zu ballen, sich zu recken und strecken und danach die Augen zu öffnen –, dann herrscht eine gelöste Stimmung.

Allerdings funktioniert diese Lockerungsform nicht immer. Bei jemandem, der gerade extrem schlechter Laune ist, kann schon ein erster Gedanke an lauteres Lachen heftigsten Widerwillen erregen. Man sollte ihn dann mit solch einer Übung verschonen.

Persönliche Lockerung

Man kann diese Übung auch für sich allein machen. Wenn Sie einmal ihre Stimmung heben und sich lockern wollen, probieren Sie das Beschriebene einfach in ein paar ruhigen Minuten aus. Prägen Sie sich erst meine Vorgaben ein. Und wenn Sie danach ruhig und entspannt mit geschlossenen Augen dasitzen, lassen Sie eine lachende Gesellschaft in Ihrer Vorstellung auftauchen. Hinterher sind Sie mindestens ein bisschen heiterer und besser aufgelegt.

Übung 3 Perspektive verändern: Einmal ein anderer Mensch sein

Eine andere Form der Lockerung funktioniert über den Reiz neuer Kleidung. Sie kennen das: Manche Leute kaufen erst einmal ein, wenn sie deprimiert sind. Neu Erworbenes hebt ihre Stimmung und lockert sie. Statt auf Pillen oder Psychologen setzen sie auf ein verändertes Outfit. Ich nutze das gelegentlich aus, wenn etwa in einem Seminar eine eher gedrückte Stimmung herrscht:

Ich bitte dann die Mitglieder einer Gruppe nach einer vorbereitenden Entspannung – wie in der vorhergehenden Übung beschrieben –, sich innerlich eine große Kiste vorzustellen. Diese Kiste quillt von Kleidungsstücken geradezu über. Da soll sich nun jeder etwas heraussuchen und anziehen, was besonders locker und fit macht, um Probleme anzugehen. Am Ende sollen alle – wie gleichfalls schon beschrieben – in die Realität zurückkehren.

Übungsergebnisse

Einigen sticht dann obenauf etwas ins Auge. Andere wühlen sich in die Tiefe. Zum Teil wählen sie dann etwas besonders Lockeres und Luftiges zum Anziehen. Eine Frau fand in der Kiste den Leder-Minirock, den sie mit 16 Jahren getragen hatte – in einer besonders glücklichen Zeit. Sie zog ihn sich vergnügt noch einmal an. In der inneren Vorstellung ging das, obwohl sich ihre Figur in der Realität geweitet hatte. Ein Mann warf sich ein weißes Jackett um und schlang sich einen grellroten Schlips um den Hals – womit er sich sonst nicht sehen lassen würde. Ein anderer Mann zog einen Sombrero aus der Kiste. Dann angelte er sich noch ein mexikanisches Hemd dazu.

Diese Form der Lockerung hat etwas von Karneval. Jedenfalls ist die Stimmung danach ausgesprochen gelöst. Jene Frau mit dem Minirock hat übrigens hinterher erklärt: Wenn sie sich diesen Rock heute über ihre Hüften zerren würde, würde das gute Stück allenfalls noch die Breite eines Gürtels haben – das Ergebnis war juchzende Ausgelassenheit.

Auch wenn Sie dieses innere Bild für sich allein im stillen Kämmerlein praktizieren, hat es Wirkung. Es lockert Sie tatsächlich, bevor Sie sich beispielsweise an ein Problem wagen. Sie setzen sich dazu ruhig hin, entspannen sich und schließen die Augen. Dann stellen Sie sich die Kleiderkiste vor. Und Sie nehmen heraus, was Ihnen mehr oder weniger verrückt vorkommt und einen lockereren Menschen aus Ihnen macht. Danach können Sie noch, ohne diese neue Kleidung abzulegen, ein inneres Bild zur unmittelbaren Problemlösung anschließen – Sie sind dann garantiert kreativer dabei!

Übung 4 Sich körperlich lockern: Traumtänzer werden

Eine andere Form der Lockerung ist sportlicher Art. Aber anders als bei der üblichen Gymnastik gerät dabei niemand außer Atem. Vielmehr sitzt man ganz ruhig da – wieder so bequem und entspannt mit geschlossenen Augen, wie schon vorher beschrieben. Nur in der inneren Vorstellung bewegt man sich. Oder genauer gesagt: Man schaut sich selbst zu, wie man sich bewegt. Wenn die Übung in einer Gruppe durchgeführt wird, ist die Vorgabe:

Die Teilnehmer sehen sich an einem angenehmen Ort stehen. Dann beobachten sie sich selbst, wie sie sich in Bewegung setzen – erst langsam, dann schneller. Sie sehen sich laufen, aber danach auch springen und auf einem Bein hüpfen. Und das immer mit Leichtigkeit, Eleganz und Sicherheit. Weiter geht es mit einem Purzelbaum oder einem Salto.
Wenn die Teilnehmer wollen und keine Angst haben, können sie nun in die eigene Haut schlüpfen. Sie sind dann im eigenen Körper. Sie brauchen nicht nur sich selbst zuzusehen. Voraussetzung ist aber, dass sie sich dabei wirklich sicher fühlen. Da können sie dann erleben, wie sich gekonnte Sportlichkeit anfühlt. Ja, sogar extreme Akrobatik ist möglich. Sie können nun all das tun, was sie schon immer bei Hochleistungssportlern bewundert haben. Sie können alles machen, wovon sie bisher noch nicht einmal zu träumen gewagt haben.

Schließlich können sie noch einen Schritt weitergehen: Sie hören nun innerlich Musik. Und zu dieser Musik können sie tanzen. Sie sollen nun spüren, wie elegant sie das können! Ihnen sind die wildesten Kapriolen möglich! Sie können alles, was sie jemals an Tanz gesehen haben oder was ihnen im Moment dazu einfällt.

Wirkungen der Übung

Am Ende kehren die Teilnehmer – sich reckend und streckend – in die Realität zurück. Sie sitzen erstaunt, erfreut, gelockert da, ohne dass ihr Puls wesentlich schneller geht. Einige haben sogar glänzende Augen: So leicht kommt man sonst nicht an ein körperliches Erfolgserlebnis. Für alle Zeitgenossen, denen ihr realer Körper schon bei etwas sportlicherem Tun die Gefolgschaft versagt, eine befreiende, ermutigende und manchmal sogar berauschende Lockerungsübung!

Natürlich können Sie diese Übung auch allein machen. Sie ist nicht nur für Gruppen gedacht. Und wenn Sie das tun: Dann nehmen Sie sich Zeit. Lassen Sie die inneren Bewegungsvorstellungen zu, die sich spontan einstellen wollen. Denken Sie nicht lange nach, sondern genießen Sie, was es dabei zu genießen gibt. Die in Übung 2 beschriebene Entspannung am Anfang macht Ihr Erleben intensiver. Am Ende können Sie die Hände kurz zu Fäusten ballen und sich recken und strecken. Dann kommen Sie leichter aus Ihren inneren Bildern in die normale Realität zurück. Aber auf dieser Realität liegt nun noch der Glanz des gerade Erlebten.

Übung 5 Druck mindern: Spielerisch mit dem Problem-Symbol jonglieren

Malübung

Es gibt noch eine weitere Lockerungsübung. Diese kann nicht nur im Kopf, sondern auch auf Papier durchgeführt werden mit Hilfe von Schreib- oder Malzeug. Ich selbst finde sie faszinierend, weil sie die Möglichkeiten unseres Gehirns in verblüffender Weise demonstriert.

Ihre Grundlage ist, dass unser Gehirn anstelle des konkreten Problems fast jedes beliebige Symbol dafür akzeptiert. Jedes Wort, das wir beim Sprechen benutzen, ist solch ein Symbol, das für ein Ding, eine Aktivität, eine Eigenschaft oder anderes steht. Aber nicht nur durch ein Wort, sondern auch durch ein Bild lässt sich etwas symbolhaft darstellen und ersetzen. Für das Schneiden von Stoff kann etwa eine Schere stehen. Aber es kann genauso eine Hand, ein Garnknäuel oder ein Knopf sein – also etwas völlig Beliebiges. Viele alte Schriften beruhen auf einer Umsetzung eher abstrakter Sachverhalte in bildliche Symbole. Solch eine Umsetzung und Übersetzung lässt sich auch bei der Problemlösung nutzen.

Hilfsmittel: Buchstabe als Symbol

Als Symbol verwende ich im Folgenden den Anfangsbuchstaben des Problems, um das es geht. Das hat den praktischen Zweck, dass man nicht lange nach anderen Symbolen suchen muss. Aber grundsätzlich könnte ich beispielsweise statt eines S für Schmerz auch einen zackigen Blitz oder ein Messer verwenden. Nun zur Übung: Denken Sie zunächst an das Problem, das Sie angehen wollen. Dann vollziehen Sie die folgenden Schritte:

Erster Schritt: In möglichst entspanntem Zustand und mit geschlossenen Augen – wie in Übung 2 beschrieben – nehmen Sie zunächst innerlich Ihr Problem deutlich wahr. Ihr Problem besteht beispielsweise darin, dass Sie immer sehr unsicher werden, wenn der Chef nach Ihnen verlangt. Nun stellen Sie sich diese Situation und Ihr Gefühl dabei noch einmal vor.
Der zweite Schritt: Sie nehmen den Anfangsbuchstaben Ihres Problems (im Beispielsfall etwa ein U für Unsicherheit oder ein C für Chef) und fügen Ihr Problem und den Buchstaben zusammen. Beides soll praktisch miteinander verwachsen. (Tragen Sie also in Ihrer inneren Vorstellung ein großes U auf dem Weg zum Chef vor sich her. Oder lassen Sie ein C direkt den Chef umschlingen.) Die beiden Schritte zusammen können Sie recht schnell absolvieren. Dann öffnen Sie wieder die Augen.
Als dritter und entscheidender Schritt kommt nun der versprochene Schreib- und Mal-Akt. Sie schreiben oder malen den großen Anfangsbuchstaben auf das Papier (das U oder C) – und nichts weiter als diesen Buchstaben. Aber das tun Sie nicht nur einmal, nein, sondern mehrfach und vielfach. Und Sie verändern dabei jedes Mal seine Gestalt. Sie verbreitern, vergrößern, verdicken also den Buchstaben – oder machen das Gegenteil. Sie stellen ihn vielleicht auch quer oder auf den Kopf. Sie wechseln seine Farbe. Sie verzieren ihn. Lassen Sie sich ruhig Witziges und Skurriles einfallen.

Wirkungen der Übung

Danach prüfen Sie das Ergebnis. Sie denken nun an Ihr Problem und spüren innerlich, wie es sich jetzt anfühlt. In der Regel stellen Sie erstaunt fest: Es hat sich verändert. Es ist nun weniger belastend. Es hat an innerem Druck verloren. Sie können jetzt lockerer damit umgehen. Sie können es spielerischer angehen.

Es kann allerdings auch geschehen, dass das Problem für Sie deutlicher und greifbarer wird. Sie spüren nun stärker seine ganze Dimension und Tragweite. Es ist gelockert – aber das kann eben gleichermaßen heißen, dass die Schublade aufgezogen ist, in der es bisher verstaut war. Es wird jetzt weniger übersehen oder unterdrückt. Es macht sich intensiver bemerkbar. Das kann dann zwar eine wichtige Vorstufe für eine Lösung sein, aber zunächst eher unangenehme Gefühle bewirken. Lassen Sie sich nicht davon irritieren. Wenn das Problem nun sichtbarer und damit greifbarer ist, ist es leichter zu packen und zu lösen.

Das Verblüffende ist jedenfalls: Als Sie den stellvertretenden Anfangsbuchstaben genommen und verformt haben, war es für Ihr Gehirn so, als hätten Sie das Problem selber gestaucht, geknetet oder in sonstiger Form bearbeitet. Das Problem selbst wurde damit gelockert und für eine Veränderung und Lösung zugänglicher.

Problembeispiele

Welche Probleme können Sie so angehen? Nach meiner Erfahrung praktisch alle! Zum Beispiel Probleme mit äußeren Dingen und Situationen. Vielleicht finden Sie gerade keine überzeugenden Lösungen für die Neugestaltung Ihres Wohnzimmers oder für Ihren Urlaub. Wenn Sie mit Ihren bisherigen Ideen unzufrieden sind, nehmen Sie erst mal den jeweiligen Anfangsbuchstaben – wie beschrieben – und spielen mit ihm.

Danach sind Sie offener für Neues. Sie können aber ebenso Probleme mit Menschen auf diese Weise zu bewältigen versuchen. Dann gehen Sie so vor, wie ich es schon am Beispiel mit dem Chef beschrieben habe. Oder Sie haben Probleme mit belastenden Gefühlen. Dann können Sie diese Last ebenfalls zu verringern versuchen. Sie gehen so vor, wie ich das anfangs für das Gefühl von Unsicherheit beschrieben habe. Schließlich können Sie auf diese Weise auch noch körperliche Störungen und Missempfindungen angehen. Wenn Sie in einer Körperpartie Druck, Ziehen, Schmerz oder anderes empfinden, können Sie es dort mit Lockerung und Entspannung versuchen. Sie nehmen wieder den Anfangsbuchstaben der betreffenden Region und verändern ihn spielerisch.

Allerdings: Größere, ernstere und schwerere Probleme können Sie so nicht angehen. Die sträuben sich einfach dagegen. Das merken Sie deutlich. Und dann ist es besser, wenn Sie sie nicht gewaltsam dieser Vorgehensweise unterwerfen.

Vorstellungsübung

Manchmal passiert bei diesem Verfahren schon auf dem Papier Überraschendes. Ich denke an einen Mann, der ein U in vielen Variationen malte. Zum Teil nahm dieser Buchstabe dabei die Form eines lächelnden Mundes an. Der Mann lächelte damit sozusagen über sein Gefühl der Unsicherheit, welches das U repräsentierte. Er gewann schon so ein Stück Distanz dazu. Oder ich denke an eine Frau, welche die möglichen Formen eines V auslotete. Zuletzt malte sie spontan eine Blumengirlande um dieses V. Das war ein Zeichen dafür, dass nun innerlich eine Aussöhnung mit ihrem Problem begonnen hatte.

Aber es geht auch ohne Papier. Die Vorgehensweise funktioniert genauso gut im Kopf. Dabei erweitern sich die Möglichkeiten des Umgangs mit dem Symbol-Buchstaben in beträchtlicher Weise:

> *Man stellt sich innerlich den Buchstaben vor und formt ihn um. Man lässt ihn eine andere Farbe annehmen. Man verändert die Dimensionen. Man gibt ihm ganz unterschiedliches Aussehen. Es darf ruhig auch etwas verrückt sein. Man kann den Buchstaben innerlich hochwerfen, wieder auffangen, ein Stück in einem Bach treiben lassen, ihn einem trabenden Pferd an den Schwanz binden oder ihn an einen Laternenmast hängen, wo er im Wind flattert. Gerade im Kopf sind leicht die wildesten Dinge möglich.*

Mit dieser Version des Verfahrens werden Sie unabhängig: Sie sind nicht mehr auf Papier und Schreibzeug angewiesen. Auf diese Weise können Sie ein Problem auf der Parkbank, im Wartezimmer beim Arzt und sogar beim Spazierengehen angehen. Es ist sozusagen eine Allwetter-Hilfe, die fast jederzeit und überall einsetzbar ist.

Hilfsmittel: Andere Symbole

Wenn es Ihnen lieber ist, können Sie dann auch statt eines Anfangsbuchstabens ein anderes Symbol verwenden. Solange es ums Malen geht, kann ein Anfangsbuchstabe besonders sinnvoll sein, weil er keine großen Anforderungen an Ihre Malkünste stellt. Bei inneren Vorstellungen können Sie aber auch ein sonstiges handliches Symbol nehmen: ganze Wörter, Gegenstände, abstrakte Zeichen. Ihrer Fantasie sind da keine Grenzen gesetzt. Wenn Sie lieber mit Bildern im Kopf arbeiten, kann es zudem lustvoller sein, mit einem sinnlicheren Symbol als nur mit einem dürren Buchstaben zu jonglieren.

Übung 6 Denkanstöße sammeln: Das Problem-Trampolin einsetzen

Ein Problem zu lösen braucht oft etwas länger. Es funktioniert in der Regel nicht nach dem Schema: Man nehme eine geeignete Methode, wickele sie dreimal um das Problem und schon wird die beste aller Lösungen sichtbar. Problemlösen ist vielmehr ein Prozess, der unvorhersehbare Wendungen nehmen kann. Er verlangt Sensibilität und ein Auge für Neues. Schon die Anfangslockerung hat ja den Sinn, offen und empfänglich zu machen für frische Ideen und überraschende Perspektiven.

Ziel: Längerfristige Lockerung

Es ist eine typische Erfahrung, dass eine etwas anspruchsvollere Problemlösung nicht im ersten Anlauf gelingt. Das Gehirn muss noch weitere Denkanstöße sammeln. Es muss den Alltag nach Anregungen für die Lösung durchforsten. Es kann deshalb sinnvoll sein, dem Problem und sich selbst Zeit zu geben. Allerdings braucht man nicht nur abzuwarten, sondern kann in dieser Zeit die Problemlösung aktiv vorantreiben. Man kann eine Art permanente Lockerung des Problems installieren. Dadurch bleibt das Problem in Bewegung. Und man selbst ist dabei offener für Impulse, Hinweise, Denkanstöße. Man sammelt sie intensiver.

Hier eine Vorgehensweise, die das Gehirn bei der Suche nach Anregungen unterstützt. Sie können sie einsetzen, wenn Sie selbst das Gefühl haben, dass Sie für ein Problem Zeit brauchen. Oder wenn das Problem nicht im ersten Anlauf zu bewältigen ist:

Sie setzen sich wieder bequem mit geschlossenen Augen hin. Dann stellen Sie sich ein Gestell mit federnder Fläche vor – also so etwas wie ein Trampolin. Darauf legen Sie Ihr Problem. Suchen Sie für das Problem eine sehr geballte Form, die darauf Platz findet. Pressen Sie entweder das Problem so zusammen, dass es auf dieses Trampolin passt. Oder nehmen Sie als Stellvertreter dafür den Anfangsbuchstaben oder ein sonstiges Symbol – wie in der vorhergehenden Übung beschrieben.

Dann stellen Sie sich vor: Das Problem wird ständig bewegt. Es wird unentwegt auf dem Gerät hochgeworfen und gerüttelt und durchgeschüttelt. Aber so, dass es für das Problem ganz angenehm ist. Es darf keinen Schaden nehmen. Sie sollten das Problem nicht brachial lösen wollen, sondern möglichst elegant. Entsprechend sollte es auch bewegt werden. Dabei darf das Problem auf dem Trampolin durchaus kuriose und lustige Sprünge machen. Danach stellen Sie sich vor, dass das Problem drei Tage auf diesem Trampolin bleibt und da unentwegt in dieser Weise geschaukelt wird. Dann recken und strecken Sie sich, öffnen die Augen und kehren in die Realität zurück.

Gönnen Sie sich die genannte Drei-Tage-Frist. Während dieser Zeit liegt das Problem auf dem Trampolin. Ihr Gehirn sucht nun eigenständig und ohne Ihr weiteres Zutun nach Lösungsansätzen. Es mustert alle Sinneseindrücke durch, ob etwas für die gesuchte Problemlösung dabei ist, und es probiert neue Kombinationen von Ideen.

Eine Drei-Tage-Frist kann auch in anderer Hinsicht nützlich sein. Es gibt ja die Erfahrung, dass Reaktionen in der ersten Erregung nicht unbedingt die Besten sind. Gibt man der Wut, Scham oder Angst nach, kompliziert das die Dinge manchmal eher. Es gilt immer noch die Regel, über manchem erst einmal eine Nacht zu schlafen. Noch besser aber kann es sein, sich ganze drei Tage Zeit zu geben.

Lockerungsintensität

Es hilft zusätzlich, wenn Sie sich das Trampolin innerlich immer wieder einmal vorstellen. Denn das führt dazu, dass das Gehirn wach und auf der Suche bleibt. Handelt es sich um ein zartes Problem, setzt man es in den drei Tagen nur sanften Bewegungen aus. Geht es um ein heftiges Problem, kann man es hochfliegen und kräftig durchrütteln lassen. Man gewinnt so Abstand und Überblick. Der anfangs vielleicht aufgewirbelte Staub kann sich in Ruhe setzen. Die Konturen des Problems können sich schärfer zeigen. Zusätzliche Ideen kommen in Sicht. Und die Lösung fällt dann angemessener, runder oder überzeugender aus. Sollte es sich allerdings noch nicht nach drei Tagen zeigen, können Sie sich eine weitere solche Frist gönnen.

Ich möchte Ihnen also nahe legen: Haben Sie trotz Lockerungsübungen Geduld. Es gilt immer noch: Gut Ding will Weile haben. Erwarten Sie nicht, dass Sie immer gleich eine Schublade mit einer fertigen Lösung finden. Haben Sie auch Vertrauen, dass sich in einer Drei-Tage-Frist einiges bewegen kann. Genießen Sie erst einmal die inneren Bilder. Spüren Sie, wie Sie sich dabei entspannen. Wie Sie optimistischer werden. Wie sich etwas verändert. Wie es vorangeht. Und schließlich findet sich tatsächlich auch eine Lösung. Vielleicht ist sie dann sogar noch besser, als Sie sich das vorher vorstellen konnten.

Übung 7 Leistungsdruck verringern: Sich die Welt erleuchten

Viele Menschen erleben im Alltag Druck. Das Pflichtgefühl spielt zwar heute eine geringere Rolle als früher. Aber der Ehrgeiz ist geblieben. Unter Zeit- und Leistungsdruck sinkt aber die Fähigkeit, Probleme zu lösen. Das Blickfeld verengt sich. Man spürt auch früher die physische Grenze. Daher gibt es häufiger die Versuchung, sich Probleme vorschnell vom Hals zu schaffen. Oder man schiebt sie auf die lange Bank. Es fehlt jedenfalls ein gesundes Maß an Lockerheit, damit umzugehen. Und auch mehr Lust im Tagesablauf würde die Bereitschaft erhöhen, sich Problemen zu stellen und sie angemessen zu behandeln.

Ziel: Mehr »Lustpunkte« als Druckpunkte

Wenn Sie da ein Defizit haben und sich fragen: »Wie kann ich zu mehr Lust und Lockerheit kommen?«, kann eine besonders gelenkte Aufmerksamkeit eine Hilfe sein. Richten Sie Ihre Aufmerksamkeit darauf aus, »Lustpunkte« in ihrer sichtbaren Umgebung zu finden. Das sind Punkte, die eine besondere Anziehungskraft haben. Von ihnen wird kein Druck auf Sie ausgeübt. Diese Punkte sind auch nicht neutral, sondern Sie spüren einen Zug zu ihnen hin. Wenn Sie sich umsehen, gibt es vielleicht hier und da einen solchen Punkt. Das kann ein Buch sein, das Sie gerade lesen. Oder Ihre Lieblingsblume steht vielleicht in Sichtweite. Oder ein Brief liegt da, über den Sie sich gefreut haben. Womöglich können Sie sogar körperlich empfinden, dass diese Dinge einen Zug auf Sie ausüben. Wenn Sie nun Ihre Aufmerksamkeit verstärkt auf solche Zugpunkte statt auf Druckpunkte richten, gewinnt Ihr Leben sofort an Glanz.

Allerdings: Gerade Probleme sind oft Druckpunkte. Wenn man keine Zeit oder Lust hat, sich mit ihnen zu beschäftigen, sind sie eher belastend. Aber gerade sie verlangen nicht selten Ihre besondere Aufmerksamkeit. Wie lässt sich da etwas ändern? Wie lassen sich vielleicht sogar aus lästigen Problemen Lustpunkte machen? Probieren Sie es einmal so:

Sie schließen die Augen und stellen sich zunächst vor: Über den Dingen in Ihrer Umgebung, die eine besondere Anziehungskraft auf Sie haben, liegt ein hellgelber, angenehmer Lichtschein. Mit Ihren inneren Augen können Sie ihn wahrnehmen. Dieser Lichtschein liegt dann auf dem Buch, das Sie lesen. Oder auf Ihrer Lieblingsblume. Oder auf einem erfreulichen Brief. Dieser Lichtschein signalisiert: Hier ist etwas Besonderes für mich. Hier ist etwas Attraktives. Hier ist etwas, das Lust macht. Sie haben damit ein paar Wohlfühl-Lichtpunkte im Raum.

Wenn Ihnen dies gelungen ist, gehen Sie ein Stück weiter: Sie legen diesen Lichtschein auf ein Problem. Dies Problem sollte in irgendeiner Weise sichtbar im Raum sein. Es kann eine Konstruktionszeichnung sein, mit der Sie sich herumquälen. Es kann eine Notiz sein, die Sie sich zu einem unerfreulichen Anruf gemacht haben. Es kann das kaputte Gerät sein, für das Sie die Reparatur organisieren müssen. Wenn Sie den hellgelben Lichtschein auf das Problem legen, wird es Ihnen gleich ein Stück angenehmer werden. Ihr Verhältnis dazu wird positiver und lockerer. Sie können es leichter anpacken.

Das ist schon viel. Aber vielleicht entdecken Sie zusätzlich, was an dem Problem interessant ist und was Sie bisher übersehen haben. Das kann dann Lust machen, einfach einmal anzufangen.

Die Beispiele zeigen Ihnen, wie Druckpunkte vielleicht sogar zu »Lustpunkten« werden können. Aber es muss ja auch nicht gleich ein Problem sein, das Sie versuchen umzuwandeln. Es kann schon eine Hilfe sein, auf den einen oder anderen neutralen Gegenstand im Raum einen Lichtschein zu legen. Er hebt dann diesen Gegenstand besonders hervor. Er gibt ihm besonderes Gewicht. Und verändert damit den ganzen Raum: Die Atmosphäre wird positiver, und die Druckpunkte verlieren an Kraft und Bedeutung. Im Bewusstsein treten sie zurück.

Wirkungen der Übung

Um die Wirkung dieser Vorgehensweise zu demonstrieren, habe ich in einem Seminar die Teilnehmer gebeten, den Lichtschein auf ganz unscheinbaren Dingen zu sehen: Ein Mann legte ihn auf seinen Bleistift. Der bekam für ihn nun eine ausgesprochen positive Aura. Ein anderer Mann legte den Lichtschein auf ein Päckchen Papiertaschentücher, das ihm gegenüber auf dem Stuhl lag. Für ihn wurden diese Taschentücher unter dem Lichtschein erst flauschig und dann richtig kuschelig. Diese Beispiele belegen, wie der Lichtschein schon unbedeutende Gegenstände verändern, vielleicht sogar ein wenig verzaubern kann.

Noch ein Schritt weiter ist möglich. Gelingt es Ihnen leicht und auf Anhieb, mit geschlossenen Augen den Lichtschein auf etwas zu legen? Dann haben Sie vielleicht schon häufig mit inneren Vorstellungen gearbeitet. Wenn das der Fall ist, versuchen Sie es auch mal mit offenen Augen: Sie sehen also ein Ding in der Realität. Und dann legen Sie in Ihrer Vorstellung noch einen Lichtschein darüber.

Wenn das bei Ihnen tatsächlich funktioniert, tritt Folgendes ein: Ihre Augen nehmen zugleich äußere Realität und innere Vorstellung wahr. Beides beginnt sich gegenseitig zu durchdringen: Die äußere Realität erscheint Ihnen nicht mehr so unverrückbar und unveränderlich wie vorher. Zugleich nehmen Sie Ihre innere Vorstellung als realistischer wahr. Mit anderen Worten: Die Realität wirkt nun formbarer. Sie ist für Veränderungen zugänglicher. Der eigene Wille ist ihr leichter aufzudrücken. Das gibt mehr Mut und Zuversicht beim Anpacken von Problemen.

Übungsvariationen

Übrigens können Sie den angenehmen hellgelben Lichtschein auch auf Essen und Trinken legen. Fällt Ihnen das Genießen machmal schwer? Dann probieren Sie Folgendes einmal aus: Sie nehmen auf einer Speise oder einem Getränk in Ihrer Vorstellung den Lichtschein wahr. Fast automatisch sehen und schmecken Sie dann intensiver hin. Ein Lustpunkt mehr in Ihrem Tagesablauf!

Auch auf Menschen können Sie den Lichtschein legen. Vielleicht haben Sie gelegentlich mit dem einen oder anderen Schwierigkeiten. Probieren Sie auch da den Lichtschein aus! Ein Mensch wird dann für Sie interessanter. Sie gehen freundlicher auf ihn zu. Das Gespräch mit ihm wird leichter. Und auch der andere Mensch findet Sie plötzlich angenehm. So lassen sich kleinere Probleme fast nebenbei beseitigen!

Übung 8 Eigenlob wagen: Sich selbst feiern

Ziel: Optimismus

Es gibt den Spruch: Eigenlob stinkt. Halten Sie sich nicht dran! Zumindest schadet es in der Regel nicht, sich selbst zu loben. Denn sich selbst loben, das heißt: Die eigenen Erfolge ernst zu nehmen. Sie nicht zu übergehen. Je mehr man den eigenen Erfolg vor sich selbst herausstellt, desto optimistischer, sicherer, souveräner geht man an das nächste Problem heran. Und desto kleiner wirken Niederlagen, die hin und wieder unvermeidlich sind. Selbstlob fördert die Fähigkeit, Probleme zu lösen. Es sei denn, man ist schon längst durch und durch von sich selbst überzeugt. Dann kann man mit weiterem Selbstlob natürlich nur noch abheben und den Bodenkontakt verlieren. Aber ich denke, Sie sind in dieser Hinsicht nicht gefährdet.

Dass man einen Erfolg mit Essen und Trinken feiert, das kennen Sie. Wie Sportler Siege und Fußballer Tore feiern, dafür haben Sie vermutlich ebenfalls Bilder im Kopf: mit Umarmungen, Sprüngen oder Siegeszeichen. Und Sie kennen auch die Geste, sich selbst anerkennend mit der Hand auf die Schulter zu schlagen. – Was habe ich Ihnen dann noch zu bieten? Etwas Besonderes. Und zwar dies hier:

Wenn Sie sich selbst loben und feiern wollen, stellen Sie sich vor: Sie werden mehrmals durch und durch zu Licht. Sie leuchten ein paar Mal hintereinander auf und strahlen Licht in die ganze Umgebung ab. Wenn Sie so wollen: Sie werden kurz zu einer Art Blinkfeuer.

In Südostasien gibt es übrigens Leuchtkäfer, die nachts rythmisch blinken, um Weibchen anzulocken. Probieren Sie so ein Blinken selbst aus. Es ist ein eigentümliches Gefühl. Sie strahlen dabei nicht nur mit Ihrem Gesicht, sondern mit Ihrer ganzen körperlichen Existenz. Und das ist dann nicht nur Selbstlob. Es ist zugleich auch eine besondere Form von Freudenkundgebung. Wenigstens für einen Moment sind Sie gelockert und befreit.

Übungsergebnis

Es braucht ja nicht unbedingt einen Erfolg als Anlass für das Blinken. Sie können es einfach so tun. Aus Lebensfreude. Oder auch deshalb, weil Sie gerade mehr Lebensfreude brauchen. Ich habe neulich die Anleitung dazu in einer Gruppe gegeben. Hinterher hat der eine oder die andere fast entrückt geguckt.

Übung 9 Gehirnpotenziale aktivieren: Auf eine tiefere Wohlfühl-Ebene gehen

Lockerheit ist noch auf ganz andere Weise möglich – Lockerheit sowohl gegenüber einem gerade anstehenden Problem als auch im Alltag überhaupt. Sie können dabei auf eine besondere Ebene gehen, auf der Sie noch tiefer entspannt sind. Dort sind Sie näher an spontanen Tagtraumbildern. Dort sind zugleich Probleme intensiver wahrnehmbar. Doch die Probleme können da auch an Gewicht verlieren. Und sonst eher übersehene Aspekte rücken mehr in den Vordergrund. Vor allem können Sie auf dieser Ebene neue Ideen entwickeln. Es ist also eine Ebene, auf der eine Problemlösung einen kräftigen Anschub bekommen kann.

Ziel: Durchgehende Lockerung

Wenn Sie sich häufiger auf diese tiefere Wohlfühl-Ebene begeben, üben Sie eine durchgehende Lockerung ein. Sie treten dann dem Leben und seinen Anforderungen von vornherein gelöster entgegen. Schon die erste Reaktion auf eine Schwierigkeit ist anders. Diese wird aus einer erweiterten Perspektive registriert. Das Gehirn nimmt nun auch Seiten des Problems wahr, die sonst leicht übersehen werden, aber vielleicht für die Lösung gebraucht werden. Zudem können Sie so besondere Gelegenheiten und Chancen schneller erfassen – nicht nur Probleme. Sie erkennen leichter, was das Leben Ihnen an Geschenken vor die Füße legt.

Bei der tieferen Wohlfühl-Ebene geht es um eine intensivere Wahrnehmungsebene. Sonst eher vernachlässigte Potenziale Ihres Gehirns werden aktiviert und eingeschaltet. Damit wächst die Kreativität, mit der Sie wahrnehmen und reagieren können. Auf die tiefere Wohlfühl-Ebene kommen Sie, indem Sie einen Reiz auslösen, der dann praktisch automatisch Ihr Gehirn umstellt. Denn Reiz und Gehirnreaktion sind eng miteinander gekoppelt. Diesen Reiz können Sie den ganzen Tag über immer wieder setzen. In fast jeder Situation ist das möglich. Es geht etwa am Schreibtisch genauso gut wie im Gespräch mit einem anderen Menschen.

Hilfsmittel: Reiz und Reaktion

Welchen Reiz biete ich Ihnen an? Und wie erreichen Sie die Koppelung? Der Reiz wird gesetzt, indem Sie mit dem Mittelfinger fest auf eine Unterlage drücken. Bei diesem Druck stellt sich in Ihrem ganzen Körper eine Entspannung ein, die deutlich über eine normale Entspannung hinausgeht. Bei ihr treten freundliche und heitere Gefühle auf. Und das Wichtige: Diese Entspannung erfasst auch das Gehirn. Dies wird damit auf eine andere Wahrnehmung umgestellt.

Auf die tiefere Wohlfühl-Ebene kommen Sie beim Einüben erst einmal folgendermaßen:

Sie setzen sich bequem hin, schließen die Augen und entspannen sich. Dann konzentrieren Sie sich darauf, innerlich alles loszulassen. Sie lassen auch äußerlich alles los – insbesondere die Arme lassen Sie hängen. Dann nehmen Sie ihren Atem wahr, wie er bei Ihnen aus- und einströmt. Sie lassen ihn kommen und gehen, wie er will. Sie beeinflussen ihn nicht.
Damit Sie möglichst frei von störenden Gedanken werden, zählen Sie nun fünf Atemzüge mit: Zählen Sie dabei von 1 bis 5. Am besten ist es, wenn Sie die Zahl jeweils mit dem Ausatmen zählen. Dadurch wird eben dieses Ausatmen betont und die beabsichtigte Entspannung verstärkt. (Beim Einatmen spannt sich der Körper an, beim Ausatmen aber entspannt er sich.)

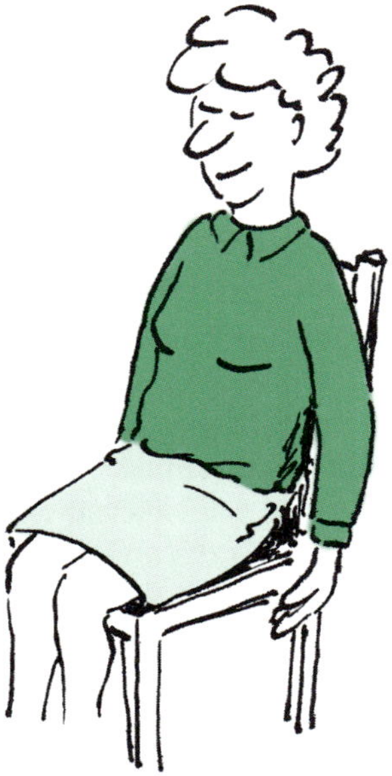

Dieses Atmen und das damit verbundene Zählen sollten Sie häufiger wiederholen und dabei alle Gedanken unterdrücken. Nach einiger Zeit können Sie merken, wie die Entspannung sozusagen auch ins Gehirn geht. Man kann das sogar objektiv feststellen und messen: Es tritt dann verstärkt ein anderer Typ von Gehirnwellen auf.

Die Entspannung des Gehirns wird weiter gehalten oder sogar noch vertieft, wenn Sie sich danach heitere und freundliche Vorstellungen machen – statt weiter nachzugrübeln. Deshalb sollten Sie jetzt ein angenehmes früheres Erlebnis parat haben. Vielleicht haben Sie da am Strand gelegen. Vielleicht haben Sie sich irgendwo auf einer Bank mit weitem Blick über die Landschaft ausgeruht. Vielleicht haben Sie auch in einer Kirche gesessen und eine besondere Andacht gespürt. Wichtig an dem Erlebnis ist jedenfalls eine heitere, ruhige Beschaulichkeit. Und ein Gefühl von Einheit mit sich selbst und der Umwelt. Das kann auch ein stilles Empfinden der Nähe zu einer höheren Macht sein. Sie sollten sich jedenfalls kein erregendes oder gar ekstatisches Erlebnis aussuchen.

Hilfsmittel: Angenehmes Erlebnis

Dieses Erlebnis rufen Sie sich nun – als nächsten Schritt – in die Erinnerung zurück. Sie schauen es sich innerlich an. Sie erleben es nach. Sie spüren es in Ihrem Körper.
Der entscheidende Punkt ist dann: Mitten in diesem Film, wenn das Gefühl von innerer Einheit, Freude, Heiterkeit oder Glück besonders intensiv ist, drücken Sie den Mittelfinger der rechten oder linken Hand mit deutlichem Druck auf eine Unterlage. Sie dürfen dabei ruhig die Anspannung den ganzen Arm hinauf fühlen. Und dann lassen Sie nach etwa drei Sekunden mit dem Druck wieder langsam nach. Der Gehirnzustand, den Sie in diesem Moment haben, ist dann mit dem Fingerdruck gekoppelt.
Danach können Sie wieder in die Realität zurückkehren. Um aus dem entspannten Zustand wieder so herauszukommen, wie Sie hineingekommen sind, können Sie jetzt rückwärts von 5 bis 1 zu zählen. Diesmal kann die Zahl dabei mit dem Einatmen zusammenfallen – weil Einatmen Anspannung ist. Wenn Sie am Ende des Rückwärtszählens bei der 1 ankommen, sind Sie wieder ganz wach und öffnen die Augen.

Später ruft allein der Druck mit dem Mittelfinger die Entspannung und den Gehirnzustand, den Sie bei Ihrem Erlebnis gehabt haben, wieder hervor. Allerdings sollten Sie die Koppelung mehrfach wiederholen und damit verstärken. Nur dann kann die Entspannungsreaktion auch stark genug ausfallen.

Den Mittelfinger nehme ich für diese Reizkoppelung, weil er sonst relativ selten mit stärkerem Druck belastet wird – anders etwa als Daumen und Zeigefinger. Das Atmen und Zählen hat den Sinn, die Entspannung möglichst schnell zu vertiefen, damit der anschließende innere Film besonders intensiv erlebt werden kann.

Wenn Sie in besonderen Entspannungsverfahren wie autogenem Training oder progressiver Muskelrelaxation Übung haben, können Sie auch diese Verfahren einsetzen. Sie wenden sie entweder anstelle des beschriebenen Zählens an. Oder Sie setzen sie noch direkt vor das Zählen. Anstelle am Ende rückwärts zu zählen, können Sie dann auch die Hände anspannen und sich rekken und strecken – so wie die Rücknahme bei diesen Verfahren eingeübt wird.

Schnellentspannung

Wenn Sie die Koppelung erreicht haben, genügt es, wenn Sie drei Sekunden lang Druck auf den Mittelfinger ausüben und dann mit dem Druck nachlassen. Schon entspannen Sie sich, und zugleich entspannt sich Ihr Gehirn. Das kann auch mit offenen Augen geschehen.

Tiefere Entspannung

Wenn Sie es intensiver haben wollen, schließen Sie aber erst die Augen und zählen dann mit dem Atem von 1 bis 5. Danach üben Sie den Druck auf den Mittelfinger aus und lassen dann langsam wieder los. Nach einer Minute oder auch erst nach fünf Minuten kommen Sie wieder aus Ihrer Versenkung zurück. Geben Sie sich die Zeit, die Sie brauchen. Am Ende zählen Sie rückwärts von 5 bis 1 und öffnen die Augen. Sie werden sehen: In dieser Zeit verändert sich etwas spürbar in Ihnen. Sie fühlen sich lockerer und offener.

Mit dem Druck auf den Mittelfinger können Sie vor allem schnell Ihre Entspannung vertiefen, wenn Sie sich in innere Vorstellungen hineinbegeben. Er ist eine gute Hilfe dabei. Bei vielen Vorschlägen zu inneren Bildern weise ich hier im Buch darauf hin. Aber auch wenn das nicht ausdrücklich geschieht, ist die besondere Entspannung durch Fingerdruck immer möglich. Besonders tief kommen Sie in innere Bilder hinein, wenn Sie am Anfang – wie beschrieben – von 1 bis 5 zählen und dann noch zusätzlich den Fingerdruck ausüben. Am Ende bringen Sie sich mit den Zahlen von 5 bis 1 wieder zu voller Wachheit.

Nach einiger Übung geht es bei vielen inneren Bildern auch ohne vertiefende Entspannung. Grundsätzlich jedoch gilt: Auf der tieferen Wohlfühl-Ebene können Sie leichter Probleme angehen. Sie nehmen mehr Facetten an einem Problem wahr. Sie kommen auf mehr Lösungsmöglichkeiten. Ihre gesamte Arbeit wird damit erfolgreicher.

Kapitel 2
Probleme wahrnehmen

Übung 10 Mehr Durchblick gewinnen: Den Wahrnehmungs-Pfeil einsetzen

Wenn uns ein Problem begegnet, nehmen wir es immer vor dem Hintergrund früherer Erfahrungen wahr. Aha, denken wir dann etwa, dieser Fall ist doch so wie der Fall vor zwei Jahren. Und schon haben wir eine Schublade, in die wir unser Problem stecken können. Das hat den Vorteil, dass wir dann vielleicht auch sofort eine Lösung parat haben: Nämlich die gleiche wie vor zwei Jahren. Das hat aber möglicherweise den Nachteil, dass wir uns das Problem nicht mehr genau anschauen. Und dabei übersehen wir vielleicht, dass dieses Mal einiges anders ist als vorher. Und dass eine andere Lösung wesentlich besser wäre.

Ein wichtiger Schritt auf dem Weg zu einer Problemlösung besteht in der genauen Wahrnehmung. Wir dürfen und sollen auf unsere bisherigen Erfahrungen zurückgreifen. Sie sind eine große Hilfe. Aber wir müssen gleichzeitig bereit sein für neue Wahrnehmungen. Besser noch: Wir sollten ständig dem Leben gegenüber offen sein.

Problem: Verengte Wahrnehmung

Man kann in den eigenen Gedanken so gefangen sein, dass man vieles um sich herum gar nicht mehr mitbekommt. Man kann dauernd in innerer Zwiesprache mit sich selbst sein. Dabei sind die Sinne für die Außenwahrnehmung abgeschaltet. Und uns entgehen Dinge, die wichtige Anstöße geben könnten. In denen auch Chancen für uns stecken.

Im Übrigen kommt es nicht nur auf das an, was direkt sichtbar ist. Genauso wichtig kann sein, was nur atmosphärisch wahrzunehmen ist. Was sozusagen unter dem Tisch bleibt. Was sich nicht zeigt, nicht offen ausgesprochen wird, sondern nur mitschwingt. Auch für so etwas offen zu sein ist wichtig. Denn wenn Sie mehr von dem mitbekommen, was unter der Oberfläche bleibt, erkennen Sie Probleme schneller, umfassender und sicherer. Zugleich erkennen Sie oft Lösungen rascher. Sie vergeuden also nicht unnötig Zeit und Kraft.

Mit der folgenden Übung werde ich Ihnen zeigen, wie Sie Ihre Wahrnehmung schärfen können. Wie Sie dazu kommen, dass Sie im Tagesgeschehen schneller merken, was eigentlich gerade abläuft. Und wie Sie es erreichen, auch bei einem Problem besser dessen wahre Dimensionen einzuschätzen. Dazu biete ich Ihnen den Wahrnehmungs-Pfeil an.

Der Wahrnehmungs-Pfeil hat drei Funktionen: Er ist zunächst einmal eine Konzentrationshilfe. Er zentriert die Aufmerksamkeit. Als Zweites verstärkt er das Intuitive und weitet die Aufmerksamkeit. Und als Drittes stellt er auch eine angenehme Atmosphäre und ein Wohlgefühl bei der Wahrnehmung her.

Das hat beispielsweise zur Folge: Man lässt leichter unangenehme Wahrheiten zu. Man mogelt sich nicht drum herum.

Koppelung des Pfeils mit Wohlgefühl

Wenn Sie in einer ersten Stufe die Handhabung des Wahrnehmungs-Pfeils einüben wollen, machen Sie das in der folgenden Weise. Dabei können Sie ihn gleich mit Wohlgefühl koppeln:

Sie entspannen sich zunächst und schließen die Augen. Sie können auch auf eine tiefere Wohlfühl-Ebene gehen (siehe Übung 9). Danach stellen Sie sich einen großen, leuchtenden, rotgelben Pfeil vor, der senkrecht von oben nach unten weist. Der Pfeil befindet sich vor einer glatten Wand und zeigt auf den Boden. Dort am Boden liegt da, wo der Pfeil hinweist, etwas Kleines und Unscheinbares. Vielleicht ist es eine leere Medizinflasche, eine tote Fliege, eine zerbrochene Blumenvase oder eine Unterhose. Sie können sich selbst ausdenken, was da liegen soll. Oder Sie können auch einfach hinschauen und entdecken, was da schon ohne Ihr Zutun liegt. Wenn Sie das gesehen haben, erkennen Sie neben dem ersten Pfeil noch vier weitere. Es sind also insgesamt fünf Pfeile an der Wand. Und Sie sehen unter jedem dieser Pfeile etwas eher Unscheinbares. Am Ende kehren Sie – sich reckend und streckend oder gemäß Übung 9 zählend – in die Realität zurück und öffnen die Augen.

Ein großer Pfeil zeigt in der Regel etwas sehr Wichtiges an. Hier aber liegt unter solch einem Pfeil etwas Unwichtiges. Das kann und soll befremdlich wirken. Es soll erheitern. Dass das Unscheinbare plötzlich eine so große Bedeutung erhält, bewirkt in der Regel ein Lächeln. Damit ist nun dieser Pfeil für Ihr Gehirn mit etwas Heiterem gekoppelt. Wenn Sie wollen, können Sie beim Einüben auch etwas ausdrücklich Witziges unter den Pfeil legen – nur fällt Ihnen so etwas wahrscheinlich nicht so schnell ein.

Wahrnehmungsübung mit Pfeil

Außerdem macht der Pfeil aufmerksam auf sonst leicht Übersehenes. Er zeigt ja gerade auf das Unscheinbare. Ihm wird damit gleichzeitig das Ziel eingebaut: auf bisher eher Übersehenes aufmerksam zu machen. Dadurch wird Ihre Wahrnehmung erweitert. Zugleich wird Wohlgefühl mit der Koppelung an Heiteres bewirkt. Damit sind Sie insgesamt von vornherein auf eine günstige Reaktion beim Auftreten von Problemen eingestellt. Jetzt können Sie den Pfeil benutzen, um die erweiterte Wahrnehmung zu üben:

Sie können dies zunächst einmal mit geschlossenen Augen machen: Sie stellen sich dann vor, wie der Pfeil auf etwas zeigt, das Sie gerade vor sich gesehen haben. Es kann wieder etwas Kleines und Unscheinbares sein. Innerlich betrachten Sie dann das genauer, worauf der Pfeil zeigt. Sie versuchen etwas

daran wahrzunehmen, was Ihnen erst auf den zweiten Blick auffällt. Sie bemühen sich zudem, auch etwas Schönes an dem zu entdecken, worauf der Pfeil zeigt. Es sollte möglichst ebenfalls eine neue Entdeckung sein. Vielleicht können Sie außerdem noch eine bestimmte Atmosphäre wahrnehmen, die drum herum ist. Wenn Sie eine solche Atmosphäre erkennen, versuchen Sie, diese in Worte zu fassen. Das kann Ihnen einen zusätzlichen Erkenntnisgewinn bringen.
Später sollte es Ihnen gelingen, mit offenen Augen den Pfeil auf etwas in der realen Welt einzustellen. Auch mit offenen Augen ist es möglich, den Pfeil zu sehen. Allerdings brauchen Sie erst einmal etwas Übung dafür. Dass der Pfeil da ist und in die ganz normale Welt hineinzeigt, verfremdet dann diese Welt. Es lockert sie für Ihre Wahrnehmung auf. Das Verfremdende und auch Erheiternde wird noch gesteigert, wenn der Pfeil in der realen Welt ebenfalls auf etwas Kleines oder Unscheinbares zeigt.

Wenn das bei Ihnen tatsächlich funktioniert, tritt zusätzlich Folgendes ein – ich habe das auch schon in Übung 7 beschrieben: Ihre Augen nehmen zugleich äußere Realität und innere Vorstellung wahr. Beide beginnen sich gegenseitig zu durchdringen: Die äußere Realität erscheint Ihnen nun weniger wirklich. Sie ist nicht mehr so unverrückbar. Zugleich nehmen Sie Ihre inneren Vorstellungen als realistischer wahr. Mit anderen Worten: Die Realität wirkt nun veränderlicher. Sie ist für Eingriffe zugänglicher. Der eigene Wille ist ihr leichter aufzudrücken. Das gibt Kraft beim Anpacken von Problemen.

Verselbstständigung des Pfeils

Sie können draußen beim Spazierengehen spielerisch den Pfeil auf dieses oder jenes richten. Sie können dasselbe im Zimmer tun. Manchmal ist das hilfreich bei Denkproblemen. Denn den Pfeil zu sehen entspannt das Gehirn – weil Schauen weniger Kraft kostet als Denken. Oder wenn Sie müde in Ihr Zimmer kommen, können Sie ebenfalls den Pfeil mal kurz wandern lassen. Sie stellen ihn auf ein paar Belanglosigkeiten ein und das hilft Ihnen abzuschalten.

Sie können den Pfeil auch hin und wieder verändern, wenn Ihnen seine Gestalt zu langweilig wird. Sie können sich zudem von ihm überraschen lassen. Sie lassen einfach den Pfeil selbst entscheiden, wo er in Ihrem Blickfeld erscheinen will. Nachdem Sie beschlossen haben, ihn sehen zu wollen, schauen Sie einfach um sich, wo er wohl auftritt. Das ist kurzweiliger, als alles selbst zu bestimmen.

Einsatz des Pfeils bei Problemlösung

Nun wollen Sie allerdings nicht nur mit dem Pfeil spielen, sondern ihn auch als konkrete Hilfe bei einem bestimmten Problem haben. Er soll Ihnen helfen, Dinge wahrzunehmen, die Sie sonst vielleicht übersehen würden. Nach all dem bisher Gesagten ist aber im Prinzip schon klar, wie das dann geht:

Sie richten innerlich den Pfeil auf das Problem. Allerdings sollten Sie das jetzt wieder mit geschlossenen Augen tun, um sich intensiver damit befassen zu können. Dann schauen Sie, was es Neues an dem Problem zu entdecken gibt. Sie können es dabei in Ihrer Vorstellung drehen und wenden und von den Seiten, von unten und sogar von innen betrachten. Sie versuchen zudem, die Atmosphäre zu spüren, die um das Problem herum ist. Und Sie versuchen zu erfassen, ob es eigentlich ein schönes und angenehmes Problem ist, mit dem Sie da zu tun haben, oder ob eher das Gegenteil der Fall ist.

Einsatzbereiche

Mit einem Problem können Sie allerdings in dieser Weise nur umgehen, wenn es etwas Sichtbares hat. Das trifft etwa auf eine defekte Maschine zu, auf einen nervenden Chef oder auf einen belastenden Brief, der auf dem Tisch liegt. Dagegen können Sie den Pfeil nicht auf ein abstraktes Problem richten, das nichts konkret Vorzeigbares hat.

Mit einem kleinen Trick wird aber auch das möglich: Sie stellen sich eine Szene vor, in der das Problem eine Rolle spielt. Eine Szene, die das Problem gewissermaßen symbolisiert. Auch auf solch ein Geschehen können Sie den Pfeil richten. Er schärft dann Ihren Blick für Details und die Atmosphäre der Szene und damit für das Problem. So gewinnen Sie mehr Durchblick.

Übung 11 Emotionalen Problemgehalt erspüren: Verräterische Farbe und Form entdecken

Wir reagieren auf viele Probleme überwiegend rational. Zwar kann in dem Moment, wo ein Problem auftaucht, erst einmal ein großer Schrecken in uns fahren. Oder Wut kommt hoch. Oder wir spüren Angst. Aber den weiteren emotionalen Gehalt von Problemen übersehen wir leicht.

Dabei könnte uns dieser emotionale Gehalt eines Problems einiges verraten: Er kann uns zeigen, wie wir tiefer in uns auf ein Problem reagieren. So kann es durchaus sein, dass wir ein Problem ganz gern haben, obwohl wir darüber stöhnen. Oder es kann umgekehrt sein: Wir setzen uns für ein Vorhaben ein, lehnen es aber im tiefsten Grund unserer Seele ab. Manche unserer Reaktionen würden uns selbst verständlicher, wenn wir mehr den emotionalen Gehalt eines Problems wahrnehmen würden. Und mit einigen Problemen könnten wir anders umgehen, wenn wir unser inneres Verhältnis dazu besser kennen würden.

Wie können Sie mehr über Ihr inneres Verhältnis zu einem Problem erfahren? Ich schlage Ihnen Folgendes vor:

Sie setzen sich bequem und entspannt hin und schließen die Augen. Sie gehen zudem möglichst auf eine tiefere Wohlfühl-Ebene (Übung 9). Dann denken Sie an Ihr Problem: Sie versuchen innerlich eine Farbe in sich aufsteigen zu lassen, die Ihnen für das Problem typisch erscheint. Sie versuchen also die Farbe zu finden, die das Problem für Sie möglichst gut charakterisiert. Haben Sie diese Farbe gefunden, suchen Sie die Form. Sie lassen nun eine Form in sich aufsteigen, die das Problem gut charakterisiert. Eine Form, die das Problem möglichst gut trifft. Danach kehren Sie von der Wohlfühl-Ebene wieder in die Realität zurück.

Ergebnisinterpretation

Was können Sie mit dem Ergebnis anfangen? Die Farbe sagt Ihnen einiges über Ihr Verhältnis zu dem Problem: Hat Ihr Problem eine angenehme und vielleicht auch warme Farbe, haben Sie innerlich ein positives Verhältnis dazu. Hat es eine unangenehme und womöglich giftige Farbe, ist das Gegenteil der Fall. Dasselbe gilt hinsichtlich der Form: Das Problem kann eine wohltuende Form annehmen, ebenso aber eine unbequeme, lästige, störende oder gar gefährliche Form. Entsprechend ist Ihr jeweiliges Verhältnis dazu. Sie können auch noch anderes und mehr aus Farbe und Form schließen. Probieren Sie es einfach einmal.

Ein eigenes Beispiel dazu: Ich habe derzeit zwei länger dauernde Aufgaben auf meinem Schreibtisch liegen. Sie sind insoweit ein Problem, als mir oft die notwendige Zeit für sie fehlt – und spätestens dann werden sie anstrengend. Die eine Aufgabe ist dieses Buch hier. Die andere ist die redaktionelle Überarbeitung eines langen wissenschaftlichen Textes.

Ergebnisbeispiel

Wenn ich nun Farbe und Form dieser beiden Aufgaben in mir aufsteigen lasse, sehe ich Folgendes: Dies Buch hier liegt mir als goldgelber, großer, kreisrunder Fladen auf dem Tisch. Es sieht aus wie ein Pfannkuchen. Und zu Pfannkuchen habe ich ein ausgesprochen gutes Verhältnis. Mit anderen Worten: Ich habe das Problem dieses Buches ganz gern am Hals und empfinde es im übertragenen Sinn als runde und zugleich schmackhafte Sache. Dagegen steht der zu redigierende wissenschaftliche Text wie ein großer, brauner, scharfkantiger Würfel auf meinem Tisch. Er ist schwer. Man kann sich an seinen Ecken und Kanten verletzen. Und wenn ich mir seine Farbe angucke, hat er eine – im wörtlichen Sinne – Scheißfarbe. Das heißt, ich habe es hier nicht mit Nahrung für mich zu tun, sondern im Gegenteil mit den Geistes-Ausscheidungen anderer. Zudem habe ich eine Bearbeitungsfrist, die mich jeden Tag zu messerscharfer Produktionsplanung zwingt. Das macht mir klar, warum ich die Arbeit an besonders jenem Text so anstrengend finde.

Ein bisschen Interpretationskunst ist natürlich von Ihnen gefordert, wenn Sie das Ergebnis Ihrer Farb- und Formsuche auswerten wollen. An einem Beispiel habe ich versucht, Ihnen zu zeigen, wie das gehen kann. Das Interpretieren kann aber auch gerade der besondere Spaß sein!

Übung 12 Problemdimensionen erfassen: Hinter die Fassaden schauen

Vielleicht kennen Sie das: Ein scheinbar großes, schwieriges Problem steht zur Lösung an, aber bei der Lösung erweist es sich als eigentlich ziemlich harmlos. Es kann aber auch umgekehrt sein: Ein scheinbar kleines Problem wächst sich plötzlich zu ungeheuren Dimensionen aus. Manchmal möchte man deshalb schon rechtzeitig wissen, auf was man sich bei einem bestimmten Problem einlässt.

Das ist besonders dann interessant, wenn man sich fragt, ob man sich eigentlich überhaupt um ein bestimmtes Problem kümmern sollte. Manches erledigt sich ja von selbst. Nur man weiß das leider oft nicht im Voraus.

Manchmal hat ein Problem auch eine große Schauseite. Es ist beeindruckend dramatisch, gefährlich, explosiv und könnte unübersehbare Konsequenzen haben. Es ist dann wichtig, ein solches Problem erst einmal zu entzaubern. Es kann bedeutsam sein, Schwachstellen daran zu entdecken und ihm seine Dramatik zu nehmen.

Ziel: Angemessene Problemeinschätzung

Grundsätzlich ist es hilfreich zu wissen, wie man ein Problem einzuschätzen hat. Wenn Sie das auch wollen, können Sie das folgende innere Bild dafür ausprobieren. Die Leitfrage dabei ist: »Was befindet sich hinter den äußeren Fassaden des Problems?« Wenn Sie das vorgeschlagene Bild dafür benutzen, wird sich Ihre Intuition darin ausdrücken. Sie wird Ihnen sagen, was sie von dem Problem hält und davon weiß.

Setzen Sie sich zunächst bequem und entspannt hin und begeben Sie sich möglichst auf eine tiefere Wohlfühl-Ebene (Übung 9). Dann lassen Sie sich auf folgende innere Vorstellungen und Bilder ein:

Sie stellen sich innerlich eine große Ebene vor. Auf dieser Ebene sehen Sie aus der Ferne ein Gebäude stehen. Es hat vielleicht eine Form, die etwas mit Ihrem Problem zu tun hat. Vielleicht ist Ihr Problem auch außen auf die Fassade geschrieben. Oder es ist darauf gemalt – in Bildern und Szenen. Dann nähern Sie sich dem Gebäude. Sie gehen nahe heran. Und Sie schauen sich zunächst an, wie hoch es eigentlich ist: Ist es ziemlich niedrig oder vielleicht gar turmhoch?

Die nächste Frage ist, was das Gebäude für Wände hat: Sind sie aus Stein oder aus Beton? Oder sind es nur Holz- oder Blechwände? Oder bestehen die Fassaden womöglich allein aus Pappmaschee?
Dann gehen Sie in das Gebäude hinein: Sie finden eine Tür. Und Sie schauen es sich von innen an. Hat es normale Räume – oder ist es vielleicht innen völlig verbunkert? Es kann aber auch sein, dass innen gar nichts ist: Es ist einfach nach oben zum Himmel hin offen.
Danach betrachten Sie die vorhandenen Wände: Sind sie sehr massiv? Oder sind sie eher leicht und brüchig? Droht das Gebäude womöglich jederzeit in sich zusammenzufallen?
In dieser Form betrachten Sie alles, was es da zu sehen gibt: Innenausbau, Gegenstände, Menschen. Achten Sie besonders darauf, ob das Gebäude ein klar erkennbares Zentrum hat, einen inneren Kern. Dann kehren Sie in die Realität zurück (entsprechend Übung 9).

Ergebnis-Interpretation

Dann geht es an die Interpretation: Dünne, windige Fassaden oder Wände deuten beispielsweise auf ein Problem hin, das mehr Schein als Sein hat. Das liegt auf der Hand. Massive Wände dagegen und zudem noch ein sehr massiver Kern weisen auf ein Problem hin, das sehr ernst zu nehmen ist. Im Übrigen bleibt es aber Ihrer Interpretationskunst überlassen, genauer herauszufinden, was an diesem Gebäude nun was bedeutet. Wenn innere Bilder in einer bestimmten Form erscheinen, hat vieles an dieser Form einen tieferen Sinn.

Nehmen Sie es nicht nur als Deutungsarbeit, sondern auch als Interpretationsspaß, wenn Sie dem Gesehenen auf der Spur sind. Ihre Neugier und Ihr Spürsinn sind gefordert. Es ist so etwas wie Traumdeutung, was Sie nun leisten dürfen. Sie haben sich doch sicherlich schon mal an Träumen versucht? Hier haben Sie es allerdings meistens etwas leichter. Denn wenn Sie innere Vorstellungen aufsteigen lassen, dann ist vieles daran weniger verschlüsselt als in Träumen.

Übrigens können Sie bei der Untersuchung des Gebäudes manchmal schon Ansätze für Lösungen finden. Es kann dort Hinweise geben, wie das Problem am besten anzugehen ist.

Weil aber die Ergebnisse Interpretationssache sind, sollten Sie auch ausreichend vorsichtig damit umgehen. Sie könnten beispielsweise etwas missverstehen. Zudem weiß Ihre Intuition nicht alles. Oder sie kann Dinge schlichtweg falsch sehen. Setzen Sie auf jeden Fall zusätzlich Ihren Verstand ein. Sie haben ihn dazu, um die Ergebnisse einer inneren Bilderschau noch einmal rational zu überprüfen. Die Erfahrung zeigt allerdings, dass das meiste stimmt, was man auf diesem Weg entdeckt hat.

Übung 13 Problemrahmen überwinden: Aus der Zukunft zurückblicken

Hilfsmittel: Zeitliche Distanz

Wenn ein Problem auftritt, ist es eine ganz gesunde Reaktion, erst einmal Abstand gewinnen zu wollen. Denn die ersten Emotionen sind meist schlechte Ratgeber. Und die Gedanken brauchen Zeit, sich zu ordnen, geklärt zu werden und eine angemessene Perspektive zu finden. Abstand kann man gewinnen, indem man ein Problem erst mal liegen lässt. Man befasst sich mit etwas anderem, man geht aus oder man fährt weg. Wenn dann ein Stück Distanz gewonnen ist, wird das Problem neu angepackt. So damit umzugehen kann oft schon ein ganzes Stück weiterhelfen.

Es gibt aber noch andere Möglichkeiten, eine neue Perspektive zu gewinnen. Eine Perspektive, die Hinweise für eine Lösung miteinschließen kann. Man verrückt bewusst den bisherigen Standpunkt. Man nimmt sich selbst völlig aus dem bisherigen Rahmen heraus und begibt sich zeitlich oder räumlich auf eine andere Ebene.

Das geschieht beispielsweise, indem man bewusst einen reiferen und abgeklärteren Standpunkt einnimmt. Man stellt sich vor, man sei schon älter, als man derzeit wirklich ist. Man stellt sich vor, man habe schon mehr Lebenserfahrung als real vorhanden. Diese Vorstellung gelingt Ihnen leichter als Sie glauben. Wir können einen Zustand größerer Reife durchaus vorwegnehmen. Wir projizieren einfach etwas von der Reife, die wir bei älteren Menschen sehen, in uns selbst hinein. Das funktioniert. Es ist ein beeindruckendes Erlebnis, sich selbst in solch einem reifen Zustand zu erleben.

Am besten entscheiden Sie zunächst, wie viel Jahre älter Sie sein wollen. Es hängt dabei ganz von dem Problem ab, welches Alter Ihnen dafür am geeignetsten erscheint. Sie wählen ein Alter, das Ihnen eine abgeklärte, aber zugleich auch fachkundige Betrachtung ermöglicht. Haben Sie gewählt, gehen Sie folgendermaßen vor:

Sie schließen die Augen und gehen auf eine tiefere Wohlfühl-Ebene (Übung 9). Dann suchen sie innerlich einen angenehmen Ort, wo Sie sich in reiferem Zustand sehen wollen. Dieser Ort kann draußen in der Natur sein, aber genauso irgendwo drinnen. Haben Sie diesen Ort, dann sehen Sie sich selbst dort stehen oder gehen – und zwar in dem vorher gewählten Alter. Wenn Sie sich dann so sehen, können Sie noch einmal prüfen, ob dieses Alter tatsächlich für das Problem geeignet ist oder ob Sie sich lieber noch etwas älter oder jünger haben wollen. Danach schlüpfen Sie in diese Gestalt hinein. Und Sie spüren nun, wie es ist, ein Stück älter, reifer und abgeklärter zu sein. Sie genießen zunächst, was es daran zu genießen gibt.
Danach schauen Sie sich mit den Augen des älteren und reiferen Menschen Ihr Problem an. Wie sieht es nun aus? Was ist aus einer Perspektive der Abgeklärtheit wirklich daran wichtig? Was wirkt jetzt völlig unwichtig? Lassen Sie das Problem aus dieser Perspektive auf sich wirken. Prüfen Sie es. Und vielleicht gewinnen Sie so neue Einsichten. – Zuletzt können Sie noch einen Schritt weitergehen. Sie fragen sich, wie Sie dieses Problem in reiferem Zustand anpacken würden.

Übungsergebnis

Es kann verblüffend sein, was sich für Sie aus der neuen Perspektive ergibt. Bisherige Wichtigkeiten können sich als sehr vordergründig erweisen – ja fast schon lächerlich wirken. Der Kern des Problems kann sich dramatisch verschieben. Es kann sogar passieren, dass Sie erstaunt feststellen: Das Problem ist ja gar keins!

Zur Ergänzung können Sie auch noch folgendes innere Bild ausprobieren, das zusätzlich bei der Problemlösung helfen kann:

> *Zunächst sehen Sie sich in Ihrem derzeitigen Alter an Ihrem Problem arbeiten. Sie sehen sich selbst dabei zu. Sie nehmen Ihre Haltung und Ihr Vorgehen dabei wahr. Danach sehen Sie sich in älterem und reiferem Zustand an eben diesem Problem arbeiten. Jetzt haben Sie aber eine andere Haltung und eine andere Vorgehensweise – Sie sind jetzt eben abgeklärter. Sie versuchen, den Unterschied genau wahrzunehmen.*

Übungsergebnis

Auch die Wahrnehmung dieses Unterschiedes kann Ihnen Aufschluss über das Problem geben. Zudem können Sie sich für die Bearbeitung vielleicht abgucken, wie man in älterem Zustand damit umgeht. Zwar funktioniert es meist nicht, wenn Sie für die reale Problemlösung eine reife Haltung vollständig übernehmen wollen. Denn Sie sind nach wie vor in Wirklichkeit jünger. Aber Sie können sich vielleicht Teile davon abgucken. Und Sie können daraus eine neue Haltung entwickeln, die schon reifere Verhaltensweisen hat und trotzdem noch Ihrem jüngeren Alter entspricht.

Übung 14 Blickwinkel verschieben: Vom Fernsehturm hinuntersehen

Hilfsmittel: Räumliche Distanz

Ich biete Ihnen auch noch eine andere Perspektive an. Sie beruht auf räumlicher Distanz. Zugleich erheben Sie sich bei dieser Perspektive über Ihr Problem. Sie betrachten es aus der Vogelperspektive.

Wenn Sie aus räumlicher Distanz von oben auf Ihr Problem blicken, können Sie sehen, wie klein oder groß es eigentlich ist. Zudem gibt es noch anderes aus dieser Perspektive wahrzunehmen. Denn ich verbinde Ihr Problem gleich noch mit Ihrem Lebensweg. Das gibt zusätzliche Anregungen. Sie können damit herausfinden, welche Bedeutung das Problem für Ihr Leben hat. Sie können erkennen, wie sehr es in Ihr Leben einzugreifen vermag und wie stark es womöglich Ihre Zukunft beeinflusst. Sie gehen so vor:

Sie stellen sich in ruhiger Haltung und mit geschlossenen Augen vor, dass Sie sich weit oben über Ihrem Problem befinden – zum Beispiel auf einem Fernsehturm mit Restaurant. Von da sehen Sie in aller Gelassenheit auf Ihr Problem hinunter, das sich tief unter Ihnen auf der Erde befindet. Sie sehen das Problem dort in realer Form. Oder Sie sehen stattdessen ein Symbol für das Problem (vgl. Übung 5). Zugleich erkennen Sie einen Weg, der auf dieses Problem zuführt. Es ist Ihr Lebensweg.
Danach schauen Sie, was Sie von oben erkennen können: Hat das Problem etwa eine unerwartete Form oder Farbe? Zudem achten Sie darauf, wie groß Ihr Problem im Verhältnis zu Ihrem Lebensweg ist. Hat es schon einige Bedeutung? Blockiert es womöglich gar Ihren Lebensweg, liegt quer darüber und versperrt ihn? Oder ist es eigentlich nur eine Lappalie? Steht es nur ganz harmlos irgendwo am Rande Ihres Lebensweges herum?
Schließlich schauen Sie noch, wie Ihr Lebensweg hinter dem Problem weiterführt: Wird er von dem Problem irgendwie beeinflusst, abgelenkt, aufgespalten, zerfasert? Ist hinter dem Problem nichts mehr so wie vorher? Oder wird Ihr Lebensweg von dem Problem in keiner Weise beeinträchtigt? Am Ende kehren Sie in die Realität zurück.

Übungsergebnis

Der Blick von oben auf ein Problem kann Dinge enthüllen, die aus der Normalsicht verborgen bleiben. Der Inhalt eines Problems kann so sichtbarer werden. Oder die wirklichen Dimensionen treten zutage. Und auch die Beziehung zu den eigenen Lebensplänen und -zielen kann einsichtiger werden. Die Bedeutung für Ihre Zukunft kann besser zu erkennen sein.

Wir können zwar nicht in die Zukunft schauen. Aber Ihre Intuition hat schon eine Ahnung davon, wie gewichtig ein Problem tatsächlich ist. Sie kann ihnen deshalb signalisieren: Achtung, jetzt wird es gefährlich! Oder: So schlimm ist alles nicht, wie es auf den ersten Blick ausschaut. Das drückt sich in dem innerlich gesehenen Verlauf des Weges aus. Aber auch hier nochmals der Hinweis: Ihre Intuition ist nicht unfehlbar. Sie müssen zusätzlich noch rational kontrollieren, was Ihnen ein Bild sagt und inwieweit dem zu trauen ist.

Insgesamt ist diese Vorgehensweise aber sehr geeignet – das zeigt die Erfahrung –, Ihnen einen fruchtbaren Abstand zu Ihrem Problem zu verschaffen. Aus einer anderen Perspektive können Sie immer wertvolle Hinweise dazu gewinnen, wie Sie das Problem im Sinne Ihrer zentralen Interessen am besten lösen können.

Übung 15 Fähigkeitstest: Das eigene Können überprüfen

Ob man ein Problem bewältigt oder nicht, ist nicht zuletzt eine Frage der Fähigkeiten. Dabei geht es aber nicht nur um das tatsächliche Können, sondern auch um die richtige Einschätzung dieses Könnens. Denn sonst nimmt man womöglich ein Problem, das man eigentlich bewältigen könnte, erst gar nicht in Angriff. Oder umgekehrt: Man packt es an – und übernimmt sich, weil die Fähigkeiten nicht ausreichen.

Die Überprüfung der eigenen Fähigkeiten muss nicht unbedingt im letzten Moment geschehen. So wie ab und an ein Gesundheits-Check empfohlen wird, so kann man auch hin und wieder einen Fähigkeits-Check machen. Dann stößt man rechtzeitig auf mögliche Defizite und kann diese beheben, bevor man in einer kritischen Situation überfordert ist. Aber die menschliche Natur ist nun mal so: Oft muss man erst an die eigenen Grenzen stoßen, bevor man etwas ändert.

Bei einer Überprüfung der eigenen Fähigkeiten stellt sich allerdings die Frage, wo und wie man die Messlatte anlegt. Es gibt viele objektive Tests – aber was helfen die praktisch? Es kommt vor allem auf die Art und das Ausmaß der Anforderungen an. Was nützt es denn jemandem, dass er ausgesprochen sprachbegabt ist und viele Fremdsprachen beherrscht, wenn gerade die gesuchte Sprache nicht dabei ist?

Dreifacher Check: 1. Zustandsprüfung

Wenn Sie sich fragen, ob eine benötigte Fähigkeit ausreicht, kann sich Ihnen diese Frage dreifach stellen: Wie ist erstens der Zustand meiner Fähigkeit überhaupt – und wie viel muss ich mir vielleicht noch aneignen? Wie zufriedenstellend ist zweitens dieser Zustand angesichts der bestehenden Anforderungen? Und kann ich mir drittens die Lösung noch selbst zutrauen, oder ist es besser, zumindest wesentliche Teile davon in andere Hände zu legen?

Den bestehenden Zustand können Sie folgendermaßen prüfen:

Sie entspannen sich und schließen die Augen. Dann stellen Sie sich vor, dass die zu überprüfende Fähigkeit ein Teil von Ihnen ist. Sie hat deshalb Ihre Gestalt. Und Sie sehen dann Ihre Fähigkeit in Form dieser Gestalt vor sich. Dabei ist diese Gestalt umso kleiner, blasser oder unvollständiger, je geringer oder lückenhafter Ihre Fähigkeit ist.

Wenn Ihnen die Gestalt sehr blass erscheint, dann kann Ihre Fähigkeit vielleicht nur schemenhaft vorhanden sein. Oder wenn sie Ihnen nur unvollständig erscheint, dann haben Sie wahrscheinlich Lücken auf einigen Gebieten. Sie haben jedenfalls Interpretationsspielraum, was Ihnen Ihre Intuition konkret mit dem Bild sagen will. Wenn der Gestalt beispielsweise ein Bein fehlt, könnte das heißen: Ihnen fehlen wesentliche Grundlagen. Wenn ein Arm fehlt, könnte das bedeuten: Ihre Fähigkeit ist zwar gut in Schuss – aber irgendwie klappt es nicht mit ihrer Handhabung und Anwendung.

2. Anforderungsprofil

Die nächste Frage ist: Genügt Ihre Fähigkeit den aktuellen Anforderungen? Sie können das so prüfen:

Sie stellen sich vor, neben der Fähigkeit – in Form Ihrer Gestalt – steht senkrecht eine große, schmale Anzeigentafel. Auf dieser Tafel gibt es eine Anzeige, die sich zwischen ganz unten und ganz oben bewegt. Wenn Ihre Fähigkeit, das Problem zu lösen, zu gering ist, bleibt die Anzeige weit unten. Je größer Ihre Fähigkeit ist, das Problem lösen zu können, desto weiter steigt sie nach oben. Reicht Ihre Fähigkeit locker aus, bewegt sich die Anzeige bis ganz oben zum Anschlag.

Ihre Intuition sagt Ihnen so, wie sie das Verhältnis von Anforderung und Fähigkeit einschätzt. Das schließt nicht aus, dass die Aufgabe am Ende vielleicht doch noch eine Nummer zu groß für Sie ist. Ihre Intuition kann sich irren. Aber zumindest bei Fähigkeiten, die Sie häufiger einsetzen und mit denen Sie reichlich Erfahrung haben, beurteilt sie die Situation meistens ganz gut.

Vielleicht sagt Ihnen die Anzeigetafel: Es ist fraglich, ob Ihre Fähigkeit ausreicht – die Anzeige bleibt also in den unteren Regionen. Dann sollten Sie zunächst prüfen, ob Sie Ihre Fähigkeit verbessern können. Manchmal genügt schon der Kauf eines Buches oder die intensive Befragung eines Fachmannes, um den Durchblick entscheidend zu erweitern und zu vertiefen.

3. Problemübertragung

Vielleicht sollten Sie aber auch das Problem an jemand anderes abgeben – ganz oder teilweise. Doch ob das sinnvoll ist, hängt von Verschiedenem ab. Denn es kann sich die Kostenfrage stellen. Es kann die Frage sein, ob ein Spezialist schnell zu bekommen ist. Es kann sich ein Vertrauensloch auftun, weil die Angelegenheit heikel ist. Aber Sie können auch einfach prüfen – es schadet ja nichts –, was Ihre Intuition dazu sagt:

Sie stellen sich nun vor, dass sich an der Anzeigentafel auch noch ein beweglicher Pfeil befindet. Wenn der auf die Gestalt hinweist, die Ihre Fähigkeit symbolisiert, heißt das: Lösen Sie das Problem selbst. Wenn er zur anderen Seite weist und von dieser Gestalt wegzeigt, bedeutet das: Sie sollten das Problem an jemand anderen abgeben.

Es gibt allerdings noch weitere Möglichkeiten der Richtungsanzeige für den Pfeil: Er kann zwischen rechts und links hin- und herpendeln, oder er zeigt statt zur Seite nach oben oder nach unten. Dann sollten Sie wahrscheinlich einige Teile des Problems abgeben oder sich mit jemand anderem zusammentun. Vielleicht finden Sie noch eine speziellere Deutung für das irritierende Verhalten des Pfeils, die sich aus Ihrem konkreten Problem ergibt.

Sie können jedenfalls so wichtige Hinweise darauf gewinnen, wie Sie angesichts Ihrer persönlichen Fähigkeit mit einem Problem umgehen. Sie können sich damit einerseits davor schützen, dass Sie sich übernehmen. Sie können aber andererseits animiert werden, sich an das heranzutrauen, was Sie vorher zu überfordern schien.

Übung 16 Sozialen Rückhalt einschätzen: Die eigene Position erkennen

Fast jeder Mensch ist in ein soziales Geflecht eingebunden. Es gibt fast niemanden, der völlig außerhalb jeder engeren Beziehung steht. Allerdings bedeutet soziale Eingebundenheit nicht Problemlosigkeit. Es gibt innerhalb eines sozialen Geflechtes sowohl vorübergehende Konflikte als auch längerfristige Spannungen, Streitereien und Kämpfe.

Unsere Möglichkeiten und Probleme hängen erheblich von unserer Stellung in einem sozialen Geflecht ab. Wir bewegen uns meistens in mehreren solchen Geflechten bzw. Gruppen. Die Familie ist das engste Geflecht. Drum herum gibt es Vereine, Organisationen, Parteien, Kirchen und nicht zuletzt den Betrieb mit dem Arbeitsplatz.

Prüfdimensionen:
- *Bedeutung*
- *Unabhängigkeit*

Die Stellung in solch einem sozialen Geflecht ist bedeutsam. Sie entscheidet, wie viel Schwierigkeiten man hat, und sie bestimmt zugleich über Möglichkeiten, Probleme beizulegen. Wer eine bedeutende Stellung hat, kann mehr bewirken. Oder wer relativ unabhängig ist, hat weniger zu befürchten.

Wenn Sie wollen, können Sie überprüfen, wie groß Ihre Bedeutung und Unabhängigkeit ist. Dafür stellen Sie sich innerlich Folgendes vor, nachdem Sie sich entspannt haben:

Sie denken an ein soziales Geflecht, zu dem Sie gehören. Sie sehen jeden Menschen in diesem Geflecht als Kreis. Je bedeutender ein Mensch in diesem Geflecht ist, desto größer ist sein Kreis. Sie sehen auch sich selbst als Kreis unter diesen Kreisen.

Danach wird es spannend: Zunächst schauen Sie hin und prüfen, wie groß Ihr Kreis im Verhältnis zu den anderen Kreisen ist – ist er größer, kleiner oder gleich groß?
Als Nächstes sehen Sie sich an, in welcher Position, Distanz und Bewegung sich Ihr Kreis befindet: Wie weit ist er entfernt von den anderen Kreisen? Befindet er sich am Rande oder mittendrin? Drehen sich andere Kreise um Ihren Kreis oder dreht sich Ihr Kreis um andere?

Prüfbericht: Betrieb

Wenn Sie beispielsweise Ihr Verhältnis zu Arbeitskollegen prüfen, kann das innere Bild auf diese Weise zeigen: Wie geschätzt Ihr Fachwissen ist. Wie beliebt Sie als Mensch sind. Ob Sie gern in kollegiale Aktivitäten einbezogen werden. Oder ob privat Ihr Rat gesucht wird. Das bildet sich alles in der Größe und Bewegung der Kreise ab.

Allerdings müssen Sie das, was Ihnen die Kreise zeigen, natürlich noch interpretieren. Wenn Ihr Kreis größer ist als andere Kreise, müssen Sie den Grund dafür selbst suchen. Sie müssen selbst herausfinden, warum Ihre Bedeutung für andere Menschen so groß ist. Oder wenn Ihr Kreis sich um einen anderen Kreis dreht, müssen Sie selbst erkennen, welcher Mensch dieser andere Kreis ist und warum Sie um ihn kreisen.

Allerdings ist anzumerken: Die Größe Ihres Kreises und sein Verhältnis zu den übrigen Kreisen hängt von Ihrer Intuition ab. Sie ist oft überraschend gut. Aber manchmal liegt sie doch daneben. Es gibt Menschen, die sich beispielsweise als unbedeutender empfinden, als sie tatsächlich sind. Und es gibt Menschen, die ihre Bedeutung überschätzen. Oft sagt ihnen dann zwar ihr inneres Bild etwas anderes – insgeheim wissen es diese Menschen also doch besser. Aber eben nicht immer.

Familie

Dies vorausschickend, wage ich es, Sie auf Ihre eigene Familie oder Partnerschaft anzusprechen. Denn die Frage ist brisant: Wer dreht sich da um wen? Wer hat da den dicksten Kreis? Wenn Ihnen da Ihr inneres Bild nicht recht glaubhaft erscheint, können Sie es mit Selbstbeobachtung oder im Gespräch überprüfen.

Übrigens: Ein Mensch kann zwar recht unbedeutend sein, bringt aber doch andere dazu, sich unentwegt um ihn drehen. Es gibt da kleine Tricks – oder auch verdeckte erpresserische Manöver. Damit kann man andere ziemlich in Atem halten. Umgekehrt werden wirklich bedeutende Menschen manchmal links liegen gelassen. Der Kontakt mit ihnen wird gescheut. – Mit diesen Hinweisen haben Sie nun ausreichend Deutungsspielraum!

Übung 17 Verunsicherung ausräumen: Gewissensbisse aufheben

Es passiert wohl jedem Menschen: Nach einem Ereignis fragt man sich, ob man sich richtig verhalten hat. Man ist unsicher, ob man sich vielleicht selbst mit dem eigenen Verhalten geschadet hat. Oder man fragt sich, ob man womöglich jemand anderem damit etwas angetan hat. Eine solche Unsicherheit kann lähmen. Oder Gewissensbisse verursachen.

Dabei ist es ja objektiv so, dass wir nicht in jeder Situation den großen Überblick haben können. Uns fehlen zum Teil einfach Informationen, um sicher und richtig entscheiden zu können. Wir treffen jemanden mit einer Bemerkung, von der wir nie gedacht hätten, dass sie verletzend sein könnte. Oder wir geben eine Information weiter, die von jemandem vertraulich gemeint war, aber das haben wir nicht wahrgenommen. Nun ist derjenige uns gram. Wir geraten dann leicht unter Rechtfertigungsdruck. Wir haben das Gefühl, uns entweder vor uns selbst oder vor jemand anderem rechtfertigen zu müssen.

Hilfsmittel: Vertrauensperson

Eine solche Verunsicherung können Sie ausräumen, indem Sie dieselbe Situation noch einmal durchspielen – aber mit einem anderen Menschen. Sie wählen dafür einen Menschen aus, zu dem Sie ein besonderes Vertrauensverhältnis haben. Einen Menschen, von dem Sie sich in der fraglichen Situation gern vertreten lassen würden. Eine Art Vertrauensperson. Dieser Mensch sollte etwa dieselben moralischen Grundsätze haben wie Sie. Allerdings darf er geschickter als Sie in Problemsituationen sein – also beispielsweise leichter mit anderen Menschen umgehen können.

Sie gehen dann folgendermaßen vor:

Sie entspannen sich und schließen die Augen. Dann begeben Sie sich innerlich in die Situation, die Sie verunsicherte oder zu Gewissensbissen führte. Sie sehen zunächst sich selbst zu, wie Sie sich da verhalten. Danach spielen Sie in der inneren Vorstellung dieselbe Situation nochmals durch – diesmal aber mit dem anderen Menschen, nämlich Ihrer Vertrauensperson. Sie können nun sehen, wie sich dieser Mensch in derselben Situation verhält. Und Sie können prüfen, wie viel er wirklich anders macht als Sie.

Es kann sein, dass Sie dann entdecken: Ein anderer Mensch hätte an Ihrer Stelle genauso gehandelt. Sie liegen also nicht falsch mit dem, was Sie taten. Sie haben sich richtig verhalten. Sie brauchen sich nicht länger mit Unsicherheit, Rechtfertigungsdruck oder Gewissensbissen herumzuquälen.

Es kann allerdings auch sein, dass Sie sich tatsächlich unglücklich verhalten haben. Was dann? Dann können sich Ihre Selbstvorwürfe verstärken – das ist nicht ausgeschlossen. Aber da nun schon Ihre Vertrauensperson ins Spiel gekommen ist, versuchen Sie doch gleich noch einen zweiten Schritt:

Sie versuchen, innerlich Ihre Vertrauensperson auch in Ihrer gegenwärtigen Situation zu sehen. Was tut diese Person, wenn ihr vorher das passiert wäre, was Ihnen unterlaufen ist? Schauen Sie sich an, wie diese Person damit umgeht.

Wahrscheinlich geht Ihre Vertrauensperson anders damit um. Und wenn sie es nicht tut, ziehen Sie noch eine zweite oder dritte Person hinzu. Nehmen Sie sich diejenige davon als Vorbild, die sich so verhält, wie Sie es jetzt brauchen. Der Mensch lernt auch am Modell. Solch ein Modell brauchen Sie jetzt, und Sie können dann einfach dessen Verhalten übernehmen – zumindest die entscheidenden Teile davon. Wichtig ist, dass Sie aus Ihrer Lähmung herauskommen und vielleicht auch noch etwas aktiv dazu tun.

Übung 18 Blackout: Ein Erinnerungsloch erhellen

Manchmal haben wir das Problem, dass wir überhaupt nicht mehr wissen, was sich in einer Situation abgespielt hat. Zum Teil liegt das Ereignis schon Jahre oder Jahrzehnte zurück. Zum Teil war es vielleicht gerade erst gestern, doch wir hatten einen richtigen Blackout. Wenn man das Wort Blackout wortwörtlich übersetzt, heißt das: ein schwarzes Aus. Anders gesagt: In unserer Erinnerung klafft ein dunkles Loch. Wir möchten aber unbedingt wissen, was geschehen ist. Etwa um uns vor anderen rechtfertigen zu können. Oder um unsere Schuldgefühle zumindest überprüfen zu können. Oder auch nur, um einen dunklen und verunsichernden Fleck in der Erinnerung zu beseitigen.

Ziel von Verdrängung

Bei sehr belastenden Erfahrungen gibt es das häufiger, dass sie völlig aus dem Bewusstsein verdrängt werden. Obwohl es gerade einschneidende Erlebnisse waren. Die Verdrängung hat aber den Sinn, das Weiterleben zu erleichtern. Die innere Last wird sozusagen in der Besenkammer versteckt. Man stolpert nicht mehr über sie. Man sieht sie auch nicht mehr und wird nicht täglich daran erinnert.

Wenn die Verdrängung einer Last den Sinn hat, das Leben zu erleichtern, dann kann ihr Hervorholen problematisch sein. Man muss dann stark genug sein auszuhalten, was womöglich auftaucht. Man muss es verarbeiten und bewältigen können. Deswegen kann dabei die Begleitung durch einen anderen Menschen nützlich sein. Man kann sich so notfalls im Gespräch Erleichterung verschaffen. Dies als Mahnung zur Vorsicht. Aber unsere Seele lässt alte Lasten in der Regel fast nur dann auftauchen, wenn die äußere Situation dafür stimmt.

Sie dürfen also durchaus alleine versuchen, Vergessenes oder Verdrängtes zu erhellen. Ihre Chancen sind aber besser, wenn Sie sich dafür wenigstens einen inneren Begleiter oder eine innere Begleiterin zu Hilfe holen. Sie finden dazu alles in Übung 90. Wenn Sie dazu entschlossen sind, einen Blackout zu erhellen, dann machen Sie Folgendes:

Sie entspannen sich und schließen die Augen. Sie sollten möglichst auf eine tiefere Wohlfühl-Ebene gehen (Übung 9). Dann stellen Sie innerlich zunächst die Situation vor den fraglichen Ereignissen wieder her. Sie versuchen, Sie innerlich zu sehen. Das gelingt natürlich nur so weit, wie Sie sich daran erinnern können oder begründete Vermutungen haben. Danach versuchen Sie, sich innerlich vor Augen treten zu lassen, was in der fraglichen Situation geschehen ist. Sie versuchen einfach, innerlich die entscheidenden Szenen ablaufen zu lassen.

Haben Sie sich dafür eine innere Begleitung ausgesucht, lassen Sie sich diese zuerst innerlich vor Augen treten. Das ist besonders dann wichtig, wenn Sie Angst vor dem haben, was Sie womöglich an Unangenehmem erwartet. Danach erst wenden Sie sich dem Blackout zu.

Ist der Blackout für Sie wirklich ein Dunkel, das Sie zu erhellen suchen, können Sie im inneren Bild auch große Lampen aufstellen. Diese senden ein angenehmes, warmes Licht aus. Dieses Licht lassen Sie langsam bis in den Bereich vordringen, in dem sich das bisher Unbekannte abspielte. Das taucht dann – wenn jetzt die Umstände stimmen – tatsächlich aus dem Dunkel auf.

Wenn dann wirklich Erinnerungen wiederkommen, sollten Sie sie zusätzlich überprüfen. Es ist durchaus möglich, dass Wiedererinnertes nur teilweise stimmt. Vielleicht finden Sie Anhaltspunkte dafür, ob Ihre neu aufgetauchten Erinnerungsbilder wirklich plausibel sind.

Ergebnisbeispiel

Hier ein Beispiel, was auf diesem Wege zu erreichen ist: Vor Jahren kam einmal eine Frau zu mir, die mit ihrem Wagen einen 15-jährigen Jungen angefahren hatte. Der Unfall war fünf Tage zuvor passiert. Der Junge lag zu diesem Zeitpunkt noch unansprechbar im Koma. Nun fröstelte sie ständig, hatte Druck im Magen und das Gefühl, einen Ring um die Brust zu haben. Sie war in diesem Zustand arbeitsunfähig und krankgeschrieben. Vor allem hatte sie Schuldgefühle. Zwar hatte der Junge mit seinem Mofa die Vorfahrt nicht beachtet. Aber sie konnte sich nicht erinnern, in der Unfallsituation gebremst zu haben – trotz nachweisbarer Bremsspuren.

Ich habe diese Frau dann innerlich den Unfall nacherleben lassen – so wie beschrieben. Sie hat dabei zusätzlich einen inneren Begleiter gehabt, damit es ihr leichter fiel, sich den Unfall innerlich anzuschauen. Wir haben mit der Situation kurz vor der Kreuzung begonnen, auf der das Unglück geschah. Daran konnte Sie sich noch erinnern. Dann habe ich Sie innerlich auf die Kreuzung zufahren lassen. Und plötzlich konnte sie ganz deutlich wahrnehmen, wie sie nicht nur bremst, sondern auch noch mit einer Lenkbewegung dem Jungen auszuweichen versucht. Sie sieht auch, wie sie selbst erste Rettungsmaßnahmen trifft, bevor der Rettungshubschrauber landet. Schließlich am Ende hatte sie keinerlei Schuldgefühle mehr, und damit waren auch alle körperlichen Symptome verschwunden.

Übung 19 Zukunft planen: Über den Tag hinausschauen

Viele Menschen sind froh, dass Sie blind sind für die Zukunft. Ihnen genügt die Gegenwart. Sie wollen nicht mehr wissen, als sie wissen. Sie fürchten, dass Zukunftswissen sie nur belasten würde. Andere sind da neugieriger. Die Wirtschaft und die Wissenschaft etwa unterhalten Zukunftslabors, um sich abzeichnende Entwicklungen zu erfassen und zu nutzen. Und viele Privatleute wollen ebenfalls mehr wissen. Sie greifen dann allerdings nicht selten zu zweifelhaften Methoden, um sich die Zukunft erhellen und deuten zu lassen.

Wenn ich Ihnen hier einen Weg zeige, mehr über die nächste Zukunft zu erfahren, dann beruht der nicht auf solchen Methoden. Ich möchte Ihnen vielmehr etwas an die Hand geben, das Ihnen auf andere Weise Anhaltspunkte für neue Perspektiven, notwendige Planungen und anstehende Aktivitäten liefert.

Hilfsmittel: Wahrnehmungen der Intuition

Sie haben bereits bestimmte Zukunftserwartungen im Kopf. Das können auch Zukunftsängste sein. Auf Befragen können Sie diese nennen. Aber Sie haben noch mehr im Kopf. Denn Ihre Intuition macht sich ebenfalls ständig ein Zukunftsbild. Sie fügt sich ihrerseits zusammen, was sie aus Ihren Wahrnehmungen erschließt. Die Sicht Ihrer Intuition kann dabei durchaus von dem Bild abweichen, das Ihnen rational zugänglich ist – nur an dieses unbewusste Bild kommen Sie nicht so leicht heran.

Sie hätten mehr Informationen, wenn Sie sich zusätzlich das Bild Ihrer Intuition erschließen könnten. Dieses Bild kann beispielsweise positiver sein als Ihr rationales Denken. Es würde dann tröstlich sein und Hoffnung machen. Vielleicht ist dies Bild aber auch skeptischer und düsterer. Dann könnte es Zeit sein, energisch etwas zu unternehmen und drohende Gefahren abzuwenden.

In folgender Weise können Sie versuchen, sich Ihr unbewusstes Zukunftsbild zu erschließen:

Sie entspannen sich und schließen die Augen. Dann stellen Sie sich ein Fenster mit zunächst noch geschlossener Jalousie vor. Über dem Fenster hängt ein Schild: Meine Zukunft. Nun ziehen Sie die Jalousie mit einem Ruck hoch. Und Sie schauen draußen in eine Landschaft, die Ihre nächste Zukunft darstellt.

Falls es draußen dunkel ist, warten Sie, bis es dämmert. Dann erkennen Sie mehr. Danach suchen Sie zunächst den Punkt draußen, wo Sie heute stehen. Wo die Gegenwart ist. Vielleicht sehen Sie sich an dieser Stelle in eigener Person. Von da ab gehen Sie weiter in die Ferne und schauen, was dort zu erkennen ist. Da ist Ihre Zukunft.

Ergebnisbeispiel

Vielleicht müssen Sie dann allerdings ein bisschen Entschlüsselungsarbeit leisten, weil Ihre Intuition mit Hilfe des Unbewussten in Symbolen spricht. Aber in Tagtraumbildern sind die Symbole oft relativ leicht zu entziffern. Was kann bei einem solchen Bild herauskommen? Ich denke an eine Frau, die gerade ihren Partner und ihre Wohnung verloren hatte. Sie hatte nun Schulden und war auf Unterkunft bei Freunden und Bekannten angewiesen. Bei dem Blick aus dem Fenster sah sie sich selbst auf der Mitte eines Steilhangs. Oben war ein Weg, den sie erreichen wollte. Im Nachhinein zeigte sich, dass dieses Bild ziemlich genau war. Denn zu diesem Zeitpunkt hatte sie etwa die Hälfte des mühsamen Weges zu einer neuen Wohnung zurückgelegt. Der nur mit erheblichen Anstrengungen zu erkletternde Steilhang symbolisierte also den Lebensabschnitt, der zwischen dem Verlust von Partner und Wohnung und dem Neubeginn lag. Auch noch ein anderes Bild ist möglich:

Sie sehen vor sich einen Weg – Ihren Lebensweg. Da, wo Sie gerade stehen, sind Sie heute. Und dann blicken Sie diesen Weg entlang in die Zukunft. Sie schauen, ob und wie er sich verändert. Sie sehen vielleicht markante Zeichen und Dinge am Weg. Oder Sie erkennen, dass sich das Wetter und der Himmel über diesem Weg ändern. Vielleicht sagt Ihnen zudem ein inneres Gefühl, wann etwa die erkennbaren Veränderungen auf dem Weg eintreten werden.

Ergebnisbeispiel

Bei dieser Vorgabe sah ein Schriftsteller mitten auf seinem Lebensweg einen Holzschrank stehen. Als er ihn öffnete, war er voller Manuskriptseiten. Und hinter dem Schrank wurde der Weg plötzlich so breit wie eine Autobahn. Er interpretierte das so, dass er mit seinem gegenwärtigen Manuskript Erfolg haben würde. Seine Intuition sagte ihm, so meinte er, dass dieses Manuskript gut sei. Und ein inneres Gespür sagte ihm auch noch, dass er in etwa vier Monaten damit fertig sein würde. Das nämlich war der geschätzte Zeitpunkt auf seinem Lebensweg, wo der Schrank stand – voll mit dem fertig geschriebenen Manuskript. Und so kam es dann tatsächlich.

In beiden Beispielen haben die inneren Bilder und Aussichten den Betroffenen Mut gemacht. Die Bilder gaben ihnen Zuversicht. Und mit dieser Zuversicht gelang es ihnen, das Geschaute ungefähr in der vorgegebenen Zeit zu realisieren. Dabei ist es so, dass die Intuition von sich aus einschätzt: Dieses oder jenes Ziel ist in etwa soundsoviel Zeit zu erreichen. Und es liegt dann immer noch an denjenigen, denen die Intuition dies mitteilt, ob sie sich tatsächlich entsprechend anstrengen.

Jedenfalls realisiert sich das Vorhergesehene nicht von allein und automatisch. Und im übrigen kann die Intuition nicht alle Ereignisse vorausahnen, die unabhängig vom Willen und den Einflussmöglichkeiten der Betroffenen eintreten. Da hat sie einfach ihre Grenzen. Aber sonst sind unserer Intuition schon verblüffend genaue Voraussagen und Visionen möglich.

Kapitel 3
Einstellungen und Gefühle bei Problemen ändern

Übung 20 Haltung korrigieren: Sich Vorschläge machen lassen

Innere Lockerung kann ein erster Schritt zur Lösung von Schwierigkeiten sein. Genauso wichtig kann es sein, die Wahrnehmung neu auszurichten. Das verändert möglicherweise schon einiges. Aber selbst wenn der alte Verbund von Wahrnehmungsmustern und Denkkategorien erschüttert und gelockert wurde, kann mit der bisherigen Einstellung ein Problem nicht zu lösen sein. Und das heißt: Die Energie, die für die Problemlösung bereitsteht und angestaut ist, kann nicht in ausreichend hilfreicher Weise eingesetzt werden und abfließen.

Problembeispiel

Ein Beispiel: Sie haben sich in einem Seminar eine Organisationsform erarbeitet, welche die bisher problematische Kooperation in Ihrem Betrieb verbessern würde. Aber die Einführung und Durchsetzung dieser Organisationsform verlangt nicht nur äußere Umstellungen, sondern auch eine innerliche Neuorientierung. Vielleicht muss Ihre gesamte bisherige Arbeitshaltung auf den Prüfstand, um eine Einstellung zu finden, mit welcher die organisatorische Neuregelung überhaupt erst gelingt und anschließend auch dauerhaft funktioniert.

Wie kommen Sie zu einer neuen erfolgreichen Einstellung? Ich biete Ihnen dafür zwei Möglichkeiten an, unter denen Sie wählen können. Die erste hat vorrangig mit dem Hören zu tun:

Sie setzen sich entspannt und mit geschlossenen Augen hin. Am besten gehen Sie auch noch auf eine tiefere Wohlfühl-Ebene (Übung 9). Denken Sie nun zuerst an das Problem, das Sie lösen wollen. Danach hören Sie innerlich die Stimmen von Leuten. Sie rufen Ihnen heitere Worte und Sätze zu. Sie beschreiben damit eine Haltung, mit der Sie Ihr Problem am besten lösen können. Sie hören die Zurufe deutlich! Sie hören etwa »Junge Frau, immer ran!« oder »Mann, mehr Mut!«.
Stellen Sie sich unbedingt Stimmen vor, die es gut mit Ihnen meinen. Sollten auch andere dabei sein, können Sie einen Filter einbauen: Dieser Filter umschließt Sie als Schutzwand und lässt nur gut gemeinte Vorschläge durch. Danach wählen Sie ein oder zwei Zurufe aus, die Ihnen bei Ihrem gegenwärtigen Problem am besten helfen. Wahrscheinlich haben Sie ein deutliches Gespür dafür, was Ihnen gut tut. Die übrigen Zurufe vergessen Sie. Danach kommen Sie zurück in die Realität.

Anschließend probieren Sie sofort aus, was Ihnen zugerufen wurde. Sie nehmen innerlich die vorgeschlagene Haltung ein. Und Sie spüren in sich hinein, was diese neue Haltung mit Ihnen macht. Sie prüfen, inwieweit Sie Ihnen gut tut. Was Sie dabei entdecken, kann sehr spannend sein! Aber es genügt nicht, die neue Haltung nur innerlich einzunehmen, das muss auch äußerlich geschehen. Denn innen und außen hängen eng zusammen. Stellen oder setzen Sie sich also in der neuen Haltung hin. Dann suchen Sie sich bewusst äußere Gesten, die dazu passen und diese Haltung unterstützen. Danach sollten Sie sich insgesamt für das anstehende Problem deutlich besser gerüstet fühlen.

Vielleicht liegt es Ihnen aber mehr, innerlich etwas zu sehen statt zu hören. Vielleicht finden Sie meinen zweiten Vorschlag dazu spannender. Dann probieren Sie diese Möglichkeit aus:

Sie gehen in Ihrer inneren Vorstellung eine Straße entlang. An dieser Straße stehen rechts und links riesige Fragezeichen und Ausrufezeichen. Dazwischen finden Sie Schilder mit verschiedenen Anweisungen. Sie beschreiben in heiterer Form eine für Sie möglicherweise hilfreiche Haltung. Da steht etwa »Mehr Mumm! Mehr Rückgrat!« oder »Durchhalten! Nicht Durchknallen!«. Suchen Sie sich wieder ein oder zwei Haltungen aus. Sie spüren wahrscheinlich erneut deutlich, welche Haltung jetzt für Sie am hilfreichsten ist. Kommen Sie dann in die Realität zurück und probieren Sie auch diese neue Haltung sofort aus.

Wichtig: Positivdefinition

Achten Sie in beiden Übungen darauf, dass die neue Haltung positiv beschrieben wird. Es ist ungünstig, wenn Sie hören oder sehen, was Sie *nicht* tun sollen. Damit lässt sich in der Regel wenig anfangen.

Mit der neuen Haltung sollen Sie sich nicht nur besser fühlen, Sie sollen diese Haltung auch den ganzen Problemlösungsprozess durchhalten können. Akzeptieren Sie keine Haltung, die zu viel Kraft kostet! Vermeiden Sie eine Haltung, die Sie innerlich verbiegt! Mit der richtigen Haltung

- wächst Ihre Lust an der Problemlösung,
- erfordert die Problemlösung weniger Kraft,
- finden Sie vielleicht eine bessere Problemlösung als bisher und
- haben Sie einfach mehr Erfolg!

Übung 21 Änderungshilfe: Sich selbst als Karikatur sehen

Es kann manchmal geradezu erschreckend sein, sich selbst von außen zuzusehen. Dieses Erlebnis bieten manche Film- und Video-Aufnahmen. Solche Aufnahmen werden etwa bei der Persönlichkeitsberatung eingesetzt, um Fehler im Verhalten aufzudecken und das Auftreten anschließend zu verbessern.

Ziel: Bessere Selbstwahrnehmung

So etwas ist aber auch ohne Kamera möglich. Wenn Sie Ihr Verhalten dahingehend prüfen wollen, ob es bei einem Problem hilfreich und Erfolg versprechend ist, können Sie sich selbst innerlich zuschauen. Es ist verblüffend, wie gut das geht. Unser Gehirn kann das, was wir bei unseren Bewegungen spüren, ziemlich gut umrechnen. Wir sehen uns in inneren Bildern dann so, als stünden wir außerhalb von uns selbst.

Aber unser Gehirn kann noch mehr: Es kann unser Verhalten auch noch überzogen darstellen – das kann eine Kamera nicht. Wir können uns so zur Karikatur unserer selbst machen. Aber keine Angst: Die hier beabsichtigte Karikatur soll nur charakteristische Eigenheiten etwas übertreiben – sie soll Sie nicht fertig machen! Nur auf diese Übertreibung kommt es hier an. Denn damit werden Verhaltensfehler manchmal erst wirklich erkennbar. Wenn Sie sich also an eine solche Selbstsicht herantrauen, können Sie einiges über sich lernen – und sich dann auch korrigieren.

Gehen Sie dafür so vor:

Sie entspannen sich zunächst mit geschlossenen Augen. Danach versuchen Sie sich selbst innerlich zu sehen. Sie sehen sich selbst zu, wie Sie an Ihrem Problem arbeiten. Vielleicht sitzen Sie dabei am Tisch. Vielleicht stehen Sie, oder Sie laufen herum. Sie nehmen sich jedenfalls selbst in möglichst vielen Einzelheiten wahr. Das Besondere ist nur: Sie sehen jetzt das Charakteristische an Ihrer Haltung in übertriebener Weise. Dadurch wird das, was an Ihrer Haltung fragwürdig ist, besonders deutlich.
Danach suchen Sie eine geeignetere Haltung. Erst versuchen Sie sich eine bessere Haltung vorzustellen, danach probieren Sie sie aus. Und Sie schauen sich wieder selbst zu, ob Sie in der neuen Haltung mit Ihrem Problem tatsächlich besser vorankommen. Danach kehren Sie in die Realität zurück.

Schließlich testen Sie auch noch in der Realität die neue Haltung. Sie spüren dann deutlicher, wie es Ihnen damit geht. Und ob Sie damit Ihr Problem wirklich besser lösen können. Wenn dem so ist, machen Sie sich eine Geste oder Besonderheit der neuen Haltung bewusst, die sehr charakteristisch ist.

Wenn Sie später diese Bewegung machen oder diese Stellung einnehmen, kommen Sie besonders leicht wieder in die neue Haltung hinein.

Die notwendigen Korrekturen an der Haltung sind von Person zu Person ganz unterschiedlich. Ist jemand ein vorsichtiger Mensch, kann für ihn ein mutigeres Auftreten oder schnelleres Entscheiden hilfreich sein. Ist jemand eher zu leichtsinnig, sollte er mehr Umsicht und Vorsicht walten lassen. Auch liegt jedes Problem anders. Es gibt Probleme, die nur mit Großzügigkeit zu lösen sind, während andere dagegen pedantische Genauigkeit brauchen.

Ergebnisbeispiel

Ein Mann, der Probleme mit seinem Selbstbewusstsein hat, hat mir vor ein paar Tagen ein gutes Beispiel erzählt: Er hatte einen Termin beim Chef. Er versuchte vorher, mit der beschriebenen Vorgehensweise eine angemessene Haltung für dieses Gespräch zu finden. Zuerst sah er sich als Karikatur seiner selbst. Er sah, wie er sich vor dem Chef zu einem Riesen aufblies und dann von ganz weit oben auf den kleinen Chef herabsah. Danach sah er sich in einer zweiten Fehlhaltung: Alle Luft wich aus dem Riesen heraus, und er schrumpfte zu einem jämmerlichen Männchen. Dem Mann war klar, dass weder das eine noch das andere die angemessene Haltung war. Die richtige Haltung lag zwischen den Extremen. Und es gelang ihm dann, tatsächlich auch innerlich eine solche Haltung zu finden und sie beim Termin einzuhalten.

Übung 22 Statt Lustlosigkeit: Geschmack gewinnen!

Jeder kennt das: Es sind viele Dinge da, die nur darauf warten, endlich angepackt zu werden. Aber man will nicht. Man ist nicht in Stimmung. Man ist nicht in Laune. Es fehlt der Schwung. Vielleicht hängt man auch etwas durch oder man ist schlichtweg müde. Die Dinge, um die es geht, erscheinen jedenfalls im Moment als zu langweilig, zu uninteressant, zu kompliziert, zu langwierig oder zu anstrengend.

Problembeispiel

Ein schönes Beispiel dafür ist die Steuererklärung. Kein Mensch macht sie gern. Fast alle schieben sie vor sich her. Oder geben sie an ihren Steuerberater ab. Man kann nur hoffen, dass dann wenigstens dieser Mensch sie gern macht und deshalb auch ausreichend Sorgfalt und Wissen in sie investiert.

Damit Interesse aufkommt, müssten langweilige oder gar abstoßende Dinge mehr Anziehungskraft haben. Sie sollten attraktiver sein. Nur wie kann das geschehen? Ich habe Ihnen schon mehrere Möglichkeit aufgezeigt: In Ihrer inneren Vorstellung machen Sie etwa eine heitere Verfremdung mit Ihrem Problem (Übung 1). Oder Sie nehmen dessen Anfangsbuchstaben und behandeln diesen Buchstaben in verrückter Weise (Übung 5). Sie können auch zu einem hellgelben Lichtschein greifen und ihn auf das legen, wovor Sie sich bislang gedrückt haben (Übung 7). Dann bessert sich Ihr Verhältnis dazu. Aber wenn Sie so richtig lustlos sind, ja vielleicht sogar durchhängen, dann reicht das nicht. Dann brauchen Sie mehr Zugkraft.

Hilfsmittel: Eine Verheißung

Sie brauchen eine Verheißung: Sie brauchen etwas sehr Schönes, das Ihnen Ihr Problem verspricht. Bei der Steuererklärung kann es das Geld sein, das Sie – hoffentlich – zurückbekommen. Es kann aber auch etwas anderes sein. Wichtig ist, dass die Verheißung so zugkräftig ist, dass sie alle abstoßenden Kräfte des Problems überdeckt. Und diese Verheißung sollte sich zudem so fest mit dem Problem verbinden, dass es seine neue Zugkraft längere Zeit behält. Ich schlage Ihnen dafür Folgendes vor:

Sie gehen innerlich auf eine tiefere Wohlfühl-Ebene – so wie in Übung 9 beschrieben. Das ist hier wichtig, damit Sie das Folgende intensiv genug erleben und wirklich eine Veränderung eintreten kann. Dann stellen Sie sich das Problem vor, vor dem Sie sich drücken. Vielleicht ist es ein Gegenstand. Vielleicht ist es auch ein eher abstrakter Sachverhalt. Im diesem Fall wählen Sie für das Problem dessen Anfangsbuchstaben oder ein anderes Symbol (Übung 5) und sehen dies vor sich. Wenn dies geschehen ist, lassen Sie innerlich eine Farbe kommen, die das Problem von sich aus gern annehmen möchte. Die Farbe bestimmen also nicht Sie! Wenn die Farbe da ist, lassen Sie eine Form kommen, die das Problem von sich aus annehmen möchte. Allerdings darf es keine ganz flache Form sein, sondern sie sollte schon einen gewissen Raum umschließen. Wenn Sie Farbe und Form haben, suchen Sie nach einem Zugang zum Inneren des Problems. Es sollte etwas da sein, das zu öffnen ist. Vielleicht finden Sie eine Tür, eine Schublade oder sonst etwas.
Nun öffnen Sie die Tür, die Schublade, den Deckel oder den sonstigen Zugang zum Inneren. Und innen drin versuchen Sie eine Verheißung zu erkennen. Vielleicht liegen bestimmte Dinge darin. Vielleicht finden Sie Zettel mit Worten oder Sätzen. Vielleicht finden Sie sonst etwas. Wenn Sie nicht gleich etwas entdecken, geben Sie nicht auf: Manchmal muss man erst etwas herumkramen und herumsuchen. Sie müssen jedenfalls möglichst etwas zu entdecken versuchen, das ein so großes Versprechen ist, dass alle Lustlosigkeit verfliegt.

Ergebnisbeispiel

Was ist da nun zu finden? Bei jemand stellte sich die Steuererklärung als ein aufreizend purpurrotes Kästchen mit vielen Geldmünzen darin dar. Das Ergebnis dieses inneren Bildes war, dass das innere Stöhnen – schon bei dem

Gedanken an diese Erklärung – verschwand. Bei anderen Menschen steht auf einem Zettel etwas Erfreuliches und Ermutigendes. Oder das Innere ist insgesamt so angenehm oder kostbar ausgestattet, dass sich das Verhältnis zu dem Problem sofort ändert.

Wenn Sie so vorgehen, kann jedenfalls Folgendes geschehen: Die belohnenden, befreienden, erfreulichen Seiten des Problems treten hervor. Sie fesseln nun Ihre Aufmerksamkeit. Und sie verdrängen in Ihrer Wahrnehmung die negativeren Seiten des Problems, die bisher im Vordergrund standen. Sie haben jetzt eher ein gutes Gefühl, wenn Sie an das Problem denken. Ihre inneren Widerstände schmelzen dahin.

Übung 23 Diffuse Angst: Das Problem verschieben oder angehen?

Oft haben wir Angst vor einem Problem. Es ist meist eine eher unbestimmte und diffuse Angst. Sie hindert uns, das Problem anzugehen. Stattdessen schieben wir es auf die lange Bank. Nur: Damit verändert sich natürlich nichts. Die Angst wird dadurch nicht kleiner, sondern kann eher noch heimlich wachsen. Wenn wir viel Glück haben, löst sich das Problem zwar irgendwann von allein, aber das ist eher selten der Fall.

Günstiger ist es meistens, das Problem rechtzeitig vom Tisch zu bekommen und sich damit ein Stück Erleichterung zu verschaffen. Dafür ist es hilfreich, erst einmal die Angst zu verringern. Doch wir wissen oft gar nicht, dass Angst da ist. Wir merken gar nicht, dass es Angst ist, die uns angesichts eines Problems zögern lässt. Der erste Schritt ist also, sich diese Angst einzugestehen. Und sie zu spüren.

1. Ziel: Angst wahrnehmen

Da kann es hilfreich sein, zunächst überhaupt die Haltung zu einem Problem zu überprüfen. Das ist nach den Verfahren möglich, die ich in den Übungen 20 und 21 beschrieben habe. Vielleicht wird da erst ausreichend deutlich, dass Angst vorhanden ist. Und dass es diese Angst ist, die zu Zögern, Zaudern und innerer Drückebergerei führt.

Dann ist auch zu bedenken: Angst ist im Prinzip sinnvoll. Sie ist eine wichtige und notwendige Reaktion auf Bedrohungen. Sie hat eine Warnfunktion. Wer zu wenig Angst hat, kann unvorsichtig werden und sich selbst oder andere gefährden. Wenn Angst da ist, ist also zunächst zu prüfen, wieweit sie berechtigt ist. Ob sie begründet warnt oder ob sie nur Fehlalarm gibt. Wenn sie aber tatsächlich unbegründet alarmiert, dann gilt: Abschalten! Die Angst möglichst sofort abstellen.

2. Ziel: Angst verringern

Allerdings gibt es meistens schon einen Grund für die Angst. Es ist tatsächlich eine Gefährdung da. Doch die Gefahr wird aufgebauscht. Sie wirft einen allzu großen Schatten. Um die eigentlich unnötige Angst zu verringern, können wir uns fragen: »Was ist das Schlimmste, das uns passieren könnte?« Hat etwa jemand Riesenangst vor einer Prüfung, ist in diesem Fall das Schlimmste, dass er durchfällt. Danach ist zu klären, wann die Prüfung wiederholt werden könnte. Oder wie sich das Leben ändern würde, wenn keine Wiederholung möglich sein sollte. Geht man der Angst so konkret auf den Grund, verringert sie sich meistens.

Eine Verringerung der Angst ist aber auch mit inneren Bildern möglich. Bei kleineren Ängsten können schon die Verfahren genügen, die ich Ihnen bisher vorgestellt habe: In Ihrer inneren Vorstellung verfremden Sie Ihr Problem, in dem Sie es spielerisch verändern (Übung 1). Oder Sie nehmen den Anfangsbuchstaben des Problems und traktieren ihn ebenso (Übung 5). Sie können auch mit einem hellgelben Lichtschein das belegen, wovor Sie sich bislang ängstigten (Übung 7). Dann bessert sich ihr Verhältnis dazu.

Bei größerer Angst reicht das allerdings nicht. Für diesen Fall habe ich folgenden Vorschlag:

Sie entspannen sich zunächst erst einmal wieder und schließen die Augen. Gut ist es, wenn Sie auch noch auf die tiefere Wohlfühl-Ebene gehen (Übung 9), damit Sie das Kommende intensiver erleben. Und dann stellen Sie sich Ihr Problem vor. Wenn es ein eher abstraktes Problem ist, suchen Sie ein Symbol dafür, das möglichst plastisch das ängstigende Problem abbildet (Übung 5). Oder Sie nehmen eine Situation, in der sich das Problem darstellt. Ist es eine Prüfung, vor der Sie Angst haben, stellen Sie sich also die Prüfungssituation vor.

Im nächsten Schritt lassen Sie die Angst, die Sie mit dem Problem verbinden, als schwarze Wolke um dieses Problem herumwabern. Schauen Sie hin, wie groß diese Angstwolke ist. Schauen Sie auch hin, wo die Angstwolke am dichtesten ist und von wo sie ausgeht: Von einem Ding? Von einer Person? Von einer Personengruppe? Oder ist Genaueres nicht zu erkennen?

Danach stellen Sie rund um das Problem und die Angstwolke große Scheinwerfer auf, die von oben darauf herunterleuchten. Von diesen Scheinwerfern geht ein angenehmes, wohltuendes, fast liebevolles Licht aus. Es darf kein grelles, verletzendes, zerstörerisches Licht sein! Aber zugleich ist das Licht schon so intensiv und hell, dass es gegen die Angstwolke ankommt. Unter diesem Licht verkleinert sie sich und fällt langsam in sich zusammen.

Übrig bleibt Restschwärze an Dingen oder Personen. Diese Restschwärze zeigt an, wo die tatsächliche Gefährdung sitzt. Es kann sein, dass Sie die Restschwärze um das Herz eines Menschen sehen. Das kann bedeuten: Sie wissen, dass dieser Mensch Ihnen nicht wohlgesonnen ist. Bei der Prüfungssituation kann noch Restschwärze auf dem Papier vor dem Prüfer sein. Das kann heißen: Der Prüfer hat nichts gegen Sie, hält sich aber penibel an die Vorschriften. Oder Sie sehen die Restschwärze in Ihrem Kopf – weil Sie wissen, dass Sie nicht genug gelernt haben und sich damit selbst gefährden.

Das angenehme Licht hat folgenden Sinn: Grelles Licht ist aggressiv. Mit Aggressionen kann man Angst bekämpfen oder überspielen. Nur würden Sie damit verhindern, die Gründe für Ihre Angst erkennen zu können. Und damit entginge Ihnen die Chance, ein einigermaßen realistisches Konzept gegen die Angst zu finden.

Mit dem beschriebenen inneren Bild haben Sie hoffentlich schon Ihre diffusen Ängste verringert. Sie können nun angemessener reagieren. Und wenn klar ist, wo die Quelle der Angst sitzt, können Sie zudem noch eine Strategie gegen die Restangst entwickeln:

Sie verändern nun die Situation probeweise. Auf die Prüfungssituation bezogen heißt das: Wenn ein Prüfer etwas gegen Sie hat, versuchen Sie im Bild wenigstens die Beisitzer für sich einzunehmen. Wenn sich ein Prüfer penibel an die Vorschriften hält, versuchen Sie selbst dieser Ordnung hundertprozentig gerecht zu werden. Wenn Sie nicht genug gelernt haben und das Defizit nicht aufzuholen ist, locken Sie den Prüfer auf Felder, wo Sie sich auskennen. Probieren Sie im inneren Bild, ob das geht. Ihre Intuition kann Ihnen zeigen, was möglich ist. Sie kann Ihnen sagen, was Sie sich zutrauen dürfen oder womit Sie sich überfordern.

Ergebnisbeispiel

Was geschieht bei solchen Bildern? Eine Frau ist mir noch gut in Erinnerung. Ihr Symbol für ihr Problem war eine Schlange. Und sie sah sich als kleines Kaninchen vor dieser Schlange, einer Riesenschlange. Unter dem Licht fiel die Schlange aber weitgehend in sich zusammen. Und die Frau tat nun den entlarvenden Ausspruch: »Oh, jetzt muss ich ja das Problem anpacken und kann mich nicht mehr davor drücken!«

Angst ist also nicht unbedingt einfach nur Angst. Sie ist oft mit anderen inneren Widerständen eng verwoben. Sie hat nicht selten dabei die Funktion, einen Vorwand für Nichtstun zu liefern. Trotzdem hilft es oft erstaunlich viel weiter, sich ihr zu stellen und sie in der beschriebenen Form anzugehen.

Übung 24 Ärger, Zorn und Wut: Der innere Schrei

Kern: Hilflosigkeit

Jeder kennt Ärger. Wir ärgern uns etwa, wenn uns etwas nicht so gelingt, wie wir wollen. Wir ärgern uns noch mehr, wenn andere uns etwas wegnehmen, uns schädigen, uns innerlich verletzen oder über uns verfügen. Der Kern des Ärgers ist dabei Hilflosigkeit. Uns widerfährt Ungemach, aber wir wissen nicht, wie wir reagieren und uns davon wieder befreien können. Deswegen sind wir dann auch so nervös, gereizt oder verbissen.

Bei Zorn liegen die Dinge etwas anders. Es werden zwar mehr Energien mobilisiert als bei Ärger. Aber sie können gebündelt und kanalisiert werden. Denn zornig wird nur der Mensch, der sich wehren und gezielt zurückschlagen kann. Er hat damit Möglichkeiten, sich zu entlasten. Allerdings ist die Frage, ob jeder Zorn auch gerechtfertigt oder hilfreich ist.

Bei Wut schließlich werden besonders große Energien mobilisiert. Und es kann verschiedene Gründe dafür geben. Wir kennen das: Etwas will nicht gelingen, sperrt sich, leistet Widerstand. Wir sind ratlos. Wir wissen nicht weiter. Vielleicht haben wir auch schon dreimal oder zehnmal probiert, dieses Problem zu lösen. Aber uns fehlt das Geschick oder das Wissen dazu. Und dann kommt plötzlich Wut hoch. In uns tauchen Energien auf, die das Problem jetzt mit aller Gewalt lösen wollen, wenn es denn anders nicht geht. Und wir nehmen den Hammer und schlagen auf ein sich sperrendes Teil ein. Oder wir werfen einem Menschen schwerste Beleidigungen an den Kopf, weil er partout nicht einsichtig werden will. Es gibt sogar Leute, die dann gegen andere tätlich werden.

Wut kann auch dann hochkommen, wenn man uns etwas sehr Wichtiges wegnimmt oder sonst ganz erheblich schädigt. Und wenn wir dabei besonders viel Hilflosigkeit oder Wehrlosigkeit fühlen. Die in der Wut steckenden Energien sind dann viel größer als beim Ärger.

Wut ist sozusagen das letzte Mittel, um aus einer Hilflosigkeit herauszukommen. Sie kommt über einen Menschen, wenn alle zivilisierteren Mittel versagen. Manchmal schafft sie es auch: Sie erreicht das, was vorher anders nicht zu erreichen war. Sie löst tatsächlich das Problem. Und verschafft uns die angestrebte innere Entlastung. Aber das kommt eigentlich eher selten vor.

Gefahr: Selbstschädigung

Es besteht vielmehr die Gefahr, dass wir uns in einer ersten Wut noch mehr Probleme schaffen, als wir schon haben.

Ärger, Zorn und Wut vergehen, wenn wir uns innerlich entlasten können. Aber wenn das nicht möglich ist – was dann? Dann bleiben wir leicht darauf sitzen – etwa auf der Wut auf den Chef, auf den eigenwilligen Computer oder auf den vor unserer Nase davonfahrenden Zug. Zwar ist es wichtig, Kontrolle

Gefahr: Körperliche Beschwerden

über Ärger, Zorn und Wut zu haben, damit wir uns damit nicht selbst schaden. Es gehört zu den zivilisatorischen Fähigkeiten, sie ausreichend unter Kontrolle halten zu können – was einigen Menschen bekanntlich nicht immer gelingt. Aber noch mehr Menschen verinnerlichen insbesondere Ärger oder Wut so sehr, dass sie sie nicht mehr wieder loswerden. Sie halten daran fest. Oder Ärger und Wut verbeißen sich in sie. Wie auch immer: Es gibt Verkrampfung, Stress, vielleicht sogar körperliche Beschwerden. Mir fällt da eine Frau ein, die regelmäßig Rückenschmerzen kriegte, wenn sie Wut auf einen Kunden bekam und diese Wut nicht sofort abreagieren konnte.

Was tun? Bei Ärger und leichterer Wut kann heitere Verfremdung genügen: Das, was Ihren Ärger oder Ihre Wut ausgelöst hat, verändern Sie ins Komische (Übung 1). Oder Sie nehmen den Anfangsbuchstaben davon und stauchen, verzerren oder zerreißen ihn (Übung 5). Was aber, wenn es so nicht geht? Ärger und Wut lassen sich immerhin relativ leicht von ihrer Quelle und Ursache auf andere Ziele umlenken. Das ist dann unglücklich, wenn Unschuldige Ihren Ärger oder Ihre Wut auf den Chef abbekommen. Glücklich ist es dagegen, wenn sich ein Ziel findet, bei dem Sie nicht allzu viel Schaden anrichten können. Manche Menschen behelfen sich, indem sie etwas zerschlagen – Geschirr oder Holzklötze im Garten. Anderen genügt es, auf Kissen, Couchen oder Betten einzudreschen. Wieder andere suchen sich eine sinnvolle Arbeit, die aber möglichst viel Körpereinsatz verlangt. All das erleichtert, da vergehen Ärger und Wut. Zumindest verringern sie sich.

Nur: Nicht überall geht das. Oder man findet die Zutaten nicht, die man für eine spürbare Wutabfuhr braucht. Aber es gibt auch noch weitere Möglichkeiten. Das, was ich Ihnen vorschlage, funktioniert wieder mit inneren Bildern. Sie können es einsetzen, wenn sie sich insbesondere von Ärger und Wut, aber auch von Zorn entlasten wollen, die Ihnen mehr schaden als nützen:

Sie entspannen sich und schließen die Augen. Dann stellen Sie sich innerlich vor, dass Sie auf alles Mögliche in Ihrer Reich- und Sichtweite eindreschen. Sie können zerschlagen, was Sie sich extra dafür vorstellen. Oder Sie zerkleinern, was Ihnen innerlich zufällig vor die Augen kommt. Sie können das mit bloßen Händen tun. Sie können aber auch mit Hammer, Beil, Eisenstange oder sonst etwas um sich schlagen. Hauptsache, es zeigt ordentlich Wirkung. Sie dürfen richtig wüten! Auch mit Lust! Sie können zudem Feuer benutzen. Sie können Dinge verbrennen. Vielleicht stellen Sie sich sogar vor, dass Sie einen langen Strahl von Feuer spucken und diesen auf Dinge richten, die Sie vernichten wollen. Das kann dann ziemlich zischen und bruzzeln!

Ergebnisbeispiel

Mir fällt ein Beispiel für solchen Umgang mit Wut ein. In einem Mann saß eine uralte, riesige Wut fest. Ich schlug ihm vor: Er sollte sich vorzustellen, dass seine ausgeatmete Luft jedes Mal ein Feuerhauch ist. Mit dem versengte er dann in seiner Wut alles, was er sehen konnte. Sein Feuerhauch wurde schließlich kilometerlang, sodass er auch Fernes erreichte. Ganze Wälder gingen bei ihm in Flammen auf. Aber hinterher war er sichtlich erleichtert.

Doch Achtung, wenn Sie eine solche Form der Entlastung wählen: Verschonen Sie Lebendiges, also Tiere und Menschen! Das kann gefährlich für Sie selbst werden. Manchmal versteckt sich hinter Lebendigem in inneren Bildern ein Teil von uns selbst. Wenn wir den malträtieren, verletzen oder vernichten, treffen wir uns selbst. Es geht Ihnen dann hinterher schlechter als vorher.

Es gibt noch eine zusätzliche Möglichkeit, mit Ärger, Zorn und Wut umzugehen und sich Erleichterung zu verschaffen. Da besteht auch nicht die Gefahr, Lebendiges zu vernichten:

Sie stellen sich in einem inneren Bild vor: Sie stehen auf einem Berg. Und da schreien Sie nun Ihren ganzen Ärger, Ihren Zorn oder Ihre Wut hinaus. Sie schreien, was Sie nur können. Sie brüllen innerlich, was Ihre Lungen hergeben. Sie brüllen so laut, dass die ganze Welt es hört. Und sich unter Ihrem Schrei duckt. Sie schreien, bis aller Ärger, aller Zorn, alle Wut draußen ist.

Diesen Umgang mit Ärger, Zorn oder Wut können Sie fast überall praktizieren. Es geht sowohl am Arbeitsplatz wie in der voll besetzen U-Bahn. Es ist das Verblüffende: Nach außen sitzen Sie ganz ruhig da. Vielleicht sehen Sie sogar schläfrig aus, weil Sie die Augen geschlossen haben. Aber innerlich sind Sie hellwach und legen Ihre ganze Energie in Ihren Schrei.

Innerlich so zu schreien, kann ungemein erleichtern. Sie fühlen sich entlastet und befreit. Und Sie können nun in konstruktiverer Weise mit der Situation umgehen, die Ärger, Zorn oder Wut ausgelöst hat. Sie sind jetzt frei für eine günstigere Problemlösung.

Übung 25 Schmerz und Trauer bewältigen: Die Lichtdecke einsetzen

Jeder Mensch hat in seinem Leben schon seelischen Schmerz und Trauer erlebt. Es muss sich dabei nicht gleich um Todesfälle handeln. Denn Schmerz und Trauer treten auch schon bei kleineren Verlusten auf. Es reicht bereits, dass ein Vorhaben scheitert, an dem man mit dem ganzen Herzen hängt.

Existenzberechtigung

Schmerz und Trauer haben ihre Berechtigung. Es ist einfach ungesund, größere Verluste ohne Gefühlswallung wegzustecken. Denn bei solchen Verlusten verlieren wir meistens auch einen Teil von uns selbst. Der Mensch, den wir verlieren, ist zu einem Teil unserer Person geworden – ob wir es wollen oder nicht. Oder die missglückte Sache, die wir mit Herzblut vorangetrieben haben, ist ebenso ein Teil von uns selbst.

Es ist also durchaus gesund, bei einem Verlust Schmerz zu empfinden und zu trauern. Allerdings: Es gibt Fristen dafür. Schmerz und Trauer dürfen nicht unendlich lange anhalten – dann wird es wieder ungut und schädlich. Ein seelischer Schmerz, der immer wieder aufgewärmt wird, wird zum Dauerbrenner und fängt irgendwann an, das Leben zu vergiften.

Bewältigungsfristen

Den Verlust eines geliebten Menschen zu bewältigen, kann ein paar Jahre dauern. Das ist eine angemessene Frist. Wenn mich aber jemand nur beleidigt und herabwürdigt und mir in dieser Weise Schmerzen zufügt, dann sollte es in der Regel nicht mehr als ein paar Tage dauern, um darüber hinwegzukommen. Manchen Schmerz – wie beispielsweise eine zerstörerische Krankheit – müssen wir als anonymen Schicksalsschlag hinnehmen. Anderen Schmerz fügen uns Menschen zu. Und wir können darauf mit Hass, Groll, Rachegedanken, Bitterkeit und innerem Nachtragen reagieren. Damit aber vergiften wir uns selbst. Statt Energien konstruktiv für Lebensgestaltung und Lebensfreude aufzuwenden, verplempern wir sie dann mit destruktiven Gedanken und Gefühlen.

Was tun, wenn wir leicht nachtragend sind? Was tun, wenn uns die Schmerzen, der Zorn, der Hass oder die Trauer nachlaufen und wir sie einfach nicht loswerden – zumindest nicht so schnell, wie wir es wünschen? Es gibt eine Redewendung, in der ein wichtiger Hinweis steckt und die zugleich auch noch ein schönes Bild mitliefert. Sie lautet: Etwas mit dem Mantel der Barmherzigkeit zudecken.

Diese bildliche Redewendung hat beim Folgenden Pate gestanden. Ich möchte Ihnen eine innere Vorstellung vorschlagen, die Ihnen helfen kann, mit Schmerz und Trauer und daraus resultierenden negativen Gefühlen fertig zu werden:

Sie entspannen sich und schließen die Augen. Sie gehen möglichst auf die tiefere Wohlfühl-Ebene (Übung 9). Dann stellen Sie sich vor, was Ihnen zu schaffen macht: Den Menschen, den Sie verloren haben. Die Person, die Sie verletzt hat. Oder die Situation, unter der Sie stark gelitten haben. Sie sehen das Betreffende innerlich vor sich. Manchmal ist allerdings unklar, ob es schon an der Zeit ist, unter Schmerz und Trauer einen Schlussstrich zu ziehen. Es kann noch zu früh sein. Deswegen fragen Sie als Nächstes in sich hinein: Ist es jetzt Zeit dafür? Und dann horchen Sie, ob Sie ein Ja oder ein Nein in sich hören oder spüren. Noch besser kann es sein, wenn Sie einen inneren Begleiter ins Bild holen und dazu befragen (Übung 90).
Ist es an der Zeit, den Schlussstrich zu ziehen, stellen Sie sich einen großen Mantel oder ein großes Laken aus Licht vor. Dieses Textilstück legen Sie über die Ursache von Schmerz und Trauer. Sie decken damit den entsprechenden Menschen oder die ganze Szenerie zu, die Schmerz auslöst und Sie belastet. Unter dem Lichtmantel oder Lichtlaken kommt alles zur Ruhe und verliert seine negative Wirkung. Und was noch offene Wunde in Ihnen ist, beginnt dann endgültig zu heilen.

Es ist nicht ausgeschlossen, dass das Belastende später noch einmal hochkommt. Lassen Sie es zu, aber legen Sie erneut den Lichtmantel oder das Lichtlaken darüber. Es kommt dann schon irgendwann zur Ruhe.

Ergebnisbeispiel

Ich denke an eine ältere Frau, die mir von einer Szene im Krieg berichtete, als sie noch Kind war. Unter dem Gegröle einer Menge wurden ihr, ihrer Mutter und anderen Hakenkreuze auf den Rücken gemalt. Männer standen bereit, um sie alle zu erschießen. Und sie fragte die angstbleiche Mutter neben sich, ob Erschießen wehtäte – wozu es dann zum Glück nicht kam. Nachdem diese Szene im Gespräch mit der Frau ein drittes Mal aufgetaucht war, schien es an der Zeit, unter dieses Erlebnis einen Schlussstrich zu ziehen. Wir haben über alles – auch über die grölende Menschenmenge – ein großes Lichtlaken gelegt. Darunter erstarrte dann sofort jede Bewegung. Und seitdem geht für die Frau von dieser Erinnerung kein Schmerz mehr aus.

Übung 26 Optimismus mobilisieren: Der Sprung in bessere Zeiten

Manchmal treten Probleme gehäuft auf. Sie drohen einen zu erdrücken oder über einem zusammenzuschlagen. Aber es ist keinerlei Lösung zu erkennen. Da, wo wir gerade stehen, ist einfach nicht zu sehen, wie und wo wir am Ende wieder aus diesem bedrückenden Gefühls-Dschungel herauskommen könnten. In dieser Situation hilft nur, sich seiner eigenen Kräfte und Chancen zu vergewissern. Und zugleich die Erinnerungen daran zurückzurufen, wie es auch früher nach Bedrückendem schließlich meistens doch eine Lösung gab. Man muss wenigstens vorübergehend den Blick von der unangenehmen Gegenwart lösen und auf etwas Besseres richten.

Man kann es auch anders sagen: Sie müssen Ihren Optimismus mobilisieren. Wie das gehen kann? Nun, Sie springen zum Beispiel mal von der gegenwärtigen Misere hinweg in künftige bessere Zeiten:

Sie entspannen sich. Danach stellen Sie sich vor, wie es für Sie sein wird, wenn eines Tages eine Lösung da ist. Sehen Sie sich selbst zu: Wie bewegen und verhalten Sie sich dann? Betrachten Sie sich: Was machen Sie dann für ein Gesicht und wie befreit sehen Sie aus? Steigen Sie auch in sich selbst hinein – so wie Sie sich da sehen – und spüren Sie einfach einmal das entlastete Körpergefühl und den befreiten Kopf. Versuchen Sie schließlich noch eine besondere Haltung oder Bewegung von Kopf, Armen oder Händen an sich zu entdecken, die typisch für dieses Gefühl von Befreiung ist.

Auf diese Weise schaffen Sie sich eine Lichtung in Ihrem Problem- und Gefühls-Dschungel. Der Blick wird wenigstens kurzzeitig frei. Sie können einmal richtig durchatmen. Und Sie können sich diese innere Lichtung immer wieder zurückholen. Sie können das innere Bild aber auch um eine Selbstbefragung ergänzen:

Sie fragen im inneren Bild Ihr befreites Ich in der Zukunft: Wie schwer es denn rückblickend war, aus dem Gefühls-Dschungel herauszukommen? Und Sie fragen, was Sie aus der Zukunft heraus sich selbst für die heutige Situation raten.

Diese Ratschläge aus der Zukunft können Mut machen. Sie werden bei der Lösungssuche gestärkt. Und die gegenwärtigen Probleme erscheinen kleiner und eher überwindbar.

Allerdings noch eine Anmerkung: Optimismus ist wichtig. Es zeigt sich immer wieder, dass Optimisten leichter Lösungen finden als Pessimisten. Doch wer schon allzu sehr in der Vorstellung einer späteren Lösung schwelgt, kommt womöglich gar nicht mehr bis dahin. Wer zu viel visionär träumt, bleibt häufig erfolglos. Es geht also nicht ohne handfeste Taten. Nutzen Sie den innerlich stärkenden Blick in eine angenehme Zukunft, um Ihre Bemühungen in der Gegenwart zu intensivieren! So kommen Sie zu Erfolg.

Übung 27 Aufgaben in Angriff nehmen: Den angemessenen Seelenzustand herstellen

Problembeispiele

Folgende Situation ist Ihnen sicherlich nicht unbekannt: Sie haben eigentlich etwas vor, sollen etwas tun, möchten selbst etwas in Angriff nehmen – aber Ihnen ist einfach nicht danach. Sie fühlen sich im Moment der Aufgabe nicht gewachsen. Es kann etwa sein, dass Sie Lehrerin sind und nun vor Kinder hintreten sollen. Es kann sein, dass Sie als Krankengymnast arbeiten und in Kürze wieder ein nervender Patient kommt. Es kann sein, dass Sie kaufmännisch tätig sind und gleich in einer Verhandlung zum Preispoker antreten sollen. Doch Sie fühlen sich gerade etwas daneben. Was können Sie dann tun, wenn Ihr innerer Zustand nicht zur Aufgabe passt?

Es gibt einmalige Situationen, für die Sie besondere Kräfte brauchen. Und es gibt typische, häufige Situationen, für die Sie ebenso gewappnet sein möchten. Solche Umstände können sowohl im Beruf als auch im Privatleben auftreten. Besonders für typische Situationen lohnt es sich, ein festes Programm abrufbar zu haben, mit dem Sie sich in einen angemessenen seelischen Zustand bringen können. Für eine einmalige Situation kann es genügen, wenn Sie folgendermaßen vorgehen:

Sie entspannen sich und schließen die Augen. Dann stellen Sie sich die Situation vor, um die es geht. Sie prüfen innerlich, welche Kräfte und Fähigkeiten Sie brauchen, um diese Situation optimal zu bestehen. Sie stellen sich möglichst lebhaft einen Zustand vor, in dem Sie diese Kräfte und Fähigkeiten haben. Sie fühlen ganz deutlich dieses Potenzial, mit dem Sie die kommende Situation bewältigen können.
Am Ende suchen Sie eine Geste, mit der Sie den benötigten Zustand koppeln können: Sie drücken etwa zwei bestimmte Finger aneinander, Sie halten den linken Arm in bestimmter Weise oder Sie legen die Hand auf einen bestimmten Körperteil. Und während Sie das benötigte Potenzial deutlich in sich spüren, machen Sie ganz bewusst diese Geste.

Sie haben nun den Zustand, in dem Sie über Ihr benötigtes Potenzial verfügen, mit dieser Geste verbunden. Wenn jetzt die Situation eintritt, in der Sie das Potenzial brauchen, erinnern Sie sich an diesen gewünschten Zustand voller Kraft und Können. Zugleich machen Sie diese Geste – das verstärkt Ihre Erinnerung. Unser Gehirn ist so aufgebaut, dass solche reflexhaften Koppelungen relativ leicht einzurichten sind. Sie funktionieren umso besser, je stärker sie eingeübt und auch genutzt werden.

Für häufiger auftretende typische Situationen lohnt es sich, etwas aufwendiger vorzugehen. Sie finden dann noch zielgenauer das benötigte Potenzial:

Sie entspannen sich und gehen möglichst wieder auf eine tiefere Wohlfühl-Ebene (Übung 9). Dann stellen Sie sich eine große auf dem Boden liegende Zielscheibe vor. Sie liegt vor Ihnen. Wenn Sie in Ihrer Vorstellung auf diese Zielscheibe treten und bis zu ihrer Mitte gehen, befinden Sie sich in Ihrer persönlichen Mitte (Übung 88). Fühlen Sie erst einmal, wie es ist, in der persönlichen Mitte zu sein. Dann gehen Sie weiter zur anderen Seite der Zielscheibe – bis an den Rand. Dort sehen Sie jetzt innerlich die Situation vor sich, für die Sie das geeignete Potenzial suchen. Prüfen Sie dort wieder, was Sie für die problematische Situation brauchen. Und wenn Sie das richtige Potenzial gefunden haben, geht ein Scheinwerfer über Ihnen an und taucht Sie in angenehmes, leicht farbiges Licht. (Sie können sich vorher aussuchen, welche Farbe das Licht haben soll.) In seinem Licht spüren Sie jetzt das benötigte Potenzial in aller Deutlichkeit in sich.

Wir glauben oft, genau zu wissen, welches Potenzial wir brauchen. Aber nicht selten fehlt doch ein ausreichend gutes Gespür dafür. Deshalb sind in die letzte Vorgehensweise zwei zusätzliche Hilfen und Kontrollen eingebaut: Die Zentrierung auf die eigene Mitte verbessert das Empfinden für Potenziale und Defizite. Und der Scheinwerfer zeigt den Moment an, in dem unsere Intuition das tatsächlich benötigte Potenzial gefunden hat.

Das Scheinwerferlicht können Sie zudem zur Reflex-Koppelung nutzen: Sie stellen sich dieses Licht über sich vor, und Sie spüren wieder das benötigte Potenzial in sich. Sie können sicherheitshalber sogar eine doppelte Koppelung verwenden, wenn Sie zusätzlich – wie bei der ersten Vorgehensweise – eine besondere Geste benutzen. Dann kann fast nichts mehr schief gehen!

Übung 28 Misserfolgs-Orientierung: Auf Erfolg umschalten

Für viele ist es selbstverständlich, dass Menschen ständig auf Erfolg aus sind. Doch das stimmt nicht. Es gibt genug Leute, für die zumindest oberflächlicher Erfolg völlig unwichtig ist. Und die Psychologie kennt sogar Menschen, die auf Misserfolg ausgerichtet sind. Diese Menschen wollen zwar nicht bewusst den Reinfall. Aber sie erwarten ständig, dass ein Vorhaben schief geht. Mit dieser Einstellung legen sie sich natürlich selbst Steine in den Weg. Und das, was anderen problemlos gelingen würde, geht bei ihnen prompt daneben.

Gründe für Misserfolgs-Orientierung

Eine solche Misserfolgs-Orientierung ergibt sich, wenn Menschen längere Zeit mit ihren Wünschen und Aktionen erfolglos bleiben. Dann stellt sich ein negativer Kreislauf ein: Weil schon so viel schief gegangen ist, geht das Selbstvertrauen verloren. Und weil das Selbstvertrauen fehlt, wird in Zukunft eher Misserfolg erwartet. Tatsächlich stellt sich dieser dann auch ein – weil man so wenig überzeugend wirkt und zudem eher mutlos an eine Sache herangeht. Und danach wird eher noch weiterer Misserfolg erwartet.

Die Tiefenpsychologie kennt noch andere Ursachen für Misserfolg: Wenn Vater oder Mutter ein Kind immerzu klein gemacht und entmutigt haben, traut sich dieses später als erwachsener Mensch nichts zu. Oder wenn die Eltern eine zu hohe Leistung von einem Kind erwartet haben, kann dieses im Erwachsenenalter aus Protest fast jede Leistung verweigern. Der erwachsene Mensch merkt dabei seine innere Verweigerungshaltung gar nicht.

Das kann ebenso passieren, wenn ein Mensch große Schuldgefühle hat. Er kann sich dann selbst für sein schuldhaftes Verhalten bestrafen wollen. Und das macht er, indem er keinen Erfolg mehr zulässt, sondern wichtige Vorhaben selbst torpediert. Das geschieht ebenfalls unbewusst.

Gründe für Erfolgs-Orientierung

Dagegen liegen die Dinge bei einem Menschen, der auf Erfolg ausgerichtet ist, genau umgekehrt: Ihm ist in seinem Leben schon viel gelungen, und er erwartet ganz selbstverständlich weitere Erfolge. Er geht voller Selbstvertrauen an Probleme heran. Und er hat keine unbewussten Selbstbestrafungs-Tendenzen.

Nun gibt es viele Artikel und Bücher, die Rezepte bieten, wie man im Leben erfolgreicher wird. Aber eine ausgeprägte Misserfolgs-Orientierung lässt sich so leicht nicht beseitigen. Und besonders schwer ist das bei einer versteckten Selbstbestrafungs-Tendenz. Die kann ganz schön tief sitzen. Besserung ist dann oft nur von einer Therapie zu erwarten. Wenn Sie auch erfolgspessimistisch sind, kann ich Ihnen keine durchgreifende Soforthilfe anbieten. Aber ich kann Ihnen einen Weg zeigen, wie Sie wenigstens an das nächste

Problem erfolgsorientierter herangehen können. Und wenn das hilft, können Sie auch beim übernächsten Problem so vorgehen usw.

Malübung: Gefangensetzung

Wie machen Sie das? Sie haben einen Persönlichkeitsanteil, der Sie auf Misserfolg trimmt. Das ist Ihr »innerer Steinewerfer«. Die Aktivitäten dieses Anteils müssen Sie verhindern. Ihm muss die Munition aus der Hand genommen werden. Das können Sie in folgender Weise machen, sobald Ihr nächstes Problem auftaucht:

Sie nehmen ein Blatt Papier und malen eine Gestalt hin, die große Steine wirft oder rollt. Am besten geben Sie dieser Gestalt das Aussehen von Ihnen selbst. Sie ist ja ein Teil von Ihnen. Danach müssen Sie diese Gestalt gefangen setzen. Sie kann dann Ihre Vorhaben nicht mehr behindern. Deshalb zeichnen Sie nun um und über diese Gestalt ein dichtes Netz oder einen engmaschigen Käfig.

Für Ihr Gehirn muss ganz klar sein, dass die gefangen gesetzte Gestalt der Teil ist, der Sie am Erfolg hindert. Wenn das so ist, dann spüren Sie nach dem Zeichnen deutlich, dass Sie jetzt freier sind. Sie können jetzt ungehinderter an die Bewältigung Ihres nächsten Problems herangehen. Allerdings müssen Sie vorher rational geklärt haben, dass Sie bei diesem Problem tatsächlich gute Erfolgsaussichten haben. Das Verfahren ist nicht als Trick zu verwenden, mit dem man eine aussichtslose Sache aussichtsreich machen kann – Sie holen sich dann nur die nächste Enttäuschung!

Vorstellungsübung: Ausgrenzung

Wichtig ist: Sie dürfen den »inneren Steinewerfer« nur vorübergehend gefangen setzen. Sie dürfen ihn auf keinen Fall töten! Dieser Teil in Ihnen hat eine durchaus wichtige Funktion: Er erhebt Einwände, wenn ein anderer Teil Sie zum Leichtsinn verleiten will. Wir brauchen einen solchen inneren Gegenspieler, der uns vor unbedachtem Handeln schützt. Allerdings ist Ihr Gegenspieler übermächtig geworden. Deswegen dürfen Sie ihn kurzzeitig an seinem Tun hindern. Aber Sie müssen eben vorher rational geklärt haben, dass Sie nichts Leichtsinniges vorhaben, wenn sie ihn zeitweise ausschalten. Diese Ausschaltung lässt sich auch mit inneren Vorstellungen ermöglichen:

Sie entspannen sich und schließen die Augen. Dann lassen Sie innerlich den Teil aus sich heraustreten, der Sie daran hindert, erfolgreich zu sein. Sie schauen sich an, wie dieser Teil aussieht, welche Gestalt er hat. Sie können auch hinsehen, ob Sie die Mittel erkennen, mit denen er Ihren Erfolg verhindert. Dann sperren Sie ihn in einen Käfig. Zumindest lassen Sie ihn eine Weile außerhalb Ihrer Person und hindern ihn an vorzeitiger Rückkehr in Sie hinein.

Es ist allerdings nicht auszuschließen, dass Ihr pessimistischer Teil widerspenstig ist. Er lässt sich vielleicht nicht so ohne weiteres von Ihrer Person aussperren. Dann kann ein innerer Begleiter dabei helfen, wie ich ihn später beschreibe (Übung 90). Zudem kann es nützlich sein, dem widerspenstigen Teil zu erklären, warum das Aussperren unbedingt nötig ist. Optimal wäre es, wenn Sie ihm sein Einverständnis mit der Maßnahme abringen könnten.

Ergebnisinterpretation

Bei dieser Vorgehensweise können Sie auch etwas darüber erfahren, warum Ihr pessimistischer Teil so groß und mächtig ist. Sein Aussehen kann Ihnen die Lebensperiode zeigen, in der er gut genährt wurde: Hat er etwas Kindliches, ist er in Ihrer Kindheit hochgepäppelt worden. Ist er so alt, wie Sie es in späteren Jahren bei einem schweren Lebensereignis waren, hat dieses Ereignis Ihren Pessimismus übermächtig gemacht.

Beim Zeichnen können weniger Probleme auftreten als bei inneren Bildern und Vorstellungen. Dafür kann das Zeichnen aber auch geringere Wirksamkeit haben. Zudem erfahren Sie dabei wahrscheinlich weniger über sich selbst.

Übungsergebnis

Wenn Sie Ihren hinderlichen pessimistischen Teil häufiger gefangen setzen oder von sich aussperren und wenn Sie gleichzeitig währenddessen Erfolg haben, wird dieser Teil an Macht verlieren. Er wird auf ein gutes normales Maß schrumpfen. Wenn das eingetreten ist, können Sie auf weitere Ausgrenzung verzichten. Sie sind jetzt ausreichend erfolgsorientiert. Ein konkretes Beispiel für die Wirksamkeit dieser Ausgrenzungsmethode finden Sie in Übung 84.

Übung 29 Das Leben: Lust oder Last?

Das Leben kann man als eine Abfolge von immer neuen Problemen und immer neuen Lösungen ansehen. Man könnte das auch mit folgenden Worten zusammenfassen: Das Leben insgesamt ist ein Problem. Und so wie es Einstellungen zu einem Einzelproblem gibt, die eine Lösung erleichtern oder erschweren, so sollte es auch Haltungen zum Leben insgesamt geben, die seine Bewältigung entweder begünstigen oder behindern.

Wenn man unter diesem Blickwinkel Menschen beobachtet, kann man tatsächlich feststellen: Die einen verhalten sich sehr geschickt. Sie vermeiden von vornherein viele Probleme und lösen ihre Schwierigkeiten relativ leicht. Andere Menschen stolpern dagegen nur so durch das Leben. Sie ecken ständig an. Sie schaffen sich selbst immer wieder neue, eigentlich unnötige Probleme. Und sie sind dann zudem oft noch unfähig, diese selbst zu lösen.

Nun entwickelt sich allerdings die Haltung zum Leben in einem langen Zeitraum, in der frühesten Kindheit beginnend. Sie ist nicht leicht zu verändern. Und ich fände es unfair und unkorrekt zu sagen: Probieren Sie einfach ein paar innere Vorstellungen aus, und schon geht es Ihnen besser. So funktioniert das nicht. Aber ich kann Ihnen reinen Gewissens versprechen: Probieren Sie ein inneres Bild aus, wie ich es Ihnen hier anbiete, und Sie wissen mehr über sich und Ihre Haltung zum Leben. Sie können Ihre Haltung zwar vielleicht nicht schnell verändern. Aber Sie können immerhin erkennen, wie Ihre innere Einstellung ist und wo Schwachpunkte bei Ihnen liegen.

Ziel: Selbsterkenntnis

Ich schlage Ihnen folgendes innere Bild vor: Sie sehen sich selbst auf Ihrem Lebensweg dahingehen. Allerdings kann es schon unangenehm werden, sich selbst dabei zuzusehen. Es können einige Überraschungen auf Sie warten. Wenn Ihnen da etwas bange ist, prüfen Sie, ob Sie vielleicht einen inneren Wegbegleiter hinzunehmen wollen (Übung 90).

Dann entspannen Sie sich und schließen die Augen. Gut ist es auch, wenn Sie auf die tiefere Wohlfühl-Ebene gehen (Übung 9). Danach stellen Sie sich einen Weg vor. Es ist Ihr Lebensweg. Sie schauen zunächst: Wie ist dieser Weg? Und wie ist die Umgebung dieses Weges? Eher angenehm oder trist?
An dieser Stelle können Sie, wenn Sie wollen, einen inneren Wegbegleiter oder eine Wegbegleiterin bitten, auf Ihren Lebensweg zu treten. Er oder sie sollte schon da sein, bevor Sie sich selbst sehen.
Dann sehen Sie sich selbst auf diesem Weg gehen. Und Sie schauen sich dabei zu. Gehen Sie locker und erhobenen Hauptes? Oder schleichen Sie gebückt mit hängendem Kopf dahin? Schreiten Sie flott voran oder schleppen Sie sich dahin? Tragen Sie eine Last? Und wenn Sie eine Last tragen: Drückt sie? Und wo drückt sie? Ist das vielleicht eine Stelle, wo Sie schon seit längerem Schmerzen haben oder andere unangenehme Gefühle? Wenn Sie eine Last tragen: Schauen Sie sich schließlich auch noch diese Last an. Wie sieht sie aus? Welches Problem belastet Sie so? Oder sind es gleich mehrere Probleme?

Was kommt bei solchen inneren Bildern heraus? Das Ergebnis kann für Sie vielleicht lustvoll, zugleich aber auch schmerzlich sein. Lustvoll deshalb, weil Sie zu einem verblüffenden Aha-Erlebnis kommen. Zugleich aber auch schmerzlich, weil Selbsterkenntnis manchmal recht unangenehm sein kann. Die Aufdeckung eigener Schwächen kann ausgesprochen wehtun.

Sie können aber möglicherweise immerhin auf diese Weise erkennen, welches Ihr derzeit vorrangiges Problem ist. Und Sie können vielleicht zusätzlich noch erfahren, woher körperliche Beschwerden bei Ihnen kommen.

Welche Konsequenzen können Sie daraus ziehen? Zunächst hängt das von der Schwere Ihrer Beeinträchtigung ab. Tragen Sie eine sehr schwere Last, werden Sie diese wahrscheinlich nicht allein abwerfen können. Dafür brauchen Sie vermutlich Hilfe durch andere. Auch wenn Sie in Ihrem inneren Bild erhebliche Mühe beim Gehen haben, wenn Sie humpeln oder kaum vorankommen, werden Sie auf solche Hilfe angewiesen sein.

Ziel: Haltungsänderung

Sind Sie dagegen nur leichter gehandikapt, kann Ihre eigene Kraft reichen. Dann können Sie in Ihrer inneren Vorstellung prüfen, mit welcher Haltung Sie Ihr Leben besser in den Griff bekommen könnten. Es muss dabei gar nicht einmal eine aktivere Haltung sein, als Sie jetzt haben. Es kann durchaus auch eine passivere Haltung sein.

Sehen Sie sich innerlich noch einmal auf Ihrem Lebensweg. Prüfen Sie nun Haltungen durch, mit denen Ihr Weg besser zu bewältigen ist. Sehen Sie sich dabei nicht nur von außen als eine andere Person gehen, sondern gehen Sie selbst auf dem Weg. Suchen Sie dabei eine neue Haltung, mit der Sie sich zugleich wohl fühlen. Vielleicht gibt es zudem etwas Typisches an dieser Haltung, das Sie sich gut merken können.

Diese neue Haltung ist dann hilfreich, wenn Sie sich damit nicht nur besser fühlen, sondern wenn Sie diese Haltung auch lange durchhalten können. Akzeptieren Sie keine neue Haltung, die Sie zu viel Kraft kostet! Vermeiden Sie eine Haltung, die Sie innerlich verbiegt! Probieren Sie die gefundene Haltung auch sofort in der Realität aus und gehen Sie mit ihr durch den Raum.

Allerdings: Eine einmal gefundene Haltung gilt nicht für immer. Sie kann wechseln – vielleicht sogar von Tag zu Tag. Man sollte hin und wieder seine Lebenshaltung überprüfen. Und wenn sich ein Wechsel in den inneren Bildern zeigt, kann es zudem hilfreich und spannend sein, den Gründen dafür etwas nachzuspüren.

Vielleicht gelingt es Ihnen in nächster Zeit immer wieder, die neu entdeckte Haltung einzunehmen und durchzuhalten. Dabei ist das Typische an der Haltung hilfreich, das Sie sich anfangs gemerkt haben, selbst wenn es einmal wechseln sollte. Es ist aber eine lange Arbeit, die bisherige Haltung wirklich durchgängig zu ändern. Wer es allein schaffen will, sollte zugleich noch an ein oder zwei anderen Problemstellen seines Lebens ansetzen. Dazu finden Sie in diesem Buch ja einige Anregungen.

Kapitel 4
Lösungsmöglichkeiten finden

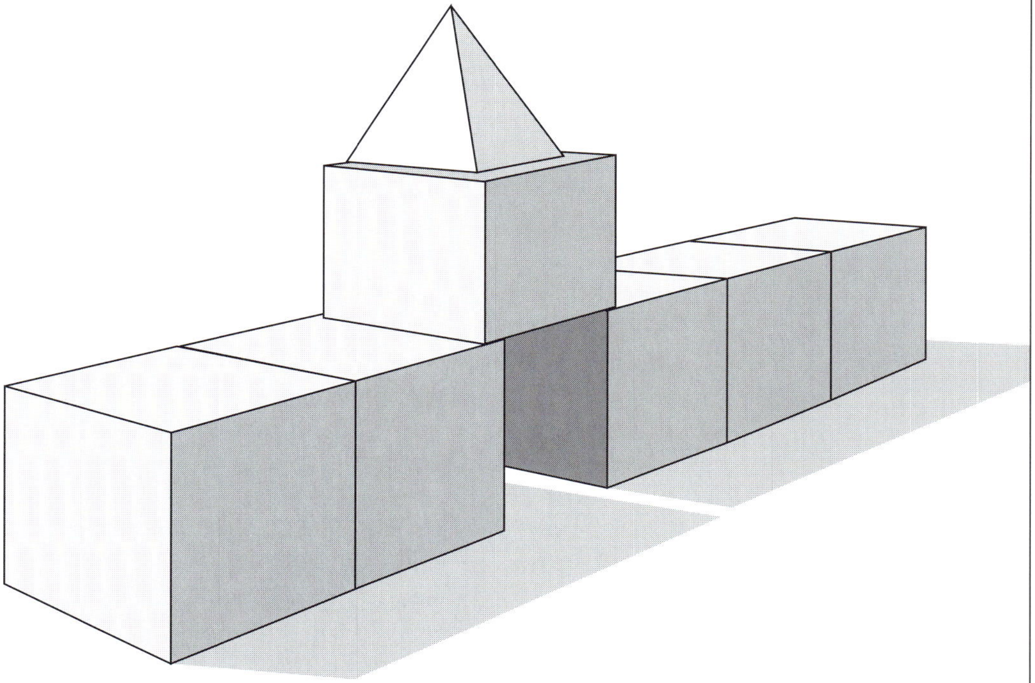

Übung 30 Ziele bestimmen: Das Ergebnis in Visionen vorwegnehmen

Vielleicht haben Sie auch schon Ähnliches gelesen: Da wird einem Politiker bescheinigt, dass er sich außerordentlich einsetzt, dass er alles Notwendige rechtzeitig angeht und dass er viel Geschick bei Problemlösungen hat. Aber dann kommt die Einschränkung: Es wird bemängelt, er habe keine Visionen. Das soll bedeuten: Dass er kaum über den Tag hinausdenkt. Und dass seine kurzfristig guten Lösungen womöglich letztlich fragwürdig sein könnten.

Entwicklung einer Vision

Seien Sie anders. Wählen Sie bei bedeutsamen Problemen eine längerfristige und umfassendere Perspektive! Gönnen Sie sich Visionen! Konkret heißt das: Wenn Sie ein größeres Problem zu lösen haben, nehmen Sie zunächst den Kopf hoch. Bleiben Sie mit Ihrem Blick nicht in den Schwierigkeiten stecken, die Sie gerade sehen. Versuchen Sie erst einmal ein inneres Bild von dem zu bekommen, wo Sie eigentlich hinwollen. Versuchen Sie eine umfassendere Idee zu entwickeln, wie das Ergebnis aussehen soll, wenn Sie Ihr Problem gelöst haben. Bei manchen Problemen ist dies Ergebnis zwar ziemlich schnell klar: Wenn jemand den Kotflügel Ihres Autos demoliert hat, wollen Sie einen neuen Kotflügel. Anders aber, wenn Sie ein Haus bauen wollen – wie soll das dann aussehen? Haben Sie ein schlüssiges Gesamtkonzept dafür? Oder Sie wünschen sich Aufstieg im Beruf – aber wohin wollen Sie aufsteigen? Haben Sie einen umfassenden Lebensentwurf, in den eine angestrebte höhere Position hineinpasst? Da ist Klärungsbedarf, da brauchen Sie erst einmal eine Vision.

Oder aber: Sie haben schon eine Vision. Nur die ist ziemlich kühn. Da ist die Frage, ob diese Vision realisierbar ist. Ein Beispiel: Sie sind eine Frau und studieren Ingenieurwissenschaften. Frauen haben es aber schwer in einem traditionellen Männerberuf. Und dann wollen Sie zudem später eine leitende Position als Ingenieurin haben! Alle Lebenserfahrung sagt, dass Ihre Chancen dafür nicht sehr groß sind. Und dass Sie gegebenenfalls mit erheblichen Einschränkungen in Ihrem Privatleben dafür bezahlen müssen. Jetzt sollten Sie sich innerlich ausmalen können, wie Sie als Frau in aller Selbstverständlichkeit die Position einer leitenden Ingenieurin ausfüllen. Daneben sollte für Sie gleichzeitig ein befriedigendes Privatleben vorstellbar sein.

Konkretisierung einer Vision

Oft existiert für Sie schon ein grobes Ziel und eine zumindest vage Vorstellung. Doch das genügt nicht. Sie müssen sie noch konkretisieren. Die Konkretisierung brauchen Sie, damit Sie anschließend prüfen können, ob diese Vision wirklich zu Ihrer Person passt. Ob sie tatsächlich Ihren innersten Wünschen entspricht. Und ob sie für Sie wirklich zutiefst überzeugend ist. Sie gehen bei dieser Prüfung folgendermaßen vor:

Sie setzen sich ruhig hin. Sie entspannen sich. Sie schließen die Augen und gehen möglichst auf die tiefere Wohlfühl-Ebene (Übung 9). Dann lassen Sie sich das anvisierte Ziel vor Augen treten: als Standbild oder als Szene. Nun prüfen Sie, inwieweit es für Sie geeignet ist, inwieweit es Ihren innersten Empfindungen entspricht. Was nicht passt, versuchen Sie abzuändern. Sie wiederholen den Änderungsprozess so lange und feilen so lange an Ihrer Vision herum, bis sie völlig überzeugend ist. Bis sie wirklich zu Ihrer Person passt. Als Wahrnehmungshilfe können Sie sich vorstellen, dass ein warmes Licht über Ihnen angeht, wenn Ihre Intuition Ihre überarbeitete Vision akzeptiert. Wenn das dann nicht geschieht, müssen Sie eine neue Vision ins Auge fassen.

Haben Sie keine innerlich überzeugende Vision, besteht die Gefahr, dass Sie bei größeren Vorhaben Ihren eigenen Unsicherheiten zum Opfer fallen. Sie verzetteln sich zum Beispiel. Oder Ihnen passiert ein kleines Ungeschick hier, ein größeres Zögern da – und schon summiert sich das alles so, dass es für die Realisierung des Vorhabens nicht reicht.

Sportler kennen das mentale Training: In inneren Bildern wird der Ablauf der späteren Übung vorweggenommen. Diese Vorwegnahme wird so lange geprobt, bis innerlich große Sicherheit erreicht ist. Die Erfahrung zeigt: Auch die äußere Sicherheit wächst dann. Das Gehirn kann zunächst innerlich das richtige Verhalten erproben. Und danach gelingt es ihm leichter, äußerlich dieses Verhalten gleichermaßen herzustellen. So funktioniert auch die Arbeit mit einer Vision.

Vergleich verschiedener Visionen

Wenn ein näher liegendes Ziel noch unklar ist, können ebenfalls vorwegnehmende innere Bilder helfen. Besonders der direkte Vergleich verschiedener möglicher Zielzustände kann dabei nützlich sein. Ein Beispiel: Sie wollen in Urlaub fahren. Sie wissen aber noch nicht wohin. Jetzt können Sie Katalog um Katalog durchblättern. Aber Sie werden dabei nicht klüger, sondern nur verwirrter. Wie geht es anders? Sie nehmen zunächst mehrere mögliche Zielzustände vorweg und vergleichen sie miteinander. Sie machen es so:

Sie versuchen, innere Bilder dafür zu bekommen, wie Ihr Urlaub sein könnte: Sie sehen sich etwa am Strand liegen. Oder Sie sehen sich durch eine faszinierende Landschaft wandern. Oder Sie sehen sich auf einer Städtereise durch eine Sehenswürdigkeit pilgern. Und Sie spüren jedes Mal, wie wohl Sie sich dabei fühlen. Sie nehmen das mögliche Urlaubsvergnügen vorweg und erfühlen dann, welche Lösung Ihnen für den anstehenden Urlaub am meisten behagt oder Sie sehen, dass oben darüber ein Licht angeht.

Wirkungen der Übung

Dieses Vorgehen hat viele Vorteile: Erstens schafft es Wohlbehagen, die Lösung vorwegzunehmen und sie schon innerlich zu erleben. Dabei geht es Ihnen viel besser, als wenn Sie von Anfang an nur in Schwierigkeiten wühlen. Zweitens haben Sie mehr Energie, das Problem anzupacken. Sie kennen ja schon den in Aussicht stehenden Lohn für Ihre Anstrengung. Drittens ist die Richtung klarer, in die Sie wollen – Sie können manche Möglichkeiten auf der Suche nach der Lösung von vornherein aussortieren. Viertens kann Ihr Gehirn zielgerichteter arbeiten. Wenn es das angestrebte Ergebnis schon kennt, braucht es nur noch einen geeigneten Weg dahin zu finden.

Es gibt Untersuchungen, die zeigen: Wer optimistisch ein Ziel anstrebt, erreicht dies eher als der, der pessimistisch nur Schwierigkeiten sieht. Und optimistisch wird man eben, wenn die Lösung schon gegenwärtig ist.

Sie können bei vielen Problemen so vorgehen wie beschrieben. Sie wissen zum Beispiel nicht, welches berufliche Ziel Sie ins Auge fassen sollen? Probieren Sie es in inneren Bildern durch: Wie fühlt es sich etwa an, Schulungsleiter zu sein? Oder wie fühlt es sich an, Verkaufsverhandlungen zu führen? Oder Sie wissen nicht, wie Ihre derzeitige Unzufriedenheit verschwindet? Nehmen Sie innerlich wieder vorweg, wie Sie sich fühlen würden, wenn Sie jetzt jemanden zum Heiraten suchten und sesshaft würden. Oder wie es wäre, wenn Sie – ganz im Gegenteil – Ihre jetzige Ungebundenheit mal ganz ausschöpften und ins Ausland gingen.

Vielleicht haben Sie aber überhaupt Schwierigkeiten, eine überzeugende Vision zu entwickeln. Es macht Ihnen Mühe, ein befriedigendes Ziel zu finden. Vielleicht liegt das daran, dass Sie nicht tief von innen heraus suchen. Sie sind dabei nicht in Ihrer persönlichen Mitte, sondern eher von äußerlichen Wünschen und Interessen geleitet. Solche Wünsche und Interessen sind aber nicht so sehr in Ihrer Person verankert. Sie sind vordergründiger, unbeständiger und weniger überzeugend. Sie sind zugleich mit weniger Lust an intensivem Einsatz verbunden und verschaffen so weniger Befriedigung.

Wenn das der Fall ist, ist zunächst das Wichtigste für Sie, zu Ihrer Mitte zu finden (Übung 88). Lassen Sie sich dabei genügend Zeit. Prüfen Sie zudem Ihre Ziele auf die eigentlichen Ziele dahinter (Übung 70). Danach finden Sie zu wirklich befriedigenden Visionen.

Übung 31 Ziele einengen oder ausweiten: Mit der Zielscheibe prüfen

Bei der Problemlösung hilft es, konkrete Ziele zu haben. Zum Teil ist dies absolute Voraussetzung. Aber oft sind unsere Ziele nur sehr vage. Wir verzetteln uns schon in möglichen Lösungen, bevor überhaupt klar ist, wohin wir eigentlich wirklich wollen.Wir brauchen also zunächst eine angemessene Konkretisierung. Es genügt beispielsweise nicht, einfach nur eine bessere Arbeit haben zu wollen. Das ist alles und zugleich fast nichts. Es sollte schon konkretisiert werden, in welchem Bereich die Arbeit liegt, welche Anforderungen sie stellt, in welcher Position sie ausgeübt wird, was dabei zu verdienen ist und bis wann sie spätestens gefunden sein soll.

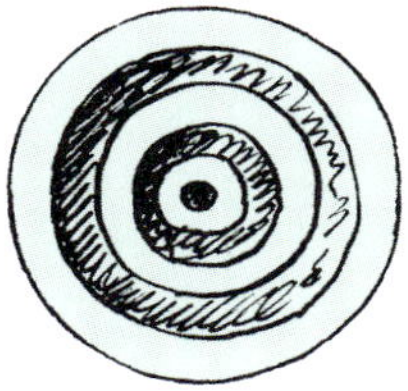

Das richtige Gespür für die notwendige Konkretisierung hat oft unsere Intuition. Sie spürt, wenn unsere Zielvorgaben zu ungenau sind, sodass damit wenig anzufangen ist. Sie merkt, wenn das vielleicht ein unbewusster Weg ist, uns vor einer Veränderung zu drücken. Oder sie registriert, wenn wir uns vor hohen, unbequemen Anforderungen fürchten.

Wenn wir unserer Intuition in geeigneter Weise Raum geben, kann sie uns darauf aufmerksam machen. Für diesen Zweck lässt sich eine Zielscheibe gut als Symbol verwenden. Mit deren Hilfe kann deutlich werden, dass eine Zielsetzung bislang zu vage ist. Zugleich kann damit eine angemessenere Zielbestimmung gefunden werden. Gehen Sie dabei folgendermaßen vor:

> *Sie entspannen sich und schließen die Augen. Dann stellen Sie sich eine Zielscheibe vor: Sie hat einen schwarzen Punkt in der Mitte und farbige Ringe drum herum. Wenn Sie nun diese Zielscheibe vor Augen haben, denken Sie an Ihr Ziel, das Sie bisher haben. Sie prüfen intuitiv, ob dieses Ziel auf diese Zielscheibe passt. Ob es schon klar und eng genug dafür definiert ist. Wenn es noch irgendwie drum herum wabert, ist es nicht ausreichend konkret. Wenn es dagegen auf der Zielscheibe Platz findet, ist Ihre Zielsetzung schon genau genug.*

Zieleingrenzung

Eine bessere Arbeit als Ziel würde nie auf diese Zielscheibe passen. Ein schöner Urlaub als Ziel ist ebenso nicht ausreichend konkret. Den wird Ihre Intuition gleichfalls nicht auf der Zielscheibe unterbringen können. Problematisch ist auch noch die schon genauere Zieldefinition: Ich will in den Ferien im Sand liegen. Da sind weitere Konkretisierungen nötig etwa hinsichtlich Klima, Umgebung oder Art der Unterkunft.

Erst danach kann gezielt die Lösungssuche einsetzen. Es bleiben Ihnen dann noch genug Lösungsmöglichkeiten, zwischen denen Sie wählen können. Ihre Intuition verlangt aber eben schon bei der Zielsetzung eine so weitgehende Präzisierung, dass die Zahl der möglichen Lösungen ausreichend klein ist.

Zielausweitung

Es gibt allerdings auch die umgekehrte Situation: Sie haben von vornherein ein so eng und präzis definiertes Ziel, dass es gar keine Lösungen dafür gibt. Ein Beispiel: Sie wollen unbedingt in einem bestimmten Ort Urlaub machen. Und Sie wollen auf jeden Fall mit dem Auto durch einen Tunnel dahin. Doch ein mitfahrendes Familienmitglied hat Tunnelangst. Wenn Ihnen jetzt kein Mittel einfällt, wie Sie dieses Familienmitglied trotz seiner Angst durch den Tunnel bekommen, können Sie erst einmal Ihren Urlaub abschreiben.

Am Symbol der Zielscheibe gemessen ist Ihre Zielbestimmung in diesem Fall allzu genau:

Wenn Sie Ihr Ziel auf die Zielscheibe projezieren, umfasst es nur den schwarzen Punkt in der Mitte. Sie müssen also jetzt Ihre Zieldefinition erweitern, um für zusätzliche Lösungsmöglichkeiten offen zu sein: Sie weiten Ihr Ziel nun auf der Zielscheibe so weit aus, dass es neben dem schwarzen Bereich in der Mitte auch noch die nächsten Kreise mitumfasst.

Sie werden damit offen für Lösungen, die nicht mehr genau, sondern nur noch ungefähr Ihrem ursprünglichen Ziel entsprechen. Konkret heißt das dann: Sie geben die Absicht auf, Ihren Urlaubsort mit dem Auto durch den Tunnel zu erreichen. Sie suchen also nach Möglichkeiten im weiteren Umfeld. Da kommt dann etwa infrage: Sie fahren über eine kleine Passstraße, die aber bei frühem Wintereinbruch gesperrt sein könnte. Oder Sie nehmen den Zug oder einen Hubschrauber.

Wenn davon wiederum nichts realisierbar ist, weiten Sie ihre Zielvorgabe noch mehr aus – bis an den Rand der Zielscheibe. Und das heißt dann etwa: Sie geben den anvisierten Urlaubsort ganz auf und suchen woanders eine Alternative dazu.

Ihre Intuition kann Ihnen jedenfalls mit Hilfe der Zielscheibe signalisieren, ob Ihre Zielsetzung zu weit oder zu eng ist. Und Sie können entsprechend Ihr Ziel verändern – es einengen oder ausweiten. Das Symbol der Zielscheibe kann Ihnen eine erste Orientierung bei der Suche nach Problemlösungen bieten.

Übung 32 Lösungsimpulse erzeugen: Einen Gehirnsturm hervorrufen

Vermutlich haben Sie schon häufiger das Wort Brainstorming gehört. Das ist eine Methode, um Ideen für Ziele und Problemlösungen zu finden. Das Wort kann man frei so übersetzen: »Einen Gehirnsturm entfesseln«. Man setzt sich dazu in einer Gruppe hin und äußert spontan alle möglichen Einfälle. Eine Bewertung ist zunächst verboten. Die Ideen werden erst später in einer zweiten Runde genauer geprüft. Sinn dieses Vorgehens ist es, auch scheinbar absurden Einfällen eine Chance zu geben. Ungewöhnliches soll nicht von vornherein abgewürgt werden.

Ich biete Ihnen hier eine Alternative dazu an. Mein Ansatz ist, dass unser Gehirn gern in Symbolen spricht. Das zeigt sich in jedem Traum. Und genau diese Sprache will ich dem Gehirn lassen. Wir müssen nur anschließend Übersetzungsarbeit leisten – das vom Gehirn ausgeworfene Symbol ist also nachträglich in eine verständliche Idee zu überführen. Und in der Regel ist tatsächlich ein Zusammenhang zwischen dem Symbol und dem Problem herzustellen, bei dessen Lösung es helfen soll. Allerdings führt dieser Zusammenhang längst nicht jedes Mal zu etwas Brauchbarem.

Ansatz: Lösungssymbole

Ein realer Sturm treibt alles Mögliche vor sich her. An einer ruhigen Stelle sinken dann Blätter, Papiere, Plastiktüten und Sonstiges zu Boden. Zugleich reißt er Blüten, Äste oder Früchte von den Bäumen oder Ziegel von den Dächern. So ungefähr funktioniert auch der Gehirnsturm. Er trägt scheinbar wahllos alle möglichen Dinge zusammen. Und wirft sie dann vor Sie hin. Aber diese Dinge sind Symbole für mögliche nützliche Lösungsideen. Wenn Sie solch einen Gehirnsturm ausprobieren wollen, setzen Sie sich entspannt und mit geschlossenen Augen hin – Sie kennen diesen Anfang ja schon. Sie gehen möglichst auch noch auf die tiefere Wohlfühl-Ebene (Übung 9).

Danach stellen Sie sich vor, Sie sitzen an einem Tisch. (Vielleicht sitzen Sie ja sogar tatsächlich an Ihrem Schreibtisch.) In Ihrer Vorstellung steht hinten auf dem Tisch ein Schild mit der Aufschrift: »Ideen zu meinem Problem«. Sie können dieses Schild innerlich deutlich sehen. Und dann stellen Sie sich vor, dass eine erste Idee von oben auf den Tisch fällt. Und zwar in Form eines Symbols. Danach fällt eine zweite Idee herunter. Sie lassen erst mal so viele Einfälle herunterkommen, wie Sie sich merken können – also drei, vier oder fünf. Anschließend prüfen Sie diese Einfälle und versuchen herauszufinden, welche Form von Lösung sie meinen könnten.

Wie können diese Einfälle aussehen? Angenommen, Sie sind als Lehrer tätig und haben in einer schwierigen Klasse besondere Disziplinprobleme. Sie probieren es mit dem Gehirnsturm. Dabei fallen von oben herunter: Ein Apfel. Ein Stock. Ein kleines Plastikauto. Eine leuchtende Glühbirne.

Wenn Sie diese Symbole zu übersetzen versuchen, fällt Ihnen zum Apfel ein: Ein Apfel lässt sich als Belohnung verwenden – ist die Klasse vielleicht mit materieller Anerkennung zu locken? Oder sollte der Unterricht thematisch möglicherweise mehr zum Anbeißen bieten? Zum Stock ergibt sich assoziativ die nahe liegende Frage: Ist vielleicht strengeres Durchgreifen das gesuchte Mittel? Das kleine Auto hat für Sie spontan die Bedeutung Mobilität. Entsprechend ergibt sich als denkbare Lösung: Vielleicht ist der Lehrplan flexibler zu gestalten und mit Angeboten in anderen Fächern in interessanter Weise zu vernetzen? Und die leuchtende Glühbirne erinnert Sie an die Redensart »Mir geht ein Licht auf!«. Das heißt: Vielleicht sind die Kinder mehr mit Erkenntnisgewinn als mit Lernaufgaben für den Unterricht zu gewinnen.

So können Sie mögliche Lösungen finden und sich anschließend die interessantesten und zugleich voraussichtlich realisierbarsten aussuchen. (Die hier gebrachten Beispiele stammen aus einer tatsächlichen Anwendung dieser Methode!) Wichtig ist, dass Ihr Gehirn deutlich weiß, was gesucht wird. Dann hat es die Chance, etwas assoziativ zu dem Problem zu finden.

Übung 33 Bildliche Denkanstöße generieren: Den Ideen-Monitor verwenden

Ausgangspunkt: Lösungssymbole

Als eine Alternative zum beschriebenen Gehirnsturm ist auch die Erzeugung von Ideen mit dem Ideen-Monitor möglich. Wenn Sie Anregungen für Ziele und Lösungen suchen, können Sie deshalb ebenso Folgendes probieren:

Sie stellen sich in entspanntem Zustand mit geschlossenen Augen vor: Sie sitzen vor einem riesengroßen Fernseher mit verschiedenen Programmen. Sie haben eine Fernbedienung in der Hand. Sie stellen damit ein Programm nach dem anderen ein, und auf dem Bildschirm erscheint entsprechend ein Bild nach dem anderen. Vielleicht erblicken Sie dabei Standbilder, möglich sind aber auch Spielszenen. Meistens verstehen Sie nicht gleich, was das Gezeigte mit Ihrem Problem zu tun hat. Die gesuchten Lösungen sind nur durch assoziative Verknüpfung zu erschließen. Aber wenn Sie die Anregung lange genug prüfen, ergibt sich oft tatsächlich eine verwertbare Idee. In Ausnahmefällen finden Sie auf dem Bildschirm auch unmittelbar eine Lösung.

Ergebnisbeispiele

Beispielsweise haben Sie das Problem, dass eine Lieferung nicht rechtzeitig eintrifft und Sie deshalb Schwierigkeiten mit Ihren Kunden bekommen könnten. Sie probieren nun den Ideen-Monitor aus, und im ersten Programm erscheint eine Schraube auf dem Bildschirm. An einer Schraube dreht man, oder man zieht sie fest an. Das bringt Sie darauf, dass Sie prüfen sollten, mit welchen Mitteln Sie den Lieferanten zwingen könnten, auf eigene Kosten mit einem besonderen Express-Dienst die Lieferung zu beschleunigen. Im zweiten Programm sehen Sie einen Film mit einer elegant aus dem Wasser springenden Forelle. Sie fragen sich nun, ob es Ihnen helfen könnte, sich aus Ihrem gewohnten Element herauszubegeben. Sie kommen dabei auf die Idee, nicht wie gewohnt erst auf Beschwerden der Kunden zu reagieren, sondern sie schon vorab zu informieren. Und im dritten Programm sehen Sie einen sich elastisch im Wind wiegenden Ast. Der regt Sie an, Ihre Elastizität im Umgang mit den zu erwartenden Beschwerden zu überprüfen und sich dabei um besondere Flexibilität in jedem Einzelfall zu bemühen.

Wie Ihr Gehirn zu solchen Einfällen kommt, bleibt im Dunkeln. Und ob Ihr Gehirn auch das gemeint hat, was Sie am Ende daraus machen, bleibt ebenso offen. Aber es ist auf jeden Fall ein Weg, Ihr Ideenspektrum deutlich zu erweitern.

Übung 34 Zu Lösungen vordringen: Gedankenketten bilden

Ausgangspunkt: Das Problem selbst

In den Übungen 32 und 33 gingen Sie von Dingen und Bildern aus, die Ihnen der Gehirnsturm auf den Tisch warf oder der Monitor anzeigte. Von da aus versuchten Sie, eine Verbindung zum Problem und zu dessen Lösung zu finden. Man kann aber ebenso umgekehrt vorgehen: Man nimmt das Problem als Ausgangspunkt und dringt von da aus über Gedankenketten zu einer Lösung vor. Wenn man das schreibend oder malend macht, heißt das »mindmapping«. Man erstellt eine Gedanken-Landkarte. Zu diesem Vorgehen biete ich Ihnen hier eine spezielle Variante an. Sie funktioniert mit dem Symbol einer innerlich wahrgenommenen Glühbirne.

Die Vorgehensweise ist so: Sie suchen eine erste Gegebenheit, die in innerer Beziehung zum Problem steht. Dann suchen Sie einen zweiten Sachverhalt, der nun seinerseits in Beziehung zum ersten steht. Danach gehen Sie weiter zu einem dritten Umstand, der wiederum einen Bezug zum zweiten hat. Das führen Sie so lange fort, bis Sie bei einer Lösung für das Problem angekommen sind – oder merken, dass Sie in einer Sackgasse gelandet sind. Im Einzelnen machen Sie das so:

Sie stellen sich mit geschlossenen Augen das Problem vor. Sie können es als inneres Bild wahrnehmen, vielleicht aber auch nur als Wort oder als Symbol. Dann führt eine schwarze Linie von diesem Problem zu einem ersten Sachverhalt, der innerlich mit dem Problem zusammenhängt. Sie warten, bis Ihnen ein solcher einfällt. Sie sehen ihn ebenfalls als inneres Bild, Wort oder Symbol.
Danach erkennen Sie direkt hinter diesem Sachverhalt eine kleine Glühbirne. Wenn sie jetzt dunkel bleibt, sind Sie auf einer kalten Spur. Sie suchen nun nach einer anderen geeigneteren Gegebenheit. Wenn die Glühbirne dahinter aufleuchtet, sind Sie jetzt auf einer heißen Spur.

Dann folgen Sie einer weiteren schwarzen Linie, die von dieser Gegebenheit zu einer weiteren führt. Auch dahinter befindet sich wieder eine Glühbirne. Sie zeigt erneut an, ob Sie sich auf dem richtigen Weg befinden. Leuchtet sie auf, suchen Sie einen dritten Sachverhalt. Bleibt hier diesmal die Glühbirne dunkel, gehen Sie zur zweiten Gegebenheit zurück und suchen von da aus eine andere Spur.

Unsere Intuition hat ein gutes Gespür dafür, wo Erfolg versprechende Linien verlaufen. Deshalb ist es sinnvoll, den Glühbirnen zu folgen. Das schließt nicht aus, dass Sie dabei auch einmal in die Irre gehen. Aber wenn Sie sich an den Glühbirnen orientieren, ersparen Sie sich frustrierende Suchvorgänge. Sie vermeiden so zeitraubende Umwege, die schnell zur Ermüdung führen.

Problembeispiel

Bei einem früher bereits einmal erwähnten Tunnelproblem ging es darum, wie jemand mit Tunnelangst möglichst angstfrei in seinen Ferienort kommt. Der Ferienort liegt hinter einem Autotunnel. Wenn ich dieses Problem noch einmal aufgreife, ergeben sich nach der beschriebenen Methode beispielsweise die folgenden Gedankenketten:

Ergebnisbeispiel

- Tunnel — enge Röhre O — Umgehung O
  - — seitlich O — Ausweichroute ohne Tunnel
  - — drüber weg O — Passstraße oberhalb des Tunnels
  - — unten durch X
- Tunnel — Berg X
- Tunnel — Angst O
  - — Aggression X
  - — Entspannung O — meditative Musik
  - — Medikament O
    - — Apotheke O — Verschreibung vom Arzt
    - — Werbung O — Kauf rezeptfreier Beruhigungsmittel
- Tunnel — Länge O
  - — schnelles Durchfahren X
  - — kurzweilige Unterhaltung
- Tunnel — Höhe X

Das O oder X hinter den Sachverhalten zeigt den Zustand der Glühbirne an: Bei O glüht sie, bei X bleibt sie dunkel. Bei den dargestellten Beispielen führen sechs Gedankenketten zu möglichen Lösungen, die anschließend noch genauer zu prüfen sind. Diese möglichen Lösungen sind unterstrichen. Fünf Gedankenketten enden bei Sachverhalten, die keine heiße Spur versprechen. So ist etwa die Länge eines Tunnels objektiv nicht zu verkürzen. Subjektiv ist aber eine Verkürzung durch schnelles Duchfahren möglich – dem stehen jedoch Geschwindigkeitsbeschränkungen entgegen. Eine subjektive Verkürzung könnte aber auch durch eine intensive und kurzweilige Unterhaltung geschehen. Es wäre konkret an einem Übungstunnel zu prüfen, ob solche Unterhaltung tatsächlich von der Angst ablenkt oder sie vermindert.

Die Gedankenketten lassen sich – mit etwas Übung – recht schnell bilden. Das ist allein schon mit Worten und Begriffen möglich. Sie genügen, um von einem Sachverhalt zum nächsten zu kommen. Allerdings eröffnen innere Bilder zusätzliche Möglichkeiten. In einer der Beispiels-Ketten oben wurde die Apotheke auch bildlich gesehen. Dabei kam Werbung für Beruhigungstropfen im Schaufenster ins Blickfeld. Das führte dann weiter zur möglichen Lösung mit rezeptfreien Mitteln dieser Art. Es empfiehlt sich also, die Gedankenketten mit Bildern anzureichern. Dann werden noch mehr Lösungen sichtbar und möglich.

Übung 35 Rat suchen: Innerlich eine Vertrauensperson befragen

Wenn für Sie ein Problem existiert, befragen Sie vermutlich dazu nicht selten Partner, Freunde und Bekannte. Dabei suchen Sie sich diejenigen heraus, zu denen Sie Vertrauen haben. Von diesen Vertrauenspersonen erwarten Sie – je nach Problem – beispielsweise, dass sie Ihre persönlichen Bedürfnisse vorurteilsfrei akzeptieren und entsprechend Rat geben.

Ansatz: Die virtuelle Vertrauensperson

Nun sind solche Vertrauenspersonen aber nicht immer erreichbar. Oder gelegentlich ist ein Problem so peinlich, dass man allein damit fertig werden möchte. Doch auch dann brauchen Sie auf solche Vertrauenspersonen nicht zu verzichten. Sie können sie in der inneren Vorstellung befragen. Denn wenn Sie Ihre Vertrauenspersonen schon etwas länger oder intensiver kennen, haben Sie in der Regel ein ganz gutes Gespür dafür, wie diese reagieren. In der inneren Vorstellung bekommen Sie deshalb oft Antworten, die wirklich den Ansichten dieser Personen entsprechen.

Ihre Vertrauensperson muss aber nicht unbedingt aus Ihrem persönlichen Umfeld kommen. Es kann auch jemand anderes sein: Etwa eine Person aus dem öffentlichen Leben, die für Sie ein Vorbild darstellt. Ebenso ist es möglich, mit einer religiösen Gestalt ein Gespräch zu führen. Dabei können zusätzliche Perspektiven Ihres Problems angesprochen werden, die sonst unter den Tisch fallen. Wenn Sie eine Vertrauensperson oder sonst jemanden befragen wollen, verfahren Sie folgendermaßen:

Sie setzen sich entspannt hin und schließen die Augen. Dann stellen Sie sich vor, dass Ihre Vertrauensperson neben Ihnen sitzt. Sie kann Ihnen auch gegenübersitzen. Sie sehen sie innerlich da genau. Dann befragen Sie diese Vertrauensperson zu Ihrem Problem. Und Sie hören auf ihre Antwort. Ist Ihnen etwas unklar, fragen Sie weiter nach.

Die Vertrauensperson kann Ihnen Lösungen aufzeigen. Wenn Ihnen daran etwas unrealistisch erscheint, dürfen Sie durchaus Einwände erheben. Sie erarbeiten dann mit der Vertrauensperson etwas eher Realisierbares.

Es kann auch sein, dass Ihnen einige Antworten grundsätzlich nicht gefallen. Manchmal ist es dann so, dass Ihnen eigentlich gar nicht die Vertrauensperson antwortet. Sondern Sie antworten sich selbst. Sie benutzen dazu allerdings den Umweg über eine andere Person. Weil Sie sich selbst eine unangenehme Wahrheit nicht eingestehen wollen, legt Ihr Unbewusstes diese Wahrheit einer anderen Person in den Mund. Wischen Sie deshalb Einwände durch Ihre Vertrauensperson nicht einfach vom Tisch.

Wenn Sie Personen befragen, die für Sie moralisch oder religiös ein Vorbild sind, wird oft eine höhere Ebene in Ihrer Person angesprochen. Das kann Sie manchmal in innere Konflikte stürzen. Meistens wirkt das aber eher erleichternd (vgl. Übungen 90 und 91). Vielleicht ist dann plötzlich sogar das befreiende Gefühl da, endlich den gesuchten Durchblick gefunden zu haben.

Übung 36 Fachspezifische Anregungen sammeln: Den Experten besuchen

Im Laufe unseres Lebens haben wir einiges an Können, Wissen und Erfahrungen gesammelt. Wenn wir ein Problem lösen wollen, geht es darum, dies alles zu aktivieren. Natürlich können wir auch andere Menschen befragen und um Hilfe bitten. Aber zum einen geht das nicht immer. Und zum anderen: Wir selbst wissen am besten über unsere Wünsche Bescheid. Auf unser eigenes Interesse können wir selbst am besten eingehen.

Aber wie an das eigene Expertenwissen herankommen? Wenn wir ein Problem haben, können wir uns dazu einfach etwas einfallen lassen. Aber die Frage ist, ob wir so wirklich alle Wissensschätze in unserem Kopf heben können. Bekommen wir damit das hervorgekramt, was irgendwo im hintersten Winkel abgelegt ist? Wir wissen ja, dass beispielsweise in der Hypnose Dinge zutage treten können, die vorher unerreichbar waren.

Ziel: Aktivierung unbewussten Wissens

Wie kann es also besser gehen? Wir können mehr Schätze in uns heben, wenn wir auch unserem unbewussten Wissen eine Chance geben. Und das geht so: Wir stellen uns einen Experten vor, der das Fachwissen für unser Problem hat. Den befragen wir zu unserem Problem.

Diese Vorgehensweise habe ich beispielsweise einer Runde von Ingenieuren und Konstrukteuren angeboten. Ich habe sie dafür gebeten, sich ein Konstruktionsproblem auszusuchen, das sie zurzeit beschäftigt:

Danach sollten sich die Beteiligten mit geschlossenen Augen bequem hinsetzen und entspannen. (Sie kennen diesen Einstieg ja schon.) Dann habe ich sie gebeten, sich innerlich eine Villa vorzustellen. Darin würden sie einen Chefingenieur samt Büros und Labors finden. Und tatsächlich: Nachdem sie sich zunächst diese Villa von außen angesehen hatten und dann durch das Eingangsportal nach innen gegangen waren, trafen sie auf den Chefingenieur. Diesen befragten sie nach Vorschlägen für die Lösung ihres Problems. Danach ließen sie sich von ihm durch Zeichenbüros und Labors führen. Da sollten sie sich umschauen, ob sie vielleicht Lösungsskizzen zu ihrem Problem finden

würden. Ich habe ihnen zugleich vorgeschlagen, auf Bildschirme und darauf gezeigte Konstruktionen oder fertige Modelle zu achten, die eine Lösung ihres Problems darstellen. Eventuell würden sie zudem neue Materialien entdecken, die ihnen weiterhelfen könnten. Oder ganz neue Funktionen und Kombinationen.
Anschließend habe ich sie gebeten, sich nach Ingenieuren und Konstrukteuren umzusehen, die als Angestellte für den Chefingenieur arbeiten. Darunter könnte es verschiedene Charaktere geben. Diese hätten eventuell besondere Lösungen parat. Insbesondere sollten sie nach einer verrückten und exaltierten Konstrukteurin Ausschau halten. Vielleicht hätte sie etwas absolut Ungewöhnliches zu bieten. Aber auch ein stockkonservativer Ingenieur könnte etwas Grundsolides und doch Attraktives haben. – Zum Schluss sollten sie sich beim Chefingenieur für die Führung bedanken.

Ergebnisbeispiele

Was kommt dabei heraus? Die Runde war von diesem Besuch beim Chefingenieur ganz angetan. Der eine fühlte sich geschmeichelt, dass sich der Chefingenieur persönlich um ihn kümmerte. Er entdeckte in dessen Villa Anregungen für seine Arbeit. Ein anderer fand zusätzliche Verwendungsmöglichkeiten für ein Material, das neu auf dem Markt ist. (Er hat es vorher gezeigt.) Einem Dritten hat gerade der verrückte und exaltierte Konstrukteur den besten Lösungsansatz geliefert. Eine Lösung, die er fand und uns vorstellte, könnte etwas abgewandelt tatsächlich Marktchancen haben.

Man kann bei diesem Vorgehen nicht fertige Lösungen erwarten – die gibt es zwar manchmal. Vor allem aber finden sich neue Denkrichtungen, auf die man vorher noch nicht gekommen ist. Diese lassen sich dann weiterverfolgen. Natürlich sind so nicht nur Konstruktionsprobleme anzugehen. Je nach Art des Problems kann man verschiedene Experten besuchen:

Bei körperlichen Beschwerden fragen Sie den inneren Arzt oder die innere Ärztin. Bei Eheproblemen den inneren Eheberater. Bei Einrichtungsproblemen den inneren Innenarchitekten usw. Sie besuchen diesen Experten jeweils in einem ihm angemessenen Haus. Dort gibt es Büroräume oder vielleicht Labors. Wenn Ihnen die Auskunft des Leiters des Hauses nicht genügt, können Sie sich von ihm an andere Experten weitervermitteln lassen. Die können Sie ebenfalls befragen. Oder Sie achten auf Hinweise in deren Räumen. Manchmal gibt es auch draußen etwas zu finden: Der innere Gärtner kann Ihnen etwa seinen Garten zeigen.

Wichtig: Der richtige Experte

Es ist sinnvoll, sich den passenden Experten auszusuchen. Es gibt eine Untersuchung, bei der man das Allgemeinwissen von Studenten erfragte. Wenn sich dabei die Studenten vorher innerlich einen Professor vor Augen treten ließen, war das Ergebnis besonders gut. Wenn sie sich dagegen einen unbedarften Menschen vorstellten, war das Ergebnis ziemlich schlecht. Die Art des vorherigen inneren Bildes beeinflusste die Aktivierung des Wissens. Wir kommen also leichter an unser spezielles Fachwissen, wenn wir uns einen Experten eben dieser Fachrichtung vorstellen. Dieser innere Experte aktiviert aber nicht nur unsere Kenntnisse, er präsentiert sie auch – beispielsweise in konkreten Modellen. Und nicht nur das: Er kombiniert und strukturiert sie neu. So kommt es, dass wir in Büros, Labors oder sonstwo manchmal geradezu überraschende Lösungsansätze vorfinden und bewundern können.

Übung 37 Lösungskreativität stimulieren: Sich im Atelier der Künstlerin umsehen

Bei Künstlern ist die Kreativität sozusagen zu Hause. Deswegen sind sie keine schlechte Adresse, wenn es um Problemlösungen geht. Sie gelten zwar manchmal als etwas spinnert. Sie haben häufiger eine etwas verrückte Sicht auf das Leben – aber das heißt nur, dass sie Dinge anders sehen als der Normalmensch. Und gerade das kann bei der Ideensuche hilfreich sein. Außerdem sind Künstler manchmal auch Lebenskünstler. Ihrem künstlerischen Anliegen zuliebe verzichten sie – zum Teil notgedrungen – auf Annehmlichkeiten. Das kann ihnen zugleich einen anderen Blick auf das Leben geben.

Es ist also nicht falsch, wenn Sie auf dem Weg zu einer Problemlösung auch einmal das Atelier einer Künstlerin besuchen. Das können Sie wieder in inneren Bildern tun. Die Künstlerin, der Sie da begegnen, ist lebensklug, geistreich und vielseitig. Sie arbeitet auf drei Gebieten:

Das Atelier

- Einmal verfremdet sie Gegenstände des täglichen Lebens. Sie stellt sie auf den Kopf. Sie malt sie anders an. Sie fügt sie in neuer Weise zusammen. Ihr Atelier ist voll mit Dingen, die anders als normal, aber zugleich doch gebrauchsfähig sind. Ihre Garderobe besteht zum Beispiel aus drei bunten Besen, die mit der Borstenseite nach oben aufgestellt sind. Man wirft Jacken und Mäntel einfach darüber.
- Zum anderen fotografiert sie Gegenstände, Tiere und Menschen. Es geht dabei um deren Miteinander. Ein Foto hängt etwa da, das die Künstlerin als Malerin zeigt. Darauf sitzt neben ihr ein Hund auf dem

Boden. Er hat ein Seil im Maul, mit dem er über eine Umlaufrolle an der Decke die Palette der Künstlerin hochhält, die an diesem Seil hängt. Wenn die Zusammenarbeit zwischen Hund und Mensch nicht klappt, fällt die Palette zu Boden.

- Und als Drittes arbeitet die Künstlerin mit alten Puppenstuben – aber sie stellt darin ungewöhnliche Szenen dar. In einer dieser Puppenstuben liegt beispielsweise ein Mann in einer Wiege. Kopf und Beine ragen über Kopf- und Fußteil hinaus, und vier Kinder schaukeln ihn.

Erster Besuch

Wenn Sie diese Künstlerin besuchen wollen, machen Sie es in folgender Weise:

Sie gehen zunächst möglichst erst einmal auf die tiefere Wohlfühl-Ebene (Übung 9). Dann sehen Sie innerlich die Tür zum Atelier der Künstlerin vor sich. Sie klingeln oder klopfen. Wenn Ihnen die Künstlerin öffnet, treten Sie ein. Sie bitten sie, Ihnen bei Ihrem Problem behilflich zu sein. Vielleicht kann Ihnen die Künstlerin gleich etwas dazu sagen – womöglich etwas sehr Gescheites. Und Sie können von ihr erfahren, wie Sie am besten mit Ihrem Problem umgehen oder es sogar lösen.
Vielleicht zeigt sie Ihnen aber auch etwas dazu. Sie sehen die verfremdeten Gegenstände bei ihr. Bringt einer davon Sie auf eine Idee? Oder entdecken Sie etwas auf den Fotos ringsum an den Wänden, das Bedeutung für Sie hat? Zeigt Sie Ihnen vielleicht auch eine Szene in einer der Puppenstuben?
Wenn etwas Hilfreiches dabei war, bedanken Sie sich bei der Künstlerin und verabschieden sich von ihr.

Es kann sein, dass Ihnen die Künstlerin tatsächlich eine Lösung mitteilt. Oder sie zeigt sie Ihnen mit Hilfe von Gegenständen, Fotos oder Szenen. Vielleicht allerdings sehen und hören Sie zwar viel bei ihr, können aber keine konkretere Idee mitnehmen. Doch selbst dann wirkt das Gesehene noch fort. Es stößt vielleicht im Nachhinein eine Lösung an.

Zweiter Besuch

Bleiben Sie mit dem Ergebnis des Besuches unzufrieden, ist ein zweiter Besuch möglich. Es sollte allerdings möglichst ein Tag zwischen beiden Besuchen liegen. Dieser zweite Besuch gestaltet sich dann folgendermaßen:

Die Künstlerin lässt Sie wieder ein. Sie erklären ihr, dass der erste Besuch leider nicht erfolgreich war. Das bedauert die Künstlerin. Sie fragen Sie nun noch einmal nach Lösungen – oder wenigstens Ansätzen dafür. Weiß sie nichts Neues, bitten Sie sie, von ihrer speziellen Künstlersuppe kosten zu dürfen. Und die Künstlerin kocht Ihnen in einer kleinen Küche in Windeseile

diese Suppe. Es ist eine Suppe der Genialität. Wenn Sie davon gegessen haben, bekommen Sie einen genialen Blick. Die ganze Welt wirkt dann anders. Und im Atelier der Künstlerin verwandelt sich unter diesem Blick alles. Sie prüfen jetzt noch einmal, ob Sie Anregungen für Ihr Problem finden – bei Gegenständen, Fotos oder Szenen. Ist das nicht der Fall, schauen Sie aus dem Fenster. Dort sieht jetzt ebenfalls alles anders aus. Die Natur draußen ist jetzt nur noch dazu da, um Ihr Problem zu lösen. Schauen Sie, was sie Ihnen anbietet!

Dritter Besuch

Vielleicht finden Sie jetzt tatsächlich etwas. Doch womöglich ist es eine exzentrische Lösung. Oder Sie finden sogar mehrere davon und Sie wissen damit nichts anzufangen. Dann gehen Sie einen Tag später nochmals zur Künstlerin. Und diesmal bitten Sie sie um einen Kinderblick. Kinder und Künstler haben ja manchmal Augen, mit denen sie Kompliziertes einfach machen:

Die Künstlerin gibt Ihnen bei dem dritten Besuch eine Art Fernglas. Das ist ein Fernglas mit eingebautem Kinderblick. Damit werden alle Dinge ganz einfach und unkompliziert. Sie nehmen dies Glas und schauen sich damit im Atelier um. Alles sieht jetzt einfacher aus. Auch Ihre bisherigen Lösungen sind nun viel einfacher, wenn Sie das Glas darauf richten.

Mit diesen inneren Bildern wird Ihr Gehirn auf verschiedenen Ebenen der Lösungssuche angeregt. Wenn Sie alle drei beschriebenen Besuche machen, gibt jeweils ein Tag Pause dazwischen den Ergebnissen Reifezeit. Sie können aber auch darauf verzichten. Zwar verschenken Sie möglicherweise zusätzliche Chancen, aber der Besuch bei der Künstlerin bietet auch dann noch Raum genug für technische, organisatorische und zwischenmenschliche Ideen.

Übung 38 Ideen reifen lassen: Das Förderband einsetzen

Viele Probleme sind nicht in einem ersten Ansturm zu lösen. Die Lösung braucht Zeit. Für diese Zeit hat sich der Begriff »Inkubationszeit« eingebürgert. Im medizinischen Bereich bezeichnet dieser Begriff den Zeitraum, der zwischen der Ansteckung und dem Ausbruch einer Krankheit liegt. In unserem Fall ist die Zeit gemeint, die vom Hereinbruch der gesuchten Idee über den Ideen-Sucher verstreicht – bis zum anschließenden Ausbruch seiner Lösungs-Euphorie.

Voraussetzungen für viele Ideen: Genügend Information, Zeit, Pausen

Eine Voraussetzung für die Lösung vieler Probleme ist, sich zunächst über das gesamte Problemfeld zu informieren. Je mehr Fakten man kennt, desto eher findet man angemessene Lösungen. Auch das Gehirn braucht nach dem Sammeln von Informationen noch Zeit, um die Fakten in geeigneter Weise zu kombinieren. Dabei wird die Lösung oft nicht dann gefunden, wenn man in einer Kreativsitzung darüber brütet. Ideen tauchen häufig gerade zu Zeiten auf, in denen man nicht hinter ihnen her ist. Mancher erlebt es, dass ihm nachts oder morgens nach dem Aufwachen eine Lösung einfällt. Deswegen gibt es Menschen, die abends vor dem Einschlafen ihre Intuition mit einer Lösung beauftragen. Sie machen sich das Problem noch einmal bewusst und denken mögliche Lösungsrichtungen kurz an. Dann lassen sie das Gehirn nachts daran arbeiten. Und der Erfolg gibt ihnen immer wieder mal Recht. Im Übrigen sind schöpferische Pausen wichtig. Ideen brauchen Zeiten, in denen das Gehirn weniger belastet ist. Dann können sie weiter bearbeitet werden oder zutage treten. Befragungen zeigen entsprechend, dass Ideen auffällig oft bei Spaziergängen gefunden werden.

Was können Sie tun, um vor einem solchen Hintergrund die Lösung eines Problems voranzutreiben? Sie können mit dem Symbol des Förderbandes arbeiten. Sie legen entweder das Problem oder – besser noch – einen ersten unausgereiften Lösungsansatz auf dieses Förderband. Da wird dieser dann weitertransportiert – und zwar in kleinen Rucken. Und irgendwann fällt hinten eine Lösungsidee oder eine Weiterentwicklung des ersten Lösungsansatzes vom Band. Sie machen es konkret so:

Sie entspannen sich und schließen die Augen. Sie gehen möglichst auch noch auf eine tiefere Wohlfühl-Ebene (Übung 9). Dann stellen Sie sich ein Förderband vor. Es läuft ziemlich flach über den Boden. Danach suchen Sie für Ihr Problem oder den ersten Lösungsansatz ein geeignetes Symbol (Übung 5). Dieses Symbol legen Sie dann auf das Förderband. Das transportiert es in ungleichmäßigen Rucken weiter.

Sie stellen sich zusätzlich vor, dass das Förderband dieses Symbol durch besondere Duschen, Trockenkammern oder andere Bearbeitungsstationen hindurchträgt. Es können auch Stationen dabei sein, bei denen es einfach nur von der Sonne beschienen wird. Oder es fährt an Gras, Büschen und Bäumen vorbei. Da tut sich dann jeweils etwas. Es verändert sich. Eine Lösungsidee entwickelt sich oder der erste Lösungssansatz reift.

Zwischendurch sollten Sie immer wieder mal nach dem Symbol auf dem Band sehen. Es kann sein, dass Sie schon Veränderungen feststellen. Sie prüfen dann, ob diese Veränderungen Sie der gesuchten Lösung näher bringen. Und womöglich zeigen sich bereits verheißungsvolle Veränderungen. Sie verfolgen diese dann vielleicht sofort weiter bis zu einem brauchbaren Ergebnis. Oder aber Sie lassen das Symbol auf dem Band sich noch weiterentwickeln. Und irgendwann später fällt plötzlich eine schon ziemlich fertige Lösung herunter.

Ergebnisbeispiel

Die Methode der Zielscheibe (Übung 31) ist beispielsweise auf dem Band gereift. Bei der Suche nach einer Hilfe für die Zieldefinition hatte ich erst einen roten Zielkegel vor Augen, mit dem aber praktisch nichts anzufangen war. Der wurde dann auf das Förderband gelegt. Am nächsten Tag war er in zwei gleiche, miteinander verbundene Teile zerfallen. Das war ein Hinweis auf zwei verschiedene, aber miteinander verknüpfte Funktionen. Von da gelang dann der Ideensprung zur Zielscheibe: Sie bekam die doppelte Möglichkeit der Zieleinengung und Zielausweitung.

Das Förderband schließt nicht aus, dass Sie gleichzeitig andere Methoden zur Lösung anwenden. Im Gegenteil: Alles zusammen kann Sie weiterbringen. Aber eine gewisse Reifezeit ist trotzdem oft unumgänglich. Es hilft dabei, wenn Sie immer wieder mal – wie beschrieben – nach Ihrem Problemsymbol auf dem Förderband sehen. Damit wird Ihr Gehirn einmal mehr angestoßen, die Sache voranzubringen. Allerdings bleibt es immer ein besonderer Glücksmoment, wenn eine Lösung auftaucht. Dieser Moment ist letztlich auch mit noch so ausgefeilten Methoden nicht zu erzwingen.

Übung 39 Problemwirrwarr klären: Das Knäuel entwirren

Problembeispiel

Zunächst zur Erklärung ein Beispiel: Vor ein paar Wochen sprach ich mit einer Frau über ihr Beinleiden. Sie ahnte, dass ihre maladen Beine etwas mit einem Fehltritt vor Jahren zu tun hatten. Dieser war nämlich vor kurzem aufgeflogen. Ihrer besten Freundin war von Mitwissern zugetragen worden, dass gerade sie über den »Zaun in deren Ehegarten« gestiegen war und dort »gewildert« hatte. Daraus resultierte ein Problemwirrwarr, das sich nicht so einfach lösen ließ. Es bestand gedankliche Konfusion und emotionales Durcheinander – also Verwirrung auf ganzer Linie. Diese galt es aufzulösen. Ich schlug der Frau nun ein inneres Bild vor, das sich an der Vorgehensweise bei der heiteren Verfremdung orientierte (Übung 1):

Sie sollte sich in einer ruhigen Minute hinsetzen und sich ein Symbol für den Problemknoten auswählen. Danach sollte sie sich vorstellen, dass sie dieses Symbol auf verschiedenste Weise traktiert und verfremdet. Sie sollte es in die Luft und bis an die Decke werfen, dann wieder auffangen und in anderer ungewöhnlicher Weise verwenden. Das sollte sie so lange tun, bis sich dieser Knoten irgendwie löst und entwirrt, bis sich etwas lockert und klarer wird.

Übungsergebnis

Tatsächlich gelang das. Die Frau hat sich ein Garnknäuel als Symbol ausgesucht und dieses wirre Knäuel aus roten, weißen und schwarzen Fäden in die Luft geworfen. Sie hat es zerknautscht, gezerrt und gestaucht. Dabei haben sich die Fäden geordnet, verdickt und umgestaltet. Aus dem Knäuel wurde ein Ball mit farbig klar voneinander getrennten Einzelteilen. Dieser war nun hoch elastisch und nicht mehr zu zerdrücken. Zudem war er jetzt farbig klar gegliedert. Parallel dazu hat sich ihr Gefühl geändert: Das innere Tohuwabohu nahm Form an. Das Gesamtproblem löste sich auf in einzeln erkennbare Problemteile. Die Frau konnte sie jetzt nacheinander angehen. Und noch schöner: Ihr Beinproblem löste sich gleichzeitig auf.
Bei diesem Vorgehen ist letztlich unerheblich, was real geschieht: Ob in der Bearbeitungszeit das Gehirn stimuliert wird, sein Durcheinander zu ordnen, und ob sich das dann im Symbol abbildet. Oder ob sich das Gehirn die beim Symbol entstehende Ordnung zum Vorbild nimmt und in sich selbst auch klarere Strukturen herstellt. Hauptsache ist, dass so eine innere Entwirrung und damit ein großes Aufatmen möglich wird.

Kapitel 5
Lösungen testen und weiterentwickeln

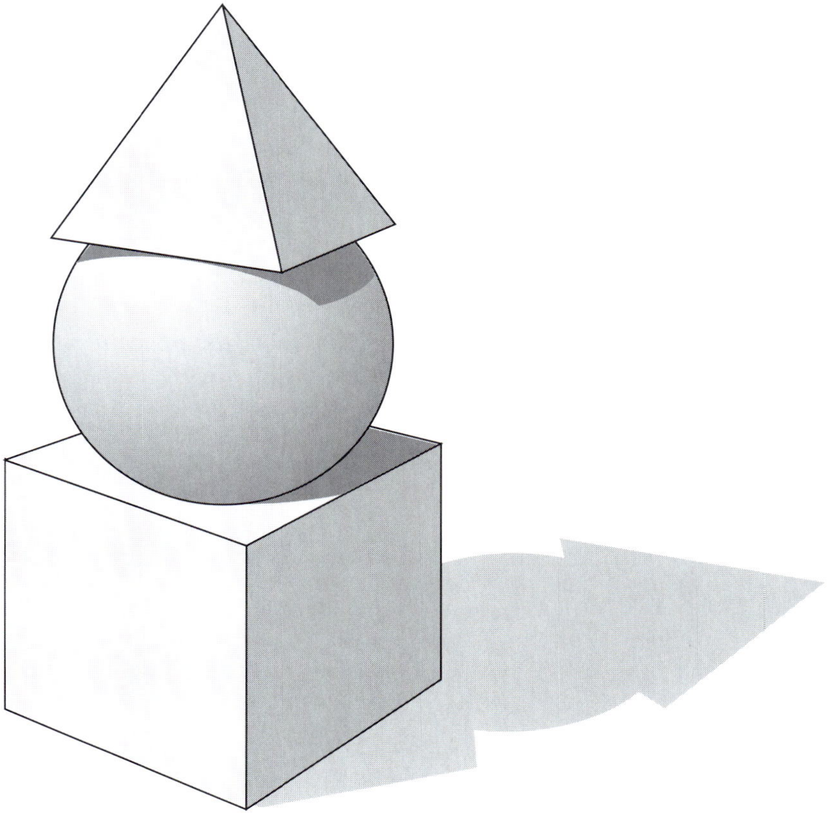

Übung 40 Ziele prüfen: Eine Testfahne wehen lassen

Viele Ideen für Problemlösungen, die man entwickelt, sind zunächst nur provisorisch. Bevor man sie in die Realität überträgt, ist zu überprüfen: Bringen die Ideen wirklich das Erwartete? Halten sie auf Dauer, was man sich von ihnen verspricht? Wie hoch sind die Kosten? Gibt es nicht vielleicht noch bessere Lösungen?

Gleichzeitig ist solch eine Prüfung auch für Ziele notwendig. Zu prüfen ist: Inwieweit erfüllen sie die emotionalen Bedürfnisse? Inwiefern entsprechen sie rationalen Überlegungen? Besonders wichtig ist eine solche Prüfung, wenn ursprüngliche angestrebte Lösungen nicht zu realisieren sind und abgewandelt werden müssen. Dann kann sich auch unbemerkt das damit verbundene Ziel verschieben.

In solch einem Fall ist zu kontrollieren: Ist die verbleibende Erfüllung der Ziele noch akzeptabel? Sind eventuell neue Ziele zu finden? Oder werden nun vielleicht andere Ziele erfüllt, die man ursprünglich gar nicht im Auge hatte?

Problembeispiel

Ein Beispiel: Jemand möchte sein Wohnzimmer vergrößern und das Haus entsprechend umbauen. Der Architekt erklärt das für bautechnisch unverhältnismäßig schwierig und teuer. Er schlägt stattdessen einen separaten Wintergarten vor. Die Frage ist dann: Ist das alte Ziel darin wieder zu finden und sind die mit einem solchen Umbau zu erfüllenden Ziele noch interessant und akzeptabel?

Für die Kontrolle der Ziele eignet sich als Symbol eine Fahne. Fahnen wurden schon für die verschiedensten Signale und Kundgebungen benutzt: Rennen werden mit Flaggen gestartet oder abgewunken. Bei internationalen Tagungen signalisieren Fahnen, welche Nationen anwesend sind. Oder bei Landestrauer werden Fahnen auf Halbmast gesetzt. Auch in inneren Bildern lässt sich das Symbol der Fahne als Signalzeichen verwenden. Sie gehen bei der Zielprüfung so vor:

Sie setzen sich entspannt mit geschlossenen Augen hin. Dann stellen Sie sich vor, dass neben Ihnen ein Fahnenmast steht. Haben Sie ein großes oder weit reichendes Problem, ist der Fahnenmast sehr hoch. Haben Sie nur ein kleines Problem, ist der Mast deutlich niedriger. Danach denken Sie intensiv an das Ziel, das Sie mit der gegenwärtig ins Auge gefassten Problemlösung erfüllen. Und dann schauen Sie innerlich am Fahnenmast hoch, wo und wie die Fahne daran hängt. Sie schauen auch, welche Farbe sie hat. Und wie ihr Stoff aussieht.

Ergebnisinterpretation

Ist Ihr jetziges Ziel insgesamt nur traurig und jämmerlich, hängt die Fahne schlapp auf Halbmast. Sie hat dann auch nur eine triste Farbe. Das kann sein, weil die inzwischen anvisierte Lösung zu kümmerlich ist – oder weil Sie sich zu wenig vornehmen. Je angemessener und befriedigender Ihr Ziel ist, desto höher hängt ebenfalls die Fahne und desto stärker weht sie im Wind. Umso frischer ist zudem ihre Farbe. Ist das Ziel optimal oder sogar begeisternd, ist die Fahne ganz oben und flattert heftig.

Allerdings ist es auch möglich, dass Sie sich übernehmen und ein utopisches Ziel anstreben. Dann steigt die Fahne zwar weit nach oben, schrumpft da aber zusammen, zerfranst oder wird zu durchscheinendem Gewebe.

Die Fahne signalisiert, wie Ihre Intuition Ihr jetziges Ziel wahrnimmt. Dabei kann sie auch zwischen Verstand und Gefühl unterscheiden. Ist sie ganz oben in höchster Höhe, hängt da aber schlapp und grau herunter, kann das heißen: Rein rational haben Sie das beste Ziel im Auge – aber Ihre Seele ist nicht glücklich damit. Umgekehrt ist denkbar, dass die Fahne in frischer Farbe fröhlich auf Halbmast weht. Dann haben Sie ein rational nicht gerade überzeugendes Ziel im Auge, aber Ihre Seele ist trotzdem hellauf begeistert.

Eine solche Zielprüfung können Sie natürlich mehrfach vornehmen. Wenn sich ein ursprüngliches Ziel als nicht erreichbar erweist, können Sie weitere Ziele überprüfen und so wenigstens das nächstbeste Ziel herausfinden. Auf jeden Fall bietet Ihnen die Fahne die Chance, Abweichungen vom ursprünglichen Ziel rechtzeitig zu erkennen, zu bewerten und gegebenenfalls zu korrigieren.

Übung 41 Lösungsideen bewerten: Durch Optimist, Pessimist und Realist

Ein Problem zu lösen bedeutet nicht selten Anstrengung. Der ersten Idee zur Problemlösung folgt erst einmal Erleichterung. Ein Weg scheint gefunden. Doch ist diese erste Lösungsidee nicht immer gleich auch die beste. Es können noch andere kommen. Oder die bereits gefundene Idee ist bei näherem Hinsehen sehr verbesserungsbedürftig. Sie muss noch zurechtgefeilt werden. Es werden zusätzlich Ideen gebraucht, die eine Anfangsidee erst wirklich überzeugend machen.

Die Verbesserung von Anfangsideen ist oft ein wichtiger Teil des Problemlöseprozesses. Ohne zusätzliche Entwicklung sind viele erste Lösungen noch nicht tragfähig. Deswegen haben Verfahren, die Anfangsideen zu verbessern helfen, eine erhebliche Bedeutung.

Aufgabe des Bewertungsteams

Wer häufiger mit kreativen Prozessen zu tun hat, kennt das: Man versucht zunächst an Anfangsideen standhaft und manchmal auch krampfhaft festzuhalten. Denn es bedeutet zusätzliche Arbeit, sie infrage zu stellen und den Prozess der Problemlösung noch einmal aufzurollen. In vielen Menschen steckt ein Optimist, der sich dann durchzusetzen versucht. Er will uns weismachen, dass die gefundene Lösung doch gut und Erfolg versprechend sei.

Hilfreich ist dann ein Gegenspieler – der Pessimist. Er muss mit kritischen Anmerkungen gegenhalten. Er muss schonungslos Schwachstellen aufdecken. Gebraucht wird zudem ein Realist, der aus den optimistischen und den pessimistischen Argumenten eine realistische Sicht bildet.

Die optimistischen und pessimistischen Argumente sind schon in Ihnen vorhanden. Diese müssen nur die Chance haben, artikuliert zu werden. Das funktioniert wieder in inneren Bildern, und zwar so:

Sie entspannen sich und schließen die Augen. Dann stellen Sie sich einen Tisch in einem Büro vor. Es kann aber auch ein Tisch in einer Kneipe sein – da ist die Atmosphäre oft lockerer. Und um diesen Tisch sitzen vier Personen: Ein Optimist, ein Pessimist, ein Realist und Sie selbst. Es können Männer, genauso gut aber auch Frauen sein. Die drei anderen Personen können dabei Ihre Gestalt haben und Ihre Gesichtszüge tragen. Aber es können auch sonstige Personen sein. Die optimistische Person trägt einen Hut oder eine Kappe, worauf ein Pluszeichen angebracht ist oder »für« steht. Die pessimistische Person trägt ein Minuszeichen oder das Wort »gegen«.
Jetzt werden reihum die Argumente ausgetauscht. Die optimistische Person fängt an – sie sagt, was sie an der gefundenen Lösung gut findet. Dann ist die pessimistische dran, die auf alles Unzulängliche hinweist. Danach kommt die realistische Person, die das herausstellt, was sie an den Argumenten beider Seiten realistisch und wirklichkeitsnah findet. Dann kommt wieder die optimistische Person an die Reihe – und das geht so weiter.
Sie selbst dürfen sich immer einmischen, wenn die realistische Person gesprochen hat. Vor allem dürfen Sie Verbesserungsvorschläge einbringen. Die können dann gleich in der Runde diskutiert und bewertet werden.

Bei diesem Verfahren spalten Sie sich in insgesamt vier Personen auf. Nur so haben kritische Gedanken eine gute Chance, Gehör zu finden. Sie werden sonst leicht übergangen. Denn das Ziel ist, zu einer kritischen Bewertung der bisherigen Lösung zu kommen. Ihre Vorteile, insbesondere aber auch ihre Nachteile, sollen offen gelegt werden. Danach können Sie entscheiden, ob Sie die Lösung verwerfen oder ob Sie sie zu verbessern versuchen.

Das schließt nicht aus, dass Sie schon jetzt Verbesserungsideen haben. Sie dürfen sie spontan auf den Tisch bringen. Dann können Optimist, Pessimist und Realist diese Ideen gleich mitprüfen. Ein erster Lösungsansatz kann manchmal schon so vorangebracht werden. Doch vorrangig ist die schonungslose Einschätzung der Grundidee.

Übung 42 Lösungsideen verbessern: Das Team am runden Tisch

Die Verbesserung unausgereifter Lösungen ist in vielerlei Hinsicht möglich und nötig. Für ihre Weiterentwicklung kann manchmal mehr Kreativität gebraucht werden als für die Grundidee. Gerade im Detail können noch viele Fallen versteckt sein.

Aufgabe des Verbesserungsteams

In Unternehmen sind zum Teil ganze Teams aus unterschiedlichen Berufsgruppen damit beschäftigt, Grundideen in eine verwertbare Form zu bringen. Entsprechend können sehr verschiedene Anlagen in Ihrer Person gefordert sein, um eine Anfangslösung weiterzuentwickeln. Dabei können gerade die Fähigkeiten bei Ihnen gefragt sein, die sonst zu kurz kommen. Sie sollen hier nun eine Chance erhalten.

Es sind wieder innere Bilder, die das ermöglichen. Denn darin können Sie sich selbst in verschiedene Eigenschaften und Personen aufspalten – wie schon in Übung 41. Und aus diesen setzen Sie dann ein Team zusammen, in dem verschiedene Fähigkeiten den ersten Lösungansatz weiterentwickeln.

In diesem Team können die folgenden Fähigkeiten vertreten sein (ich nenne hier nur die männliche Form, obwohl Frauen genauso die entsprechende Funktion ausüben können):

- Der Schöpfer: Zuständig für kreative Ideen, Kombinationen, Veränderungen.
- Der Macher: Zuständig für optimistische Überwindung von Schwierigkeiten.
- Der Fachmann: Zuständig für notwendiges Fachwissen.
- Der Impulsive: Zuständig für spontane Empfindungen und Bewertungen.
- Der Informator: Zuständig für die Beschaffung von fehlenden Informationen.
- Der Rechner: Zuständig für die Kalkulation der Kosten.
- Der Warner: Zuständig für Risiken und Sicherheit.
- Der Koordinator: Zuständig für die erfolgreiche Arbeit des Teams.

Festlegung des Teams

Diese Personen setzen sich im inneren Bild um einen runden Tisch zusammen. Wenn Sie für die Weiterentwicklung bestimmte Personen und Eigenschaften nicht brauchen, verzichten Sie darauf. Versuchen Sie, die Zahl der benötigten Personen überschaubar zu halten. Das Entscheidende ist, dass gerade die Fähigkeiten im Team vertreten sind, die Sie jetzt brauchen. Oft sind das diejenigen Ihrer Fähigkeiten, zu denen Sie selbst wenig Vertrauen haben und die Sie deshalb zu wenig nutzen.

Wenn die Personen festliegen, die Sie benötigen, machen Sie sich zuerst von jeder dieser Personen ein Bild. Dafür gehen Sie so vor:

Sie entspannen sich und gehen möglichst auf die tiefere Wohlfühl-Ebene (Übung 9). Dann stellen Sie sich innerlich die benötigten Personen einzeln vor: Der Schöpfer etwa hat Bart und wilde Haarmähne. Lassen Sie ihn dann auch noch etwas Typisches sagen und eine passende Bewegung dazu machen. Er sagt beispielsweise: »Da habe ich eine Idee!«, und streckt dazu den Zeigefinger gen Himmel. Prägen Sie sich seine Schöpfer-Eigenschaft zusammen mit seinem Aussehen, seinem Satz und seiner Bewegung ein. Der Macher dagegen trägt beispielsweise Managerkleidung: also Anzug und Schlips. Er sagt etwa: »Das ist doch leicht!«, und schlägt dabei beide Hände zusammen. Prägen Sie sich auch das wieder ein. So gehen Sie alle benötigten Personen durch.

Arbeit des Teams

Wenn Sie das Personal zusammenhaben, darf es sich an die eigentliche Arbeit machen:

Sie sehen nun den runden Tisch vor sich. Er ist ziemlich groß. Die ausgewählten Personen sitzen drum herum. Der Raum und der Tisch sind von Lampen gelblich erleuchtet. Aber genau in der Mitte des Tisches ist ein von Tageslicht erhellter Kreis. Er wirkt gegenüber dem übrigen Raum und dem übrigen Tisch bläulich weiß und ziemlich hell.
Dann sehen Sie den Lösungansatz auf dem Tisch, der verbessert werden soll. Er liegt real da. Oder Sie sehen ihn in Symbolform, also als Wort, Anfangsbuchstabe oder in sonstiger Gestalt (Übung 5).
Dann eröffnet der Koordinator die Sitzung. (Der wird immer gebraucht!) Er fragt reihum die Meinung zu dem bisherigen Lösungsansatz ab. Wenn Sie einen Schöpfer in der Runde haben, schiebt er dem Schöpfer die noch unausgereifte Idee zu und fragt ihn, ob er einen Verbesserungsvorschlag dazu hat. Als Nächstes soll dann beispielsweise der Macher sagen, wie dieser Vorschlag organisiert werden könnte. Dem Impulsiven wird die Frage gestellt, wie er ihm gefällt. Der Informator darf sagen, ob und in welcher Weise noch Daten dazu

fehlen. Allerdings muss sich nicht jede Person äußern. Doch wird sie zumindest fragend angeblickt, ob sie etwas sagen möchte. Und wenn sie etwas sagt, eröffnet sie ihre Rede mit dem für sie typischen Satz und der entsprechenden Bewegung. Danach schiebt sie die bisherige Lösung zum nächsten in der Runde weiter.
Nach jeder Runde fasst der Koordinator den Stand der Dinge zusammen. Zugleich hält er die bisherige Lösung – oder das Wort oder Symbol dafür – in das Tageslicht in der Mitte des Tisches. In diesem Tageslicht zeigt sich nun, wie unvollständig die Lösung noch ist. Man sieht deutlich in diesem Licht, ob sie immer noch unausgereift ist oder schon näher an einem endgültigen Resultat.
Die Sitzung ist zu Ende, wenn eine ausgereifte Lösung erarbeitet wurde. Wenn dies nicht gelingt, wird die Sitzung vertagt bzw. aufgehoben.

Wenn Sie die Personen erst einmal als Typ charakterisiert und festgelegt haben – das allerdings kostet zugegebenermaßen etwas Zeit und Mühe –, kann solch eine Runde ziemlich zügig arbeiten. Aber je komplizierter das Problem und die zu findende Lösung ist, desto ungewisser ist auch, ob eine einzige Sitzung dafür ausreicht.

Fortführung der Verbesserungsarbeit

Müssen Sie die Runde abbrechen, können Sie zunächst ein anderes der hier angebotenen Verfahren einsetzen. Sie können beispielsweise ebenfalls die Verfahren der Übungen 32 bis 38 nutzen, um einen ersten Lösungsansatz weiterzuentwickeln. Aber der Vorteil des Teams am runden Tisch ist natürlich, dass Sie diejenigen Ihrer Fähigkeiten ausdrücklich ins Spiel bringen, denen Sie sonst vielleicht zu wenig zutrauen!

Übung 43 Akzeptanz prüfen: Einen Testgang unter Menschen machen

Manche Problemlösungen haben viel mit anderen Menschen zu tun. Denn sie sind auf deren Akzeptanz angewiesen. Entwickelt etwa ein Unternehmer ein neues Produkt, nützt es nicht viel, wenn er es selbst gut findet. Es muss auch seinen Kunden gefallen. Oder: Will jemand Kollegen mit einer Einladung überraschen, ist sein Aufwand umsonst, wenn am Ende niemand kommt. Manchmal geht es auch nur um einen einzigen Menschen, dem eine Lösung schmecken muss.
Was aber ist, wenn man jeweils vorher – aus verschiedenen Gründen – keine direkten Erkundigungen einziehen kann? Manche Firmen betreiben einen ho-

hen Aufwand, um die Marktfähigkeit von Produkten zu testen. Aber nicht jeder kann sich einen solchen Aufwand leisten. Oder es wäre eine Überraschung dahin, wenn man die Betroffenen vorher auf das Geplante anspräche.

Ansatz: Der virtuelle Nutzer

Die Frage ist dann jeweils: Wie kann man mögliche Lösungen daraufhin testen, ob sie Gefallen finden werden? Auch hier können innere Vorstellungen und Bilder weiterhelfen. Sie legen zunächst fest, von welchen Menschen oder Menschengruppen Sie die Meinung erfahren wollen. Dann gehen Sie so vor:

Sie entspannen sich möglichst tief (Übung 9). Danach suchen Sie innerlich einen Ort, an dem Sie den zu testenden Menschen begegnen wollen. Es kann irgendwo drinnen sein, aber genauso draußen. Es sollte ein für diese Menschen typischer Ort sein.
Dann begegnen Sie den Menschen an diesem Ort. Sie berichten ihnen von der Problemlösung, um die es geht. Sie stellen beispielsweise eine neue Dienstleistung vor. Oder Sie zeigen sie ihnen – wenn es sich um ein Ding, Produkt oder sonst etwas Sichtbares handelt. Notfalls beschreiben und erklären Sie den Menschen die Lösung genauer. Dann beobachten Sie, wie die Leute darauf reagieren – begeistert, gleichgültig, skeptisch oder ablehnend. Sie hören zudem hin, was die Menschen dazu sagen.

Ergebnisqualität

Ihre Intuition kann meistens gut Reaktionen anderer Menschen einschätzen und vorwegnehmen. Sie berücksichtigt in inneren Bildern Gesichtspunkte, die Sie sonst vielleicht übersehen. Und sie fasst vor allem viele verschiedene Eindrücke zu einer Gesamtwahrnehmung dieser Menschen zusammen. Allerdings kann Ihre Intuition nur so gut sein, wie Sie die Test-Personen und Test-Gruppen kennen. Wenn es um Familienmitglieder oder Kollegen geht, kann sie sehr gut sein. Wenn es aber etwa um mögliche Käufer eines Produktes geht, ist das nicht so sicher. Je ferner Ihnen ein Mensch oder eine Menschengruppe ist, desto unschärfer wird diese Testmethode. Ihre Intuition reagiert dann möglicherweise vor allem auf das, was Sie aus Filmen, Büchern oder Zeitschriften über diese Menschen erfahren haben.

Ein Ausweg kann sein, sich verschiedene Zielgruppen für die Problemlösung vorzustellen und zu testen. Wenn dann diese Gruppen in ähnlicher Weise in den inneren Bildern reagieren, ist das ein verwertbares Ergebnis. Noch besser wäre es, wenn mehrere Menschen aus verschiedenen Bevölkerungsgruppen eine Problemlösung in inneren Bildern überprüfen würden. Dann wäre das Ergebnis deutlich besser abgesichert.

Übung 44 Erfolg einschätzen: Mit dem roten Pfeil arbeiten

Zu jeder Aufgabe und zu jedem Problem gibt es Kriterien, die helfen, die Erfolgswahrscheinlichkeit einer Lösungsidee einzuschätzen. Es gibt fertige Checklisten, die auf verschiedene Punkte eingehen – etwa auf die Realisierbarkeit, die Kosten oder die Konkurrenzsituation. Es kann sehr nützlich sein, eine Prüfung nach solchen Listen vorzunehmen. Trotzdem möchte ich Ihnen noch eine weitere Möglichkeit anbieten. Dabei unterstelle ich, dass es zwei beteiligte Seiten bei der angestrebten Problemlösung gibt: Einmal Sie selbst, zum anderen aber noch weitere Menschen, die davon profitieren oder in sonstiger Weise betroffen sind.

Ansatz: Anbieter- und Nutzerperspektive

Ich gehe deshalb von zwei Perspektiven aus: Von Ihrer Perspektive als Anbieter einer Problemlösung, mit der Sie Ihre eigenen Interessen und Bedürfnisse verfolgen. Und von der Perspektive zukünftiger Nutzer Ihrer Lösungsidee, die gleichfalls eigene Interessen und Bedürfnisse haben. Innerhalb der jeweiligen Perspektive geht es um drei Bereiche: Um den Sinn und das Ziel des Angebots, um die dafür eingesetzten Mittel – also die konkrete Form des Angebots – und als Drittes um das persönliche Verhältnis zur jeweiligen Gegenseite. Insgesamt sind es sechs Kriterienbereiche, die ich heranziehe:

Problembeispiel

Anbieter	Nutzer
1. Sinn des Angebots	4. Sinn des Angebots
2. Konkrete Form des Angebots	5. Konkrete Form des Angebots
3. Verhältnis zum Nutzer	6. Verhältnis zum Anbieter

Wenn Sie beispielsweise die Idee haben, einen Laden für exklusive Damenhüte zu eröffnen, prüfen Sie nach diesem Schema:

1. Wie überzeugt sind Sie selbst von dem Sinn Ihrer Idee – sind Sie von Hüten begeistert und können Sie es als Ihre Lebensaufgabe betrachten, das Erscheinungsbild der Damenwelt positiv zu verändern?
2. Finden Sie den Verkauf im Laden wesentlich angemessener als im Versand? Finden Sie persönlich auch die Lage und das Aussehen Ihres Ladens sowie Ihre Preise angemessen?
3. Sind Ihnen die Trägerinnen exklusiver Hüte eine angenehme Klientel oder haben Sie heimlich Vorurteile gegen sie?
   Danach sollten Sie für die Nutzerseite prüfen:
4. Gibt es überhaupt Damen, die das Tragen exklusiver Hüte für sich persönlich sinnvoll finden – und gibt es genug von ihnen für Sie?

5. Was werden vermutlich solche Damen zu Ihrem Laden, dem Angebot und den Preisen sagen?
6. Wie werden solche Damen voraussichtlich auf Sie als Firma und auch auf Sie als Person reagieren, wenn Sie selbst die Hüte verkaufen?

Problembeispiel

Dasselbe lässt sich beispielsweise für die Idee durchspielen, dass Sie sich mit jemandem bei einem Abendessen wieder versöhnen wollen: Sie müssen sich dann erstens fragen, ob die Versöhnungsidee für Sie wirklich Sinn macht. Sie müssen sich zweitens fragen, ob Sie auch voll und ganz zu der vorgesehenen Art der Versöhnung stehen – also eben bei einem Essen. Und Sie müssen drittens prüfen, ob Sie die Gegenseite erst einmal so akzeptieren, wie sie Ihnen dann entgegentreten wird. Für die Gegenseite müssen Sie sich fragen, wieweit eigentlich diese Seite die Versöhnung sinnvoll findet, ein Abendessen als angemessenen Rahmen ansieht und Sie auch als Essenspartner akzeptiert (vielleicht haben Sie sich ja früher einmal bei einem Essen sehr danebenbenommen).

Wenn Sie diese sechs Kriterienbereiche zur Erfolgsbeurteilung heranziehen wollen – Sie können sie noch durch andere selbst gewählte Bereiche ergänzen –, dann gehen Sie so vor:

Sie entspannen sich und schließen die Augen. Dann prüfen Sie Ihre Lösungsidee nach den sechs Kriterien durch. Sie fragen sich beim ersten Kriterium: Wie angenehm und überzeugend ist für mich selbst der Sinn meines Angebots? Wie sehr stehe ich dahinter? Dann stellen Sie sich einen roten Pfeil vor, der sich senkrecht nach oben und senkrecht nach unten zu drehen vermag und dazwischen auch jede andere Stellung anzeigen kann. Auf diesen Pfeil blicken Sie nun. Er zeigt Ihnen das Ausmaß Ihrer inneren Überzeugtheit an: Stellung senkrecht nach oben heißt: Das Angebot ist für Sie selbst »völlig angenehm und überzeugend«. Stellung senkrecht nach unten heißt: Das Angebot ist für Sie selbst »absolut unangenehm und unglaubwürdig«. Stellungen dazwischen bedeuten entsprechende Abstufungen des Urteils.
Danach gehen Sie zu Kriterium zwei über: Wie angenehm und überzeugend ist für Sie selbst die Form Ihres Angebots? Dann kommt Kriterium drei: Wie angenehm und überzeugend ist für Sie Ihre Zielgruppe? – Sie achten jeweils wieder auf die Stellung des roten Pfeils! Und dann kommt die Perspektive Ihrer möglichen Nutznießer an die Reihe: Wie angenehm und überzeugend ist

für diese Menschen der Sinn Ihres Angebots? Wie angenehm und überzeugend ist für sie Ihre konkrete Angebotsform? Und wie angenehm und überzeugend sind Sie – oder die von Ihnen beauftragte Institution – als Anbieter für die Nutzer? – Sie achten immer wieder auf die Stellung des roten Pfeils.

Ergebnisinterpretation

Spätestens dann, wenn der rote Pfeil in einem Bereich nur noch halb nach oben zeigt, sollten Sie die Gründe dafür herauszufinden versuchen. Denn das ist ein Zeichen dafür, dass in diesem Bereich irgendwo Zweifel an Ihnen nagen. Da könnte also eine Schwachstelle Ihres Angebots liegen. Das ist dann zwar kein Grund, die Idee gleich zu verwerfen. Aber es ist ein Anlass, über Verbesserungsmöglichkeiten nachzudenken. Nur wenn zu viele Pfeile nach unten zeigen und keine durchgreifende Abhilfe in Aussicht ist, ist es vermutlich fällig, rigoros Abschied von der Idee zu nehmen.

Eine grundsätzliche Gefahr bei vielen Ideen ist, dass die wirkliche Überzeugung fehlt: Man will einfach nur irgendetwas tun. Meist fehlt dann das Durchhaltevermögen. In einem solchem Fall sollte der Pfeil im ersten Kriterienbereich fast senkrecht nach unten zeigen – und von weiteren Absichten Abstand genommen werden.

Das Gegenteil davon ist, dass ein Anbieter seine eigene Begeisterung einfach auf mögliche Nutzer überträgt. Das ist gar nicht so selten anzutreffen. Wie viele Läden werden eingeräumt und bald wieder ausgeräumt, weil die Gründer oder Gründerinnen nur in die Idee oder in die Waren vernarrt waren. Sie haben das Geschäft nie wirklich aus der Sicht möglicher Käufer betrachtet. Würden sie diese Perspektive nach den genannten Kriterien überprüfen, sollten sich bei ihnen die Pfeile kräftig nach unten drehen.

Vielleicht fragen Sie jetzt am Ende noch: Und was ist, wenn ich allein sowohl mein eigener Anbieter als auch Nutzer bin und wenn es sonst keine weiteren Nutzer gibt? Was also ist, wenn ich etwa ausgefallene Aschenbecher sammeln will? Dann betrachten Sie einfach einmal die Aschenbecher als die Nutzer – also das Objekt, mit dem Sie umgehen wollen. Und fragen Sie dann: Ist es für die Aschenbecher angenehm, gesammelt zu werden? Ist für die Aschenbecher die Form angenehm, wie sie gesammelt werden sollen? Und ist es für sie angenehm, gerade von mir gesammelt zu werden? Sie können auf überraschende Antworten stoßen!

Übung 45 Lösungen erproben: Verschiedene Wege gehen

Es gibt häufig mehrere Lösungsmöglichkeiten für ein Problem. Und wenn das Problem insgesamt sehr vielschichtig ist, kann es schwer sein, die richtige Wahl zu treffen. Denn man hat Mühe zu überblicken, was bei der einen oder anderen Lösung letztlich herauskommt. In solch einem Fall würde man aber gern erst einmal mehr wissen, bevor man sich entscheidet. Das gilt insbesondere bei Entscheidungen, die die eigene Existenz betreffen.

Die Wahlmöglichkeiten lassen sich allerdings durchaus ausprobieren. Innere Bilder bieten die Möglichkeit dazu. Und zwar auf folgende Weise: Man stellt sich innerlich die verschiedenen möglichen Lösungen jeweils als einen Weg vor. Diesen Weg geht man ein Stück und prüft, was auf diesem Weg zu finden ist. Im Anschluss daran vergleicht man die Wege. Die Intuition gestaltet die Wege so, dass die entscheidenden Punkte deutlich werden. Zur Prüfung Ihrer Möglichkeiten nach dieser Methode gehen Sie so vor:

Sie entspannen sich möglichst tief (Übung 9). Dann stellen Sie sich innerlich einen Wegweiser vor. Er steht an einer Wegkreuzung. Diese Kreuzung hat so viele Wege, wie Sie Möglichkeiten erproben wollen. Auf den Armen des Wegweisers stehen diese Möglichkeiten angeschrieben und weisen jeweils auf einen Weg. Sie gehen dann jeden Weg ein Stück und sehen, wie er sich entwickelt: Sie prüfen, wie gut der Weg begehbar ist, was Ihnen unterwegs begegnet und wie sich die Umgebung rechts und links vom Weg gestaltet. Zuletzt blicken Sie in die Ferne und versuchen so Ihre weitere Zukunft einzuschätzen.

Ergebnisbeispiel

Wie kann es Ihnen da ergehen? Eine Wissenschaftlerin hat mich zum Beispiel einmal aufgesucht, um eine Entscheidungshilfe zu bekommen. Sie stand vor der Frage, ob sie eine ihr angebotene Stelle in der Forschung an einer Universität annehmen sollte. Zugleich hatte sie ein Stellenangebot von einem unabhängigen Institut. Die Arbeit in diesem Institut schien ihr deutlich interessanter zu sein. Aber an der Universität hatte sie die Möglichkeit der Verbeamtung und eine gesicherte Laufbahn vor sich. Sie erhielt von mir die Anleitung, wie sie diese zwei Wege innerlich ausprobieren kann. Und ich habe sie dabei begleitet. Der erste Weg, die Universitätslaufbahn, führte vom Wegweiser aus in einen Nadelwald. Die Bäume standen in Reih und Glied. Der Weg lief schnurgerade hindurch. Sie ging ihn ein Stück, aber auch der Blick in die Ferne verhieß nichts besonders Interessantes. Der andere Weg führte zunächst zu einer Waldbühne. Die Frau setzte sich in die leeren Reihen. Unten probten Schauspieler ein Stück. Sie erkannte plötzlich, dass da ihr Leben gespielt wurde. Es wirkte spannend. Das genügte eigentlich schon als Eindruck vom zweiten Weg. Aber er ging hinter der Bühne weiter. Dort gab es Laubwald, Kurven im Weg und in der Ferne kleine Gewässer. Später rief mich die Frau an und teilte mir mit, dass sie sich für den lebendigeren Weg, das spannendere Leben und gegen die Universitätslaufbahn entschieden hatte.

Wenn Sie diese Methode ausprobieren, führen die Testwege Sie natürlich nicht unbedingt in den Wald. Sie bringen Sie vielleicht auch in die Stadt oder auf das Wasser. Unser Unbewusstes hat unendlich viele Möglichkeiten, sich auszudrücken, die Wege zu gestalten und Ihnen die gewünschte Botschaft zu übermitteln. Lassen Sie sich überraschen!

Übung 46 Möglichkeiten durchchecken: Die Tür zum Erfolg finden

Ansatz: Relation Einsatz zu Erfolg

Auf der Suche nach einer Problemlösung kann sich eine Vielzahl von Möglichkeiten auftun. Aber nicht alle erfordern denselben Arbeitsaufwand und Einsatz. Und nicht alle versprechen denselben Erfolg. Bei kleineren Problemen ist das nicht so wichtig. Aber wenn davon beispielsweise ein ganzes Berufsleben abhängt, dann ist das schon bedeutsam. Sucht man etwa Möglichkeiten, sich selbstständig zu machen, so kann man auf Gelegenheiten mit ungeheurem Arbeitsaufwand und zweifelhaften Verdienstchancen stoßen. Es gibt aber auch Möglichkeiten mit weniger Aufwand und deutlich größeren Einkommensaussichten. Eine wesentliche Erfolgsstrategie ist, die letztgenannten Möglichkeiten zu erkennen und auszuwählen.

Wir haben ein inneres und intuitives Empfinden für erfolgreiche und weniger erfolgreiche Möglichkeiten. Dieses Empfinden kann allerdings überlagert sein von vordergründigen Wahrnehmungen, Wünschen, Überlegungen und vor allem von den Meinungen anderer Menschen. Um unser Urteilsvermögen zu unterstützen, können wir innere Bilder nutzen. Sie informieren uns, wie wir tiefer in uns drinnen einzelne Möglichkeiten beurteilen. Sie können auf folgende Weise Aufwand und Erfolg prüfen:

Sie entspannen sich und schließen die Augen. Sie gehen möglichst auf die tiefere Wohlfühl-Ebene (Übung 9). Dann stellen Sie sich innerlich einen Gang mit Türen vor. Auf den Türen sind Aufschriften mit den verschiedenen Möglichkeiten, die Sie prüfen wollen – auf jeder Tür eine andere. Sie versuchen nun die Tür zur ersten Möglichkeit zu öffnen. Sie registrieren dabei den von Ihnen zu leistenden Aufwand. Geht die Tür nur mühsam oder erst einmal gar nicht auf, bedeutet das hohen Anfangseinsatz. Oder finden Sie dahinter

etwa schwer zu übersteigendes Gerümpel oder einen kaum begehbaren Gang, dann heißt das, dass noch mit weiter anhaltender Mühsal zu rechnen ist. Das völlige Gegenteil wäre etwa eine nur angelehnte Tür, die sich schon auf leichten Druck öffnet und einen leeren, breiten, langen Gang freigibt.
Danach achten Sie auf die Größe der Räume und das Licht darin. Enge und düstere Räume sprechen für eine wenig erfolgreiche Zukunft. Wenn die Räume sich dagegen nach hinten erweitern und immer lichter werden, deutet das auf verheißungsvolle Perspektiven hin.

Bedingung: Hinreichende Information

In diesen Bildern symbolisiert also der Zugang zu den Räumen hinter der Tür die aufzuwendende Mühe. Zugleich stehen die Enge oder Weite der Räume und das Licht in ihnen für den zu erwartenden Erfolg. Mit diesen Bildern sagt Ihnen Ihre Intuition, wie sie die verschiedenen Möglichkeiten einschätzt. Allerdings kann ihre Intuition nur so weit zuverlässig urteilen, wie ihr auch Informationen zugänglich sind. Es ist also zunächst nötig, dass Sie sich hinreichend über die infrage stehenden Möglichkeiten und ihre wichtigsten Details informieren.

Sie können sich allerdings in solchen inneren Bildern auch auf neue und noch unbekannte Möglichkeiten einlassen. Das besonders, wenn hinter den bis dahin geöffneten Türen nichts Überzeugendes zu finden war. Sie müssen dann also nicht gleich aufgeben. In solchen Fällen machen Sie Folgendes:

Sie sehen wieder einen Gang mit Türen vor sich – er kann an den ersten Gang anschließen. Die in diesem Gang zu findenden Möglichkeiten sind Ihnen aber unbekannt. Sie schauen hin, ob Sie vielleicht auf einer Tür eine Aufschrift dazu finden. Vielleicht ist da schon eine neue Möglichkeit zu lesen. Oder Sie können Türen einfach öffnen und sehen, was dahinter ist – wenn sie zu öffnen sind. Vielleicht ergeben sich so weitere Ideen.

Vielleicht kommen Sie so auf eine neue Möglichkeit. Oder Sie entdecken etwas, das Sie schon früher einmal beschäftigt hat, dann aber wieder in Vergessenheit geraten ist.

Haben die inneren Bilder tatsächlich einen wichtigen Hinweis auf eine Erfolgsmöglichkeit gegeben, heißt das zunächst nur, dass Sie sich darauf besonders konzentrieren sollten. Sie sollten sich damit ausgiebiger rational beschäftigen. Sie brauchen eine verstandesmäßige Absicherung des innerlich Gesehenen. Bei solch rationaler Überprüfung kann sich durchaus noch etwas ändern. Die Perspektiven können sich zunehmend als kritisch erweisen – oder aber positiver werden!

Übung 47 Gute Gelegenheiten ergreifen: Ausrufezeichen und Stoppsignal einsetzen

Manche Problemlösung braucht keine lange Überlegung, sondern blitzartiges Zugreifen. Sie ist einfach da. Das Leben wirft sie Ihnen vor die Füße. Und wenn Sie sie nicht sofort aufheben, ist sie schon wieder entschwunden. Das kann etwa sein, wenn Sie schon länger in einer privaten Angelegenheit den Chef fragen wollten – sich aber bisher nicht trauten. Nun begegnet Ihnen der Chef unvermutet im Supermarkt. Es wäre die gute Gelegenheit, ihm etwa zu sagen: »Wenn ich Sie hier nun privat treffe, darf ich Sie dann auch einmal privat etwas fragen?« Er wird die Augenbrauen erstaunt hochziehen, aber Sie sicher reden lassen. Und vielleicht erreichen Sie so mehr als bei einem offiziellen Termin mit ihm.

Unsicherheit: Was ist eine gute Gelegenheit

Allerdings ist die Frage: Was sind gute Gelegenheiten und was sind nicht so gute Gelegenheiten? Viele plötzliche Chancen werden nicht ergriffen, weil man sich unsicher fühlt. Man weiß auf die Schnelle nicht, worauf man sich einlässt. Oder man überblickt nicht, ob sich aus einer halben Gelegenheit noch etwas machen lässt, das die eigenen Wünsche ganz erfüllt. Auch in solchen Situationen kann die Intuition nützlich sein. Man gibt dann die Entscheidung weitgehend an sie ab. Allerdings müssen Sie sich für solche Situationen zunächst trainieren. Sie müssen vorbereitet sein, damit Sie dann eine gute Gelegenheit tatsächlich sofort erfassen und nutzen können. So trainieren Sie sich für solche Situationen:

Sie entspannen sich und schließen die Augen. Dann stellen Sie sich etwas Gutes vor – eine Leckerei, Ihr Lieblingskleidungsstück oder einen sonstigen angenehmen Gegenstand. Danach stellen Sie sich etwas Schlechtes vor – es kann etwas Ähnliches sein, aber eben unangenehm und schlecht. Wenn Sie wollen, nehmen Sie dafür auch einfach Müll.
Nun lassen Sie sich – in einem zweiten Schritt – ein großes grünes Ausrufezeichen vor Augen treten. Es soll Ihnen gute Gelegenheiten anzeigen, die Sie unbedingt ergreifen sollten. Und dann stellen Sie sich ein rotes Stoppzeichen vor – Sie kennen es als Verkehrszeichen. Es soll Sie vor Gelegenheiten warnen, die Sie auf keinen Fall ergreifen dürfen. (Wenn Ihnen das lieber ist, können Sie sich stattdessen aber auch eine grüne und eine rote Ampel vorstellen.)
Die eigentliche Übung kommt im dritten Schritt. Sie stellen sich nun vor: Das Gute, das Sie sich anfangs ausgesucht haben, wird Ihnen vor die Füße geworfen. Und sofort sehen Sie dazu das grüne Ausrufezeichen vor sich. Danach wird Ihnen das Schlechte vor die Füße geworfen – und gleich stellen Sie

sich das Stoppsignal vor. Das machen Sie ein paar Mal hintereinander. Danach ist etwas Gutes mit dem grünen Ausrufezeichen und etwas Schlechtes mit dem roten Stoppsignal gekoppelt. Um die Koppelung zu prüfen und zu festigen, sollten Sie anschließend noch andere gute oder schlechte Dinge auftauchen lassen und mit den beiden Zeichen darauf reagieren.

Später können Sie hin und wieder überprüfen, ob die innere Koppelung noch besteht. Ist es so und ergibt sich dann tatsächlich eine Gelegenheit, zeigt Ihre Intuition an: Achtung, dies ist jetzt eine gute Gelegenheit – zugreifen! Oder Stopp, eine schlechte Gelegenheit – Finger weg! Sie brauchen nur kurz in sich zu gehen und zu schauen, welches Zeichen Ihnen innerlich vor Augen tritt. Sie sind dann so für alle Gelegenheiten gerüstet.

Übung 48 Niederlagen nutzen: Zukunftsweisendes Verhalten entwickeln

Misserfolge sind in gewissem Umfang unvermeidbar. Jedes Kind erlebt sie, wenn es nach Gegenständen zu greifen übt. Fast jeder Vertreter erleidet sie, der sich bemüht, Aufträge hereinzuholen. Fast jeder Mann oder jede Frau erfährt sie bei Annäherungsversuchen an das andere Geschlecht.

Was ist ein Misserfolg? Ein Misserfolg ist der nicht geglückte Versuch, eine Aufgabe in einer bestimmten Weise zu lösen. Er ist zunächst noch keine Niederlage. Er wird erst dann dazu, wenn zusätzlich das Gefühl wesentlicher Verluste hinzukommt. Das ist vor allem dann der Fall, wenn man viel investiert hat oder sich entscheidender Handlungsmöglichkeiten beraubt sieht – wenn man also ziemlich hilflos wird. Dann kann man auch ins Jammern kommen und womöglich in Selbstmitleid verfallen. Gelingt es dagegen, einen bedeutenden Handlungsspielraum aufrechtzuerhalten oder wiederzugewinnen, fühlt man sich nicht so ohnmächtig. Dann kann man den Blick auf neues Handeln richten und wieder aktiv werden.

Niederlage: Das subjektive Erleben von starker Hilflosigkeit

Wenn von den Erfolgen junger Firmengründer berichtet wird, wird oft unterschlagen, dass viele von ihnen zuvor herbe Niederlagen eingesteckt haben. Diese Niederlagen haben Fehler aufgedeckt und erst deren Beseitigung brachte den späteren Aufstieg. Häufig waren diese Niederlagen die Quelle des späteren Durchbruchs. Das kann beispielsweise auch bei der Erziehung so sein. Denn dort unterlaufen jedem Menschen Missgriffe und peinliche Niederlagen. Erst die richtigen Konsequenzen daraus machen einen Vater zu einem guten Vater und eine Mutter zu einer guten Mutter.

Für Niederlagen können zwar unglückliche Umstände verantwortlich sein. Meistens aber haben sie eher mit Fehlentscheidungen zu tun. Eigenes Verhalten spielt also eine wichtige Rolle – und sei es nur in Form mangelnder Flexibilität bei einem Unglück oder mangelnder Vorausschau und Absicherung. Jedenfalls ist allein durch eigenes Handeln eine Niederlage zu überwinden und eine positive Entwicklung möglich.

Hilfsmittel: Überprüfung von Grundhaltungen

Nach einer Niederlage geht es immer um eine Analyse des eigenen Handelns. Allerdings gibt es viele mögliche Einzelgründe für Niederlagen – vom falschen Handgriff bis zum falschen Wort zum falschen Zeitpunkt. Mit Sicherheit ist es wichtig, solche Einzelgründe zu analysieren. Genauso wichtig kann es aber sein, die dahinter befindlichen Grundhaltungen zu überprüfen. Es gibt problematische Verhaltensweisen, die nicht nur immer wieder zu Einzelfehlern führen, sondern eine prinzipielle Fehlerquelle sind. Diese Grundhaltungen zu erkennen und zu ändern, kann neuen Erfolg oder überhaupt Erfolg bringen.

- Eine problematische Grundhaltung ist beispielsweise: Eine überzogene Ausrichtung auf eigene Bedürfnisse, eigene Vorlieben, eigenes Können und Wissen. Die Bedürfnisse und Meinungen anderer kommen zu kurz – wie etwa die von Kunden oder Kindern.
- Eine zweite problematische Grundhaltung ist das Gegenteil von der ersten: Eigene Bedürfnisse, eigenes Können und Wissen finden wenig Berücksichtigung. Im Vordergrund steht eine starke Ausrichtung auf die Interessen und Meinungen anderer.
- Eine dritte problematische Grundhaltung ist: Relativ starres Klammern an Bewährtes oder Überkommenes. Mit einer gewissen Sturheit werden bisherige Verhaltensweisen beibehalten oder Pläne durchgezogen. Notwendige Anpassungen kommen häufig zu spät.
- Eine vierte problematische Grundhaltung ist wiederum das Gegenteil von der dritten: Es herrscht übergroße Flexibilität. Neues wird überstürzt eingeführt. Angefangenes wird nicht konsequent zu Ende gebracht oder wieder fallen gelassen. Man fährt einen Zick-Zack-Kurs.

Sie können im Folgenden nachprüfen, ob eine dieser Grundhaltungen an Ihrer Niederlage wesentlich beteiligt ist. Ich schlage Ihnen dafür folgendes innere Bild vor:

Sie entspannen sich und schließen die Augen. Dann sehen Sie sich selbst daliegen – in Ihrer Niederlage. Über Ihnen schwebt ein Kreis. In diesem Kreis steht »Zuerst ich«, und gemeint ist damit die erste beschriebene problematische Grundhaltung. Unten an diesem Kreis ist eine Faust. Und Sie schauen nun hin, ob diese Faust immer noch auf und ab geht und dafür verantwortlich ist, dass Sie niedergeschlagen daliegen.
Danach prüfen Sie die nächsten problematischen Grundhaltungen in derselben Weise: Nun steht im Kreis »Zuerst andere«, dann »Starrheit und Sturheit« und schließlich »Inkonsequenz und Zick-Zack-Kurs«. Anschließend können Sie selbst noch andere Haltungen, die Ihnen spontan einfallen, in den Kreis schreiben und in derselben Weise überprüfen.

Wenn sich dabei eine Haltung ergibt, die – dem Bild nach – deutlich an Ihrer Niederlage beteiligt ist, gehen Sie dem genauer nach. Überprüfen Sie, welche Fehler konkret darauf zurückzuführen sind. Machen Sie sich alle Folgen der problematischen Haltung klar. Sichern Sie sich auch rational ab, dass die innerlich gefundenen Zusammenhänge wirklich existieren.

Ziel: Die Mitte zwischen den Extremen

Danach geht es an den nächsten Schritt: Die Änderung Ihres Verhaltens. Es ist dann die Frage, welche neue Grundhaltung Sie benötigen. Sie könnten dazu neigen, nun ins völlige Gegenteil zu verfallen. Aber damit machten Sie nur andere Fehler. Optimal jedoch wäre ein Mittelwert zwischen den Extremen. Sie würden sich dann meistens in der Mitte bewegen – und nur ab und an mal in das eine oder in das andere Extrem verfallen, wenn das wirklich sinnvoll und nötig ist.

Wenn Sie eine solche mittlere Haltung finden wollen, gehen Sie in mehreren Schritten vor:

Sie entspannen sich wieder. Dann stellen Sie zunächst sich selbst mit der bisherigen falschen Haltung vor. Sie sehen sich in dieser Form vor sich. Sie schauen sich an, wie Ihr Gesicht, Ihre Hände und Ihre Haltung sind.
Der nächste Schritt: Sie sehen sich ein zweites Mal – aber ein Stück neben Ihrer ersten Gestalt und nun in einer Haltung, die das völlige Gegenteil der ersten Haltung ist. Sie sehen sich wieder ganz genau vor sich – aber eben mit umgekehrtem Verhalten. Sie schauen sich an, wie jetzt Ihr Gesicht, Ihre Hände und Ihre Haltung sind.
Der dritte Schritt: Sie sehen sich selbst ein drittes Mal – nun aber zwischen den beiden bisherigen Gestalten. Zugleich sind Sie größer. Ihr Verhalten liegt nun in der Mitte zwischen den beiden bisherigen Haltungen. Schauen Sie es sich wieder genau an. Und versuchen Sie etwas Besonderes – eine Geste oder

ein Kennzeichen – an dieser Gestalt zu erkennen, das für die Mitte zwischen den beiden extremen Haltungen rechts und links charakteristisch ist.
Schließlich begeben Sie sich in die mittlere Gestalt hinein. Sie spüren nun, wie es ist, diese mittlere Haltung einzunehmen. Springen Sie danach noch einmal kurz in die falsche anfängliche Haltung hinein und anschließend auch in die Haltung, die das Gegenteil davon darstellt. Spüren Sie deutlich die Unterschiede zwischen den Haltungen. Zuletzt kehren Sie in die mittlere Haltung zurück.

Versuchen Sie sich das Besondere – die Geste oder das Kennzeichen – zu merken, das für die mittlere Haltung charakteristisch ist. Das hilft Ihnen, dieses Verhalten leicht wieder zu finden.

Prüfen Sie zum Schluss, ob es Ihre Niederlage mit der neuen Haltung nicht gegeben hätte. Sie sollten jetzt deutlich spüren, dass Sie mit der mittleren Haltung auf Erfolgskurs sind. Sie sollten fühlen, dass Ihre Sinne damit richtiger wahrnehmen als vorher, dass Ihr Denken so in effektiveren Bahnen verläuft und dass Ihr Verhalten jetzt nahezu optimal ist.

Übung 49 Hindernisse beurteilen: Berg und Zielankunft betrachten

Äußere Hindernisse

Bei jeder Aufgabe und Problemlösung treten Hindernisse auf. Ein anspruchsvolles Ziel ist selten ohne Komplikationen zu erreichen. Kleinere Hindernisse gehören wie selbstverständlich dazu. Aber größere Hindernisse können Projekte zum Scheitern bringen. Gesetze beispielsweise können so hohe Hürden aufbauen, dass Ideen daran zerschellen. Banken, auf deren Geld man angewiesen ist, erweisen sich als schier unüberwindbarer Engpass. Oder ein Fachmann, ohne den es einfach nicht geht, wird ernsthaft krank. Das sind alles bedrohliche Hindernisse.

Innere Hindernisse

Viele Hindernisse liegen allerdings in uns selbst: Wir sind ungeduldig, fühlen uns überfordert, halten uns für nicht kompetent genug. Diese inneren Hemmungen werden leicht auf ein Vorhaben projiziert: Es erscheint dann als zu groß, zu anspruchsvoll, zu riskant oder zu unüberschaubar. Zum Teil scheitern wir dann nicht am Projekt selbst, sondern an unserer Wahrnehmung. Wir schätzen das Projekt falsch ein, sehen mehr Schwierigkeiten, als real vorhanden sind, und reagieren unangemessen.

Bei Hindernissen sollte man sich nicht von den ersten Wahrnehmungen und Gefühlen leiten lassen. Auch die erste verstandesmäßige Einschätzung kann täuschen. Deshalb ist es sinnvoll, zusätzlich die Intuition zu befragen. Sie stützt sich vielfach auf unterschwellige Informationen und Erfahrungen, die nur ihr zugänglich sind. Ich schlage Ihnen folgendes innere Bild dafür vor:

Sie entspannen sich und schließen die Augen. Sie gehen möglichst auf die tiefere Wohlfühl-Ebene (Übung 9). Dann stellen Sie sich einen Weg vor, der auf einen Hügel oder Berg zuläuft. Diese Erhebung auf Ihrem Weg steht für das Hindernis, das sich Ihnen im realen Leben entgegenstellt. Sie schauen sich zunächst dies Hindernis auf Ihrem Weg von vorn an: Wie groß ist es? Wie steil, unzugänglich, unüberwindlich sieht es aus? Danach fliegen Sie einfach mal drüber hinweg und schauen es sich von oben und hinten an. Sie prüfen: Wie ausgedehnt ist es? Wie ist seine Beschaffenheit auf der Rückseite?
Danach prüfen Sie: Wie ist das Hindernis zu überwinden? Gibt es Schleichwege oder Umgehungen? Sind Brücken zu bauen? Ist alles zu untertunneln? Zuletzt schauen Sie nach, ob Ihr Weg auch noch hinter dem Hindernis weiterführt. Dort versuchen Sie ein Schild mit der Aufschrift »Ziel« zu erkennen. Wenn es dieses gibt, wie sieht dann das Ziel da aus: Ist es dürftig und kaum wahrzunehmen? Oder ist es prächtig und großartig ausgebaut?

Interpretationsbeispiele

Dieses Bild kann Ihnen etliche Informationen geben. Allerdings geht es nicht ohne Deutung der Symbolsprache, die Ihr Unbewusstes dafür verwendet. Wenn beispielsweise das Hindernis relativ niedrig, aber sehr lang ist, kann das heißen: Sie brauchen dafür einen langen Atem. Wenn es dagegen steil und hoch, aber nur kurz ist, kann das bedeuten: Sie brauchen zunächst viel Anfangsenergie – aber danach ist es nicht mehr schwierig. Wenn Sie eine Stelle entdecken, wo das Felsmassiv zu untertunneln ist, was natürlich ein beachtliches Stück Arbeit ist, kann das bedeuten: Sie brauchen erst einmal zähe Festigkeit, um sich durch harte Widerstände durchzuarbeiten. Oder vielleicht zeigen sich neben dem Hindernis Schlängelwege, auf denen es zu umgehen ist. Das sind Hinweise auf die Möglichkeit, sich in geduldiger Kleinarbeit Wege am Hindernis vorbei zu erschließen.

Natürlich interessieren Sie sich für Ihre Erfolgsaussichten. Die können Sie am Ziel ablesen. Sieht das Ziel eher dürftig aus, sind Ihre Chancen nicht so gut, das Hindernis zu überwinden und dort anzukommen. Ist das Ziel dagegen prächtig und großartig, wird dort auf jeden Fall mit Ihrer Ankunft gerechnet. Es liegt dann nur an Ihnen – sagt Ihnen Ihre Intiution –, sich konsequent an die Überwindung des Hindernisses zu machen.

Kapitel 6
Entscheidungen treffen

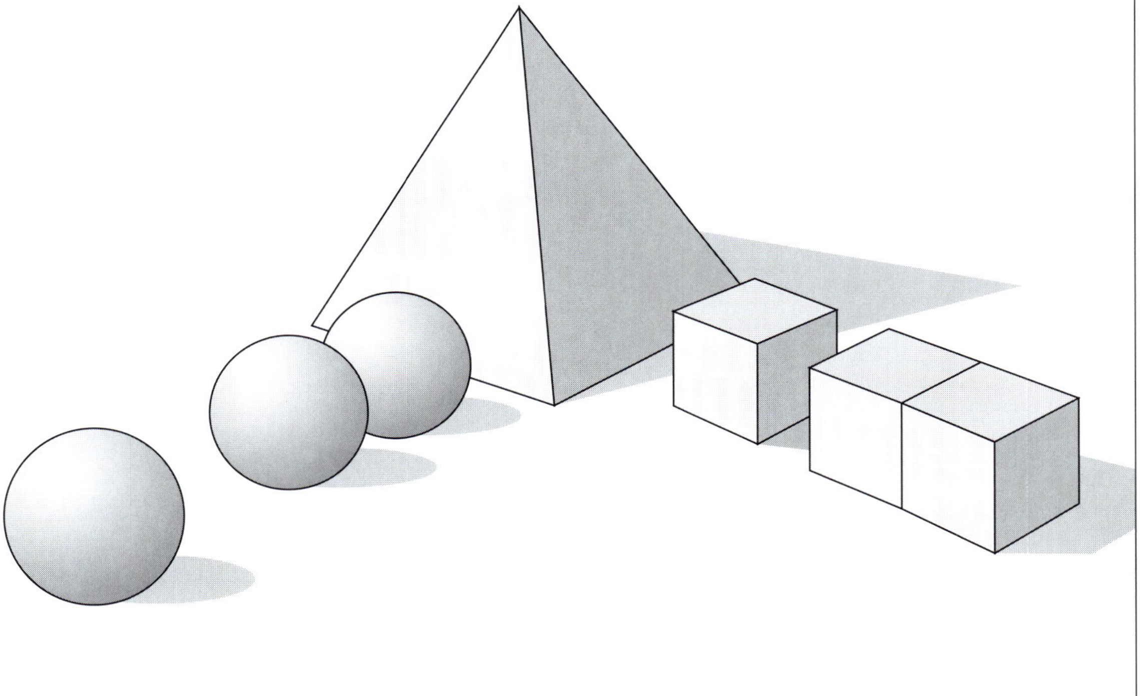

Übung 50 Argumente zusammenfassend bewerten: Das innere Ja oder Nein

Sicher kennen Sie das: Sie haben ein Problem schon in alle Richtungen gedreht und gewendet. Sie haben mögliche Lösungen dazu entwickelt. Doch damit ist Ihre Entscheidung noch längst nicht gefallen. Denn wenn es um den konkreten Entschluss geht, tauchen innerlich Widerstände auf. Eine Entscheidung bedeutet oft, sich auf eine einzige Lösungsmöglichkeit einzulassen. Man muss sich also festlegen und ist von da an festgelegt. Das aber heißt: Man entscheidet sich gegen einige bis dahin noch mögliche Visionen und Hoffnungen. Das ist beispielsweise der Fall, wenn man die endgültige Wahl zwischen zwei möglichen Partnern zu treffen hat. Der innere Widerstand beruht dann darauf, dass eine solche Entscheidung gleichzeitig für und gegen jemanden zu fällen ist.

Ein anderer Widerstand ergibt sich manchmal daraus, dass nach der Entscheidung Aktivität gefordert ist. Die ausgesuchte Problemlösung muss in die Realität umgesetzt werden. War es bisher beispielsweise die Frage, ob ein Haus gemietet oder gebaut werden sollte, geht mit der Entscheidung für den Bau die Arbeit los. Bis dahin war noch das meiste vom Sessel aus zu regeln.

Entscheidungswiderstände

Ein weiterer Widerstand resultiert aus versteckten Ängsten, weil eine Entscheidung Risiken mit sich bringt. Wer sich für einen bestimmten Job entscheidet, weiß oft erst Jahre später, ob er die dabei angestrebte Position tatsächlich erhält. Und Widerstand entsteht auch, wenn eine Entscheidung Verluste bedeuten kann. Das gilt etwa für einen Lehrer, der aus der Beamtenlaufbahn aussteigt und sich auf dem freien Markt Arbeit sucht. Vielleicht findet er zwar eine Arbeit, die ihm liegt. Aber die finanzielle Sicherheit des Beamtenstatus geht verloren.

Entscheidungen fallen schwer, weil die beschriebenen Widerstände zu überwinden sind. Sie liegen dabei oft nicht offen zutage, sondern verstecken sich hinter rationalen oder auch irrationalen Argumenten. Dies vorausgeschickt wird klar, warum Entscheidungsprozesse so nervig und anstrengend sein können.

Häufig gibt es bei Entscheidungen nur ein Ja oder Nein: Man hat allein diese zwei Möglichkeiten. Man muss zwischen beiden wählen. Es existiert keine Alternative und keine Ausweichmöglichkeit. Diese relative Überschaubarkeit schützt aber nicht vor einer mühsamen Entscheidungsfindung, die immer wieder von Zweifeln begleitet ist. Die beiden Entscheidungsmöglichkeiten sehen dann konkret so aus: Es findet eine Veränderung statt (man heiratet beispielsweise) oder es wird alles beim Alten gelassen (man heiratet eben nicht). Oder die zwei Möglichkeiten lauten: Eine Veränderung geschieht sowieso (etwa ein Umzug), aber diese Veränderung lässt sich auf die eine Weise vollziehen (man zieht danach in eine Betriebswohnung) oder sie wird auf eine andere Weise realisiert (man mietet eine Wohnung auf dem freien Markt). Jeweils eine der beiden Möglichkeiten wird dann als »Ja« und die ander als »Nein« deklariert.

Erste Stufe: Rationale Argumente sichten

Vor einer Entscheidung sollten Sie sich zunächst – als erste Stufe – mit rationalen Argumenten beschäftigen. Dabei geht es beispielsweise um Argumente wie Sicherheit, Kosten, besondere Vor- oder Nachteile. Also um all das, was der Verstand ganz gut bewerten kann. Am besten, Sie kommen mit solchen Argumenten schon so weit, dass Sie eine vorläufige Entscheidung treffen können. Dann haben Sie bereits ein rationales Ergebnis. Danach folgt – als zweite Stufe – das Beschäftigen mit Gefühls-Argumenten. Da kommen emotionale Argumente wie persönliche Interessen, Bedürfnisse, besondere Rücksichten oder Abneigungen ins Spiel. Auch damit sollten Sie sich auseinandersetzen. Allerdings ist eine eigenständige Bewertung von Gefühlsgründen schwierig. Ihr Stellenwert kann leicht schwanken. Trotzdem sollten Sie eine vorläufige und separate Gefühlsentscheidung suchen.

Zweite Stufe: Gefühlsargumente wägen

Danach haben Sie eine rationale und eine emotionale Vorentscheidung. Wenn beide gleich lauten, also zweimal klar »Ja« oder zweimal klar »Nein«, ist damit schon ein Endergebnis da – nämlich volle Zustimmung oder volle Ablehnung. An solch einem Ergebnis gibt es meistens wenig zu deuteln – es ist eindeutig. Schwieriger ist es, wenn Differenzen zwischen Verstand und Gefühl auftreten. Oder wenn keine klaren Vorentscheidungen zu fällen waren. Dann halten sich entweder positive und negative Argumente weitgehend die Waage, oder eben die dargestellten Widerstände machen sich bemerkbar. In solch einem Fall können Sie in sich hinein spüren:

> *Fühlen Sie sich durch die rationalen Argumente angenehm angeregt, harmonisch und zufrieden? Oder ist das Gegenteil der Fall: Gibt es innerlich einen Widerstand gegen diese Argumente? Fühlen Sie sich dadurch angespannt, unzufrieden und vielleicht sogar gelähmt? Bestätigt also Ihr Gefühl im Wesentlichen die rationalen Argumente oder widerspricht es ihnen?*

Auch so ist ein möglicher Einklang von rationalen und emotionalen Argumenten festzustellen – oder aber der Widerspruch von beiden. Im Übrigen können Sie versuchen, Ihrer Intuition ein Gesamturteil zuzuschieben – an unklaren Argumenten oder versteckten Widerständen vorbei. Das lässt sich in entspanntem Zustand mit geschlossenen Augen so machen:

Sie sprechen Ihre Intuition direkt an und bitten sie freundlich, doch Ihre Meinung kundzutun. Sie bitten sie um ein deutliches »Ja« oder »Nein« zu der Entscheidung. Dann horchen Sie innerlich, ob Sie eine entsprechende Antwort bekommen. Achten Sie auch darauf, wie der Tonfall der Antwort ist – zögerlich, leise oder energisch?
Eine Alternative dazu ist, das »Ja« oder »Nein« bildlich zu sehen. Wenn Sie vorher für sich selbst ausgemacht haben, dass beispielsweise ein weißes Quadrat seine Farbe bei einem Ja in Grün und bei einem Nein in Rot wechseln soll, dann schauen Sie auf dieses Quadrat: Welche Farbe nimmt es an? Oder treten unklare Mischfarben auf?

Konsequenzen bei anhaltender Unsicherheit

So können Sie insgesamt auf dreierlei Weise mit Ihrer Entscheidung versuchen weiterzukommen. Wenn allerdings die Unklarheiten bleiben oder ein Widerspruch zwischen Verstand und Gefühl nicht aufzuheben ist, dann sollten Sie noch mehr Argumente zusammentragen. Oder Sie nehmen von einer Entscheidung zunächst ganz Abstand.

Sie können aber auch versuchen, innerlich mehr Distanz zu der Entscheidung zu gewinnen – und damit zu Ihren Gefühlen und inneren Widerständen. Vielleicht fehlt es daran. Dann kann es sinnvoll sein, wenn Sie sich Übung 52 ansehen und anwenden. Und zudem ist auch noch ein etwas differenzierteres Vorgehen entsprechend Übung 56 möglich, das möglicherweise ebenfalls weiterhelfen kann.

Eins ist noch hinzuzufügen: Sollten Sie drei oder mehr Möglichkeiten zur Auswahl haben, genügt für eine Entscheidung ein einmaliges Ja oder Nein nicht mehr. Dann kann das Ja nicht einfach die eine Möglichkeit und das Nein die andere Möglichkeit bedeuten. In solch einem Falle sollten Sie vielleicht besser zu den Entscheidungsformen der folgenden Übungen greifen. Aber eine Entscheidung nach dem Muster Ja–Nein ist trotzdem möglich. Sie entscheiden dann über jede einzelne Möglichkeit mit Ja oder Nein – bei drei Möglichkeiten also dreimal. Ein Ja bedeutet dann, dass die infrage stehende Möglichkeit akzeptabel ist. Sind mehrere Möglichkeiten annehmbar, wird die genommen, bei der das Ja am stärksten, lautesten, farbintensivsten und damit am klarsten ist. Auch so kommen Sie weiter.

Übung 51 Unter mehreren Möglichkeiten wählen: Eine Symbolreihe bilden

Häufig gibt es mehr als zwei Lösungen für ein Problem. Dann kann eine Entscheidung komplizierter werden, als sie es bei einem einfachen Entweder-Oder ist. Aber zugleich ergeben sich damit Chancen mehrfacher Wahlmöglichkeiten. Denn trifft man Entscheidungen nur auf der Basis von zwei Wahlmöglichkeiten, ist die Zufriedenheit hinterher oft nicht so hoch – das zeigt eine Untersuchung an der Universität Kiel: Höhere Zufriedenheit herrschte, wenn mindestens drei Möglichkeiten zur Auswahl standen. Man sollte sich also, wenn es geht, mindestens drei Chancen schaffen. Dann ist die Auswahl größer und die Aussicht besser, ein befriedigendes Ergebnis zu erzielen.

Allerdings sind drei und mehr Wahlmöglichkeiten schwerer zu überblicken und abzuwägen. Um mit ihnen fertig zu werden, sind zwar Entscheidungen nach dem Muster von Ja–Nein prinzipiell machbar (Übung 50). Aber die entsprechende Vorgehensweise ist doch etwas komplizierter. Und zudem gibt es einfachere Auswahlverfahren. Ich schlage Ihnen hier ein solches vor. Dafür sollten Sie sich zunächst mit den einzelnen Wahlmöglichkeiten näher befassen. Sie sollten sich mit ihren verstandesmäßigen Vor- und Nachteilen auseinander setzen. Danach sollten Sie sich die gefühlsmäßigen Vor- und Nachteile klarmachen. Es ist wichtig, dass Sie die Wahlmöglichkeiten sowohl mit dem Verstand als auch mit dem Gefühl ausreichend durchleuchten.

Voraussetzung: Ausreichende Beschäftigung mit Vor- und Nachteilen

Wichtig ist außerdem, dass Sie Ihr Ziel genau kennen: Wo wollen Sie hin? Was soll Ihnen die gewählte Lösung letztlich bieten? Beim Blick auf verschiedene Möglichkeiten kann das Ziel unbemerkt verrutschen. Damit das nicht geschieht, können Sie es vielleicht in einem Wort knapp zusammenfassen, beispielsweise Verdienst oder Prestige. Oder Sie wählen sich ein spezielles Symbol aus, das Ihr Ziel möglichst präzise umschreibt und darstellt – etwa Geld oder grüßende Hände.

Danach sind die einzelnen Wahlmöglichkeiten dran. Sie brauchen ebenfalls für jede Wahlmöglichkeit ein Symbol. Dafür ein Beispiel: Sie wollen sich unter mehreren Stellenangeboten entscheiden. Darunter ist ein Job als Maler, einer als Gärtner und einer als Hausmeister. Dann können Sie einen Pinsel, einen Baum und ein Haus als jeweiliges Symbol nehmen. Sie können aber auch einfach das Wort »Maler«, »Gärtner« und »Hausmeister« als Symbol benutzen. Es reichen schon die Anfangsbuchstaben »M«, »G« und »H« aus. Genauso kann aber auch eine »1« für Maler, eine »2« für Gärtner und eine »3« für Hausmeister stehen. Nun schlage ich Ihnen folgendes Vorgehen vor:

Sie entspannen sich und schließen die Augen. Dann stellen Sie sich bewusst einzeln die Symbole vor, die Sie für jede der Wahlmöglichkeiten ausgesucht haben. Diese Symbole stellen Sie anschließend vor Ihren inneren Augen in einer Reihe auf. Sie bilden also eine Symbolreihe.

Dann nehmen Sie die Worte, die Sie für Ihr Ziel gefunden haben. Diese Worte sehen Sie in einem Kreis – oder Sie sehen das entsprechende Symbol in einem Kreis. An diesem Kreis ist an der Unterseite ein nach unten gerichteter Scheinwerfer angebracht. Sie hängen diesen Kreis samt Scheinwerfer oben über die Symbolreihe. Der Scheinwerfer zeigt dabei nach unten auf die verschiedenen Symbole.
Jetzt ist die Auswahl zu treffen. Sie schauen nun hin, ob der Scheinwerfer eins der Symbole unter sich anstrahlt. Ob er seinen Lichtkegel darauf richtet. In der Regel wird das geschehen. Allerdings kann dieser Lichtkegel stärker oder schwächer sein. Und vielleicht fällt er nicht nur auf ein einziges Symbol, sondern gleich auf mehrere.

Konsequenzen bei anhaltender Unsicherheit

Das Symbol, auf das der Lichtschein – oder zumindest der stärkste Lichtschein – fällt, passt am besten zu Ihrem Ziel. Allerdings brauchen Sie dieses Ergebnis nicht als endgültig hinzunehmen. Wenn sich in Ihnen Widerstand dagegen regt, ist das Anlass, das Ergebnis zu überprüfen. Passt es zu Ihren wesentlichen Argumenten? Oder steht es dazu in völligem Widerspruch? Dabei können Sie unter Umständen feststellen, dass Ihre Zieldefinition schief ist und zunächst einmal gerade gerückt werden muss.

Im Übrigen verweise ich noch mal darauf, dass innere Distanz im Entscheidungsprozess nötig ist und eine Hilfe sein kann (Übung 52). Sie können damit eine größere Entscheidungssicherheit gewinnen. Das gilt auch für dieses Verfahren mit der Aufreihung von Symbolen.

Übung 52 Innere Distanz gewinnen: Das Gleichheitszeichen gebrauchen

Gerade bei Entscheidungen sind wir oft innerlich stark beteiligt. Etwa dann, wenn es um ein Geschäft geht, bei dem wir viel verdienen können. Oder dann, wenn wir uns endlich einen Jugendtraum erfüllen wollen. Aber auch, wenn wir einem Menschen eins auswischen wollen, der uns verletzt hat. Diese starke emotionale Beteiligung birgt die Gefahr, dass unsere Gefühle uns allzu sehr beherrschen. Dabei können wir Risiken übersehen, die mit einer Entscheidung verbunden sind. Wo es beispielsweise viel zu verdienen gibt, gibt es meistens auch viel zu verlieren. Oder wenn uns Hass und Rachegedanken umtreiben, übersehen wir leicht, dass die geplante Tat gegen uns selbst zurückschlagen kann.

Problem: Starke innere Beteiligung

Starke Gefühlswallungen sind aber nicht nur mit Entscheidungen verbunden. Oft sind es Erlebnisse, Berichte oder allein schon Gedanken, die uns bewegen und aufwühlen. Und wir haben in diesem Zustand Mühe, uns auf die nächste Arbeit zu konzentrieren. Oder wir brauchen Ruhe und schaffen es nicht, innerlich ausreichend abzuschalten.

Es gilt dann jeweils, ein Mindestmaß an innerer Distanz zu gewinnen. Diese Distanz bedeutet nicht völlige Gefühllosigkeit. Wir brauchen unsere Gefühle als Kompass und Richtungsanzeige – besonders in einer Entscheidungssituation. Sie müssen uns dann sagen, was gut für uns ist und was nicht so gut ist. Aber sie sollen uns dienen – und nicht beherrschen. Wenn nötig, müssen wir sie so weit zurückdrängen können, dass sie unter Kontrolle sind. Oder dass sie ganz Ruhe geben. Wir brauchen einen gewissen Gleichmut, um Entscheidungen zu treffen oder innere Stille herstellen zu können.

Ziel: Gleichmütigkeit

Wie kommen Sie zu solch gewollter Gleichgültigkeit? Ich biete Ihnen ein inneres Bild dafür an, bei dem das Gleichheitszeichen eine Rolle spielt. Das Gleichheitszeichen ist etwas Neutrales: Egal, was in einer Gleichung vor ihm steht oder was hinter ihm steht, es bleibt immer gleich. Es ist unbeteiligt und unveränderlich. Millionenzahlen können rechts und links von ihm auftauchen, die Rechnung kann dramatische Ergebnisse erbringen – das Gleichheitszeichen bleibt davon unberührt. In diesem Sinne kann das Gleichheitszeichen zum hilfreichen Symbol werden. Sie können es so benutzen:

Hilfsmittel: Gleichheitszeichen

Sie entspannen sich. Dann stellen Sie sich mit geschlossenen Augen ein großes Gleichheitszeichen vor, das quer vor Ihnen auf dem Boden liegt. Auf dieses sollen Sie treten. Aber bevor Sie das tun, nehmen Sie noch einmal Ihre gegenwärtigen Gefühle wahr: Wie stark sind Sie innerlich bewegt?

Wozu drängt es Sie? Wie sehr sind Sie hin- und hergerissen? Wie viel Unruhe ist in Ihnen?
Dann stellen Sie sich vor, dass Sie diese Gefühle hinter sich zurücklassen. Wenn Sie auf das Gleichheitszeichen zugehen, treten Sie einfach aus Ihren Gefühlen heraus. Die Gefühle bleiben an der Stelle zurück, wo Sie gerade waren. Und wenn Sie dann auf dem Gleichheitszeichen stehen, fühlen sie sich innerlich ziemlich gleichmütig und gleichgültig. Jetzt können Sie zu einer Entscheidung kommen. Sie hören auf ein »Ja« oder »Nein« in sich selbst. Oder Sie schauen auf ein Quadrat, das Ihnen Grün für Ja oder Rot für Nein anzeigt (Übung 50).
Haben Sie mehrere Möglichkeiten für eine Entscheidung zur Auswahl, stellen Sie sich für jede der Möglichkeiten ein Symbol vor – also ein Ding, ein Wort, einen Anfangsbuchstaben oder eine Zahl. Dann sehen Sie, auf dem Gleichheitszeichen stehend, darauf Scheinwerferlicht fallen (Übung 51).
Oder wenn es nicht um eine Entscheidung geht: Dann spüren Sie jetzt einfach nur, wie innerlich bei Ihnen Ruhe einkehrt.

Wenn es um eine Entscheidung geht, für die Sie innere Distanz brauchen, kann jetzt die Sache klar sein: Ihre bisherige Entscheidungstendenz hat sich bestätigt. Wenn sich jedoch das Gegenteil von dem zeigte, wozu Sie bisher neigten, werden Sie noch einmal Ihre Argumente und Gefühle überprüfen müssen. Vielleicht müssen Sie die Entscheidung vertagen oder sogar ganz aufgeben.

Hilfsmittel: Spiritueller Begleiter

Bei einer anhaltend unklaren Entscheidungssituation lässt sich Folgendes tun: Sie können einen spirituellen Begleiter oder eine solche Begleiterin in die Entscheidung miteinbeziehen (Übung 90). Wenn Sie das machen, werden höhere Funktionen in Ihnen angesprochen. Niedere Neigungen und Impulse – wie etwa Rachegelüste – bleiben außen vor. Sie praktizieren das dann so:

Sie lassen zunächst einen spirituellen Begleiter bzw. eine solche Begleiterin in Ihr inneres Bild kommen. Dann treten Sie wieder auf das Gleichheitszeichen. Und nun fragen Sie diese spirituelle Gestalt, zu welcher Entscheidung sie rät. Sie können die Frage auch so stellen, dass für eine Antwort nur ein Nicken oder ein Kopfschütteln nötig ist.
Wenn Sie mehrere Entscheidungsmöglichkeiten haben, dann bitten Sie die Gestalt, auf ein Symbol und damit auf die entsprechende Lösung zu deuten. Oder Sie bitten sie ausdrücklich um ein Wort oder einen Rat dazu.

Mit dieser Version sichern Sie sich in doppelter Weise ab. Vordergründige Gefühle und Wünsche werden weit zurückgedrängt. Aber Sie sollten bei der Befragung der spirituellen Gestalt wirklich auf dem Gleichheitszeichen stehen. Manche Leute sind nämlich hinterher verunsichert, wenn die Antwort so ausfällt wie vorher gewünscht. Sie fragen sich dann: Habe ich wirklich einen »echten« Begleiter gehabt? Oder habe ich einen Begleiter produziert, der mir nach dem Munde redete? Vor solcher Verunsicherung schützt Sie das tatsächliche Loslassen aller eigenen Wünsche auf dem Gleichheitszeichen.

Blitzentscheidungen mit größerer Tragweite

Manchmal ist eine Blitzentscheidung notwendig. Gerade unter Druck besteht aber die Gefahr, dass Gefühle allzu sehr durchschlagen. Dann ist das Gleichheitszeichen eine wichtige Hilfe. Es mindert den Stress und dämpft zugleich spontane Empfindungen. Aber auch die Befragung einer spirituellen Gestalt hat sich schon häufig bewährt. Sie können so mit deutlich besserem Gefühl schnelle Entscheidungen treffen.

Übung 53 Blitzentscheidungen: Sich am eigenen Lächeln orientieren

Blitzentscheidungen mit geringerer Tragweite

Manche Entscheidungen haben keine allzu große Tragweite. Es geht um eine einmalige Aktion, um eine kurzfristige Belastung oder um einen relativ geringen Zeiteinsatz. Aber trotzdem stehen bei solch einer Entscheidung nicht nur begrenzte Mühen oder Kosten auf dem Spiel, sondern auch die Gefühle hinterher – wie Befriedigung oder Frust. Man kann zum Beispiel jemandem einen Gefallen tun – und ärgert sich hinterher, weil man wieder auf dessen vorgespielte Hilflosigkeit reingefallen ist. Oder man kann jemand unter Zeitdruck eine Bitte abschlagen – und ist hinterher mit sich unzufrieden, weil man das getan hat.

Bei solch kleineren Entscheidungen kann Folgendes eine Hilfe bedeuten: Sie versuchen innerlich Ihren Zustand nach dem möglichen Entschluss vorwegzunehmen. Sie spielen durch, wie Sie sich hinterher fühlen werden. Konkret machen Sie es folgendermaßen:

Sie gehen einen Moment in sich und stellen sich vor: Sie haben sich für die erste mögliche Lösung entschieden – wie zufrieden sind Sie nun? Haben Sie jetzt ein Lächeln auf den Lippen? Dann stellen Sie sich die zweite oder dritte Lösung genauso vor. Werden Sie vielleicht hinterher eher lächeln, wenn Sie diese gewählt haben?

Sie prüfen also, welche Lösung Sie am ehesten zum Lächeln bringt. Das ist dann das Zeichen, dass Sie zufrieden sind. Allerdings eignet sich diese Vorgehensweise – wie gesagt – nur für kleine und schnelle Entscheidungen. Wenn die Sachlage komplizierter ist und ein Entschluss schwerwiegendere Folgen nach sich zieht, kommen Sie um längere Prüfungen nicht herum.

Problem- und Ergebnisbeispiel

Hier ein Beispiel, das mir auch Anlass wurde, diese Übung zu schreiben: Beim Spazierengehen sah ich auf einem Querweg von rechts eine alte Frau herankommen. Mit ihr habe ich schon öfter gesprochen. Sie freut sich jedes Mal über einen Plausch. Aber sie hält mich auch immer länger fest, als mir lieb ist. Mein erster Impuls ist diesmal: Ich gehe nach links, dann begegne ich ihr nicht. Aber dann wird mir in einer inneren Blitzvorstellung klar, dass ich hinterher zufriedener bin, wenn ich ihr nicht ausweiche. Also bin ich nach rechts gegangen – und gewann dabei tatsächlich das vorausgesehene Lächeln.

Es gibt viele kleinere Entscheidungen, bei denen diese Vorgehensweise uns etwa vor Bequemlichkeiten bewahrt. Sie hindert uns dann zugleich, eine Möglichkeit zur Zufriedenheit zu verpassen.

Übung 54 Der Wahl die Qual nehmen: Wichtiges heraussortieren

Entscheidungshilfe bei der Auswahl von mehreren Übungen

Wenn Sie viele Wahlmöglichkeiten haben, kann das zur Qual werden. Es ist ja schön, viele Chancen zu haben. Aber zugleich kann das ausgesprochen verwirrend sein. Vielleicht geht es Ihnen mit diesem Buch so. Sie haben bisher schon einiges darin gelesen und gefunden, das Ihnen weiterhelfen könnte. Aber Sie spüren, dass Sie nicht alles auf einmal erproben können. Dass Sie sich auf Weniges konzentrieren sollten. Aber was wählen Sie dann aus? Wie kommen Sie dazu, etwas Bestimmtes aus all den Möglichkeiten herauszufischen? Ich denke, bis zu drei verschiedene Themen sind es, denen Sie sich nebeneinander widmen können. Mehr geht kaum, wenn dies Themen sind, die Sie über längere Zeit beanspruchen.

Doch wie wählen Sie nun diese wenigen Themen für sich aus? Vielleicht haben Sie ein Gespür dafür, welche Übungen Ihnen mehr liegen und welche weniger. Danach könnten Sie gehen. Aber vielleicht verpassen Sie dabei etwas Wichtiges. Prüfen Sie deshalb, wie Ihnen folgendes Vorgehen bekommt:

Sie setzen sich ruhig und bequem hin und schließen die Augen. Dann stellen Sie sich vor, Sie werfen dies Buch hoch bis zur Decke. Und wenn es herunterkommt, fallen bis zu drei Zahlen heraus. Das sind dann die Nummern der Übungen, aus denen Sie Ihre Themen nehmen sollen – Ihrer Intuition nach.

Bei der Auswahl anderer Dinge können Sie ebenso vorgehen. Sie nummerieren diese Dinge zunächst durch und prägen sich die Nummern ein. Oder Sie nehmen deren Anfangsbuchstaben. Zugleich legen Sie fest, wie viele Dinge Ihre Intuition für Sie aussuchen soll:

Entscheidungshilfe bei der Auswahl mehrerer anderer Dinge

> *Danach nehmen Sie in Ihrer inneren Vorstellung wieder dieses Buch (oder ein anderes), legen die Zahlen oder Buchstaben hinein und werfen es hoch. Dann schauen Sie, welche Zahlen oder Anfangsbuchstaben beim Herunterkommen herausfallen. Kommt nur eine Zahl oder ein Buchstabe heraus, Sie wollen aber mehr haben, können Sie das Buch auch mehrmals hochwerfen.*

So, dann prüfen Sie einmal Ihre Intuition. Stellen Sie fest, ob das Ergebnis Ihnen schmeckt. Oder finden Sie es erst einmal schlicht Unsinn? Aber nicht alles behagt einem ja gleich! Vielleicht will Ihnen Ihre Intuition wirklich etwas Gutes tun, nur Sie müssen sich zunächst daran gewöhnen. Sie sagt Ihnen gerade tatsächlich, was momentan besonders hilfreich und wichtig für Sie ist.

Übung 55 Besondere Attraktivität sichtbar machen: Lichtschein einsetzen

Problem: Auswahl unter konkreten Dingen

Das kennen Sie sicherlich: Sie haben im Kaufhaus ein Kleidungsstück nach dem anderen in der Hand gehabt, aber nichts hat Ihnen so recht gefallen. Oder Sie haben ein Geschenk gesucht und nichts hat vor Ihren Augen Gnade gefunden. Vielleicht waren Sie in einem Buchladen – mit demselben Ergebnis. Sie hatten jedes Mal Entscheidungsschwierigkeiten. Vielleicht sind Sie so schon häufig ohne Kauf davongegangen. Oder bei einem sonstigen Problem hatten Sie mehrere Wahlmöglichkeiten, haben ständig geschwankt und kamen mit der Entscheidung nicht zurande.

Lässt sich daran etwas ändern? Wenn das oft vorkommt, haben Sie vielleicht einen anspruchsvollen Geschmack. Es kann aber auch sein, dass Sie nur überkritisch sind. Oder dass Sie zu wenig Mut zur Entscheidung haben. Vielleicht haben Sie unbewusst Angst vor dem Urteil anderer und fragen sich: Was denken die über mich, wenn die mich in dieser Jacke sehen? Oder was denken die Bekannten, wenn ich ihnen dieses Buch schenke? Oder wenn ich jetzt diese Entscheidung treffe?

Entscheidungsschwierigkeiten haben meist ihre Gründe. Nur es nützt nicht viel, das zu wissen. Die Frage ist, wie Sie diese Blockade überwinden können. Ich schlage Ihnen als eine weitere Entscheidungshilfe Folgendes vor:

Zunächst sehen Sie sich Dinge an, die für einen Kauf infrage kommen. Es sollte schon eine ausreichend große Zahl sein. Das machen Sie zugleich so intensiv, dass sich Ihnen wichtige Merkmale einprägen, selbst wenn nicht alle im Gedächtnis bleiben.
Wenn Sie sich dann für nichts deutlich entscheiden können, ist der nächste Schritt: Sie stellen sich vor, dass sich ein hellgelber Lichtschein auf die Dinge legt, die für einen Kauf infrage kommen. Sie gehen einen kleinen Moment in sich und stellen innerlich fest, wo Sie einen solchen Schein entdecken – in welcher Ladenecke und über welchen Dingen. Es kann dann sein, dass damit nur eine Sache hervorgehoben ist. Vielleicht aber auch gar keine. Oder gleich mehrere.

Wenn Sie so vorgehen, werden Sie feststellen, dass Ihre Entscheidungskraft wächst. Denn der Lichtschein macht Unterschiede in der Attraktivität deutlicher. Zudem gibt er den Dingen eine Aura, die sie aufwertet. Dadurch fällt Ihnen der Kauf leichter. In anderen Situationen funktioniert dieses Verfahren genauso. Etwa bei der Kleiderwahl morgens vor dem Kleiderschrank.

Problem: Auswahl unter abstrakten Möglichkeiten

Geht es nicht um äußerlich sichtbare Dinge, sondern um abstrakte Möglichkeiten, können Sie so vorgehen: Sie nummerieren die Wahlmöglichkeiten durch und prägen sich ihre Nummern ein. Oder Sie nehmen den jeweiligen Anfangsbuchstaben. Sie können zudem auch ein beliebiges Symbol als Stellvertreter für die Wahlmöglichkeiten einsetzen. Der nächste Schritt ist dann:

Sie setzen sich entspannt und mit geschlossenen Augen hin. Danach reihen Sie innerlich die Wahlmöglichkeiten vor sich auf – als Zahl, Anfangsbuchstaben oder sonstiges Symbol. Und dann schauen Sie hin, auf welcher Möglichkeit der Lichtschein erscheint.

Diese Möglichkeit wünscht sich dann Ihre Intuition. Stellen Sie fest, ob Ihnen dieses Ergebnis sofort schmeckt. Spüren Sie, ob Sie bei der Entscheidung durch den Lichtschein Erleichterung empfinden. Aber auch wenn Sie gefühlsmäßig dem Ergebnis zustimmen, schadet es nichts, wenn Sie es zusätzlich noch einmal rational überprüfen.

Übung 56 Problemlösungen bewerten: Die Entscheidungs-Waage benutzen

Problem: Komplexe Entscheidungen

Es gibt Entscheidungen, bei denen viele Gesichtspunkte zu berücksichtigen sind. Für diese Fälle sind zum Teil komplizierte oder mathematisch anspruchsvolle Entscheidungshilfen entwickelt worden. Sie funktionieren auch zufrieden stellend, wenn die einzelnen Eingaben sorgfältig erarbeitet werden. Allerdings kann das zeitaufwendig sein. Und zudem setzt es meistens Erfahrung mit solchen Entscheidungsmodellen voraus.

Zum Teil lassen sich kompliziertere Entscheidungsverfahren vereinfachen, wenn man die Intuition einsetzt. Allerdings braucht man auch dann ein Mindestmaß an Informationen – darauf ist nicht zu verzichten. Die Intuition muss sich schon auf Fakten und Sachverhalte stützen können. Sonst wird eine Entscheidung zu einem Entscheidungsabenteuer, bei dem man gleich das Ergebnis auswürfeln kann.

Zudem kommt es auf die persönlichen Ziele an. Oft ist ja mit einer Entscheidung ein ganzes Bündel von Wünschen, Absichten, Befürchtungen und inneren Widerständen verbunden. Je nach Art der Ziele können deshalb einzelne Sachverhalte einen recht unterschiedlichen Stellenwert haben. Bei einer größeren Entscheidung sind daher nicht nur diese Sachverhalte unter einen Hut zu bringen, sondern eben auch noch deren Bewertung.

Um ein Beispiel zu nennen: Beim Kauf eines Hauses spielen die Wünsche von Vater, Mutter und Kindern eine wesentliche Rolle. Zugleich sind die einzelnen möglichen Kaufobjekte unterschiedlich ausgestaltet. Und da müssen die verschiedenen Wünsche mit den vorgefundenen Sachverhalten wie Finanzierbarkeit, Lage, Ausstattung usw. in Einklang gebracht werden. Für alle muss ein Mindestmaß an Nutzen entstehen.

Wie gesagt: Nach ausreichender Information über die Fakten lässt sich die Intuition einschalten. Und das meint hier wieder die Verwendung innerer Bilder. Dabei ist schon der Sprache ein gut anwendbares inneres Symbol zu entnehmen: Man sagt ja, dass man Argumente gegeneinander abwägt. Dieses Abwägen lässt sich durch eine Waage darstellen:

Wenn Sie sich in ausreichendem Maße mit den Fakten beschäftigt haben, stellen Sie sich innerlich einen Waagebalken vor. An ihm hängen rechts und links Schalen. Nun legen Sie alle Argumente, die <u>für</u> eine bestimmte Entscheidung sprechen, in die <u>linke</u> Schale. Und alle Argumente, die <u>dagegen</u> sprechen, legen Sie in die <u>rechte</u> Schale. Dann schauen Sie, welche Argumente auf dieser Waage schwerer wiegen und auf welcher Seite sich der Waagebal-

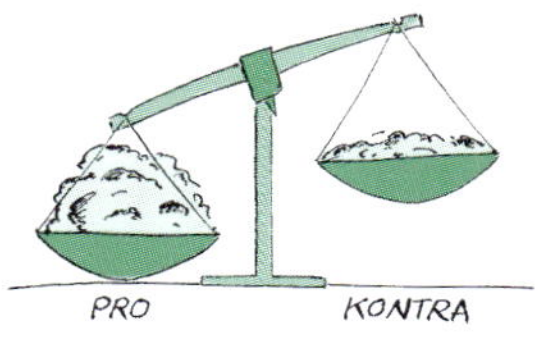

ken nach unten neigt. Die einzelnen Argumente können Sie dabei als Gewichtsstücke sehen, wenn Sie wollen. Aber Sie brauchen Sie auch gar nicht einzeln zu erkennen. Es reicht, sie als abstrakte unsichtbare Masse in die linke oder rechte Schale zu legen.

Bei diesem Vorgehen fasst Ihre Intuition Wünsche und Fakten zusammen. Sie gewichtet sie und bildet dann das Ergebnis in der Stellung des Waagebalkens ab. Mit dieser Waage – so wie ich sie hier beschreibe – können Sie allerdings immer nur Ihr Verhältnis zu einem einzelnen Entscheidungsproblem herausfinden. Das heißt: Werden Ihnen etwa zwei verschiedene Jobs angeboten, müssen Sie für jeden der beiden Jobs gesondert das Gewicht von Pro- und Kontra-Argumenten bestimmen. Der Job, bei dem sich die Waage stärker zur Pro-Seite neigt, ist dann der, den Sie innerlich bevorzugen.

Für mehr Durchblick: Trennung von Vernunft und Gefühl

Nun ist ein solches Vorgehen immer noch recht grob. Sie erhalten zusätzliche Entscheidungskriterien, wenn Sie Ihre Vernunft vom Gefühl trennen. Ihre Messung wird dabei genauer – aber auch Ihre Entscheidung schwieriger. Doch diese Trennung macht Sinn. Für die Vernunft sind Kosten, Sicherheit, Zeitaufwand, Aufstiegsmöglichkeiten und Ähnliches wichtige Argumente. Für das Gefühl dagegen haben etwa Schönheit, Vergnügen, Wohlfühlen oder Kontakte eine hohe Bedeutung.

Wenn man Vernunft und Gefühl voneinander trennt, wird beispielsweise erkennbar, dass bei einem Objekt starke Pluspunkte aus dem Gefühlsbereich stammen, dagegen viele Minuspunkte aus dem Vernunftbereich. Das heißt etwa: Das Haus, das man eventuell kaufen will, ist außerordentlich schön. Aber es ist teuer und beim Kauf bleiben keinerlei Reserven übrig.

Wenn Sie diese Unterscheidung machen wollen, wägen Sie innerlich zunächst Vernunft- und Sach-Argumente ab und dann – getrennt davon – Gefühls-Argumente. Wenn der Waagebalken in beiden Fällen ins Positive ausschlägt, liegt das Ergebnis auf der Hand: Vernunft und Gefühl sprechen für die Entscheidung. Schwieriger ist es, wenn bei den Sach-Argumenten die Waage zugunsten des Objekts ausschlägt, bei den Gefühls-Argumenten aber dagegen. Dann können Sie aber den Mittelwert aus beiden Waage-Ausschlägen bilden und als Richtwert nehmen.

Sie finden dazu auf der nächsten Seite ein Formular, das Sie kopieren und ausfüllen können.

Entscheidung: .... Datum: ....

Sach-Argumente (Bewertung mit dem Verstand)

»Ja«/Pro (Positive Fakten)	»Nein«/Kontra (Negative Fakten)

Pro 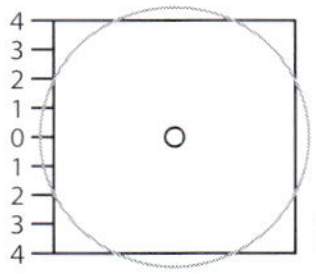

Kontra

Abwägung
von positiven
und negativen
Sach-Argumenten
insgesamt

Pro 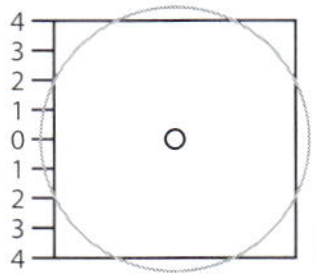

Kontra

Abwägung
von positiven
und negativen
Gefühls-Argumenten
insgesamt

Abwägung
von Sach-Argumenten

Pro 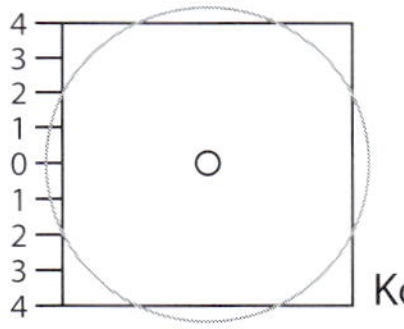

Kontra

und Gefühls-Argumenten
insgesamt

Gefühls-Argumente (Bewertung mit dem Gefühl)

»Ja«/Pro (Positive Gefühle)	»Nein«/Kontra (Negative Gefühle)

Es kann Ihnen bei der Entscheidungfindung helfen. Erst tragen sie oben und unten Ihre Sach- und Gefühls-Argumente ein. Danach wägen Sie diese Argumente innerlich mit Hilfe der Waage ab. Das Ergebnis tragen Sie in die beiden Kästen links ein, an denen »Pro« und »Kontra« steht: Und zwar in Form der Schräge des Waagebalkens. Sie ziehen dort also einen entsprechend schrägen Strich durch den Punkt in der Mitte. Aus beiden Waagebalken zu Sach- und Gefühls-Argumenten können Sie dann einen Mittelwert bilden, den Sie in den großen Kasten rechts eintragen.

Übung 57 Prioritäten setzen: Die Bedeutung ermitteln

In den bisherigen Übungen war zu entscheiden, wofür man ist oder wogegen man ist. Wenn es um Prioritäten geht, gibt es jedoch kein solches Dafür oder Dagegen. Dann ist nur zu entscheiden, was früher angepackt werden soll und was später drankommt.

Problembeispiel: Arbeitsüberlastung

Prioritäten sind in besonderem Maße bei der Arbeit nötig. Und da haben sie elementaren Einfluss auf unser Lebensgefühl. Denn Sie kennen das vermutlich: Die Arbeit schlägt über Ihrem Kopf zusammen. Es gibt Tag für Tag mehr zu tun, als Sie schaffen können. Sie fühlen sich von der Arbeit geschoben und getrieben. Und darüber verzetteln Sie sich. Vor lauter Arbeit fangen Sie einfach irgendwo an – Hauptsache, Sie tun was. Wenn Sie dann angesichts all des Unerledigten ungute Gefühle beschleichen, können Sie sich immerhin sagen, sie hätten doch ständig gearbeitet. Und mehr ginge doch einfach nicht. Eines Ihrer Probleme kann dann darin liegen, dass Sie Wichtiges und Dringendes nicht voneinander unterscheiden. Was Ihnen dringend erscheint, muss aber noch lange nicht wichtig sein. Und vor lauter Dringendem können Sie Wichtiges verpassen. Eine anstehende Vorsorge-Untersuchung kann Ihnen etwa dringend erscheinen, weil Sie sie schon so lange vor sich herschieben. Aber es könnte trotzdem wichtiger sein, einen gerade jetzt kranken Bekannten zu besuchen, auf dessen Wohlwollen und Hilfe Sie langfristig angewiesen sind.

Organisationshilfe: Erster Schritt

Wie können Sie sich besser organisieren? Das Erste ist: Sie machen abends oder morgens eine Liste für den vor Ihnen liegenden Tag. Sie schreiben die anstehenden Arbeiten auf und geben jeweils die Zeit an, die Sie dafür veranschlagen. Eine Aufgabe, die insgesamt viele Stunden oder gar Tage beansprucht, zerlegen Sie für diese Planung in kleinere Teile. Wenn dann in der Summe mehr herauskommt, als an einem Tag zu leisten ist, macht das nichts.

Organisationshilfe: Zweiter Schritt

Den nächsten Schritt machen Sie mit Hilfe eines inneren Bildes. Und zwar benutzen Sie in diesem Bild eine Federwaage. Das ist einfach eine Spiralfeder mit einem Haken unten dran. Je größer das Gewicht ist, das an dieser Waage hängt, desto tiefer zieht es den Haken nach unten. Bei geringerem Gewicht bleibt die Feder kürzer. Sie arbeiten nun so mit dieser Waage:

> *Jede Arbeit, die Sie aufgeschrieben haben, stellen Sie sich innerlich als ein Bündel vor. Es ist groß, wenn es viel Zeit braucht. Es ist klein bei geringem Zeitbedarf. Dieses Bündel hängen Sie an die Federwaage. Wenn die Arbeit große Wichtigkeit hat, zieht es die Spirale tief hinunter – völlig unabhängig davon, wie viel Zeit diese Arbeit beansprucht. Wenn die Arbeit weniger wichtig ist, dehnt sich die Spirale kaum nach unten aus.*

Übungsergebnis

Die unterschiedlichen Längen der Spirale, die Sie so gefunden haben, können Sie auf Ihrer Arbeitsliste vermerken – mit einem entsprechend langen oder kurzen Strich. Dabei kann es angenehme Überraschungen für Sie geben: Das, was viel Zeit beansprucht, ist vielleicht weniger wichtig, als Sie bisher glaubten. Es kann aber auch umgekehrt kommen: dass eine lang dauernde Arbeit zusätzlich noch außerordentlich wichtig ist. Aber das ist dann vielleicht für Sie der entscheidende Anstoß! Sie fangen nun endlich damit an und schieben diese Arbeit nicht mehr länger vor sich her.

Mit Ihrer Liste gehen Sie dann so um: Sie setzen sich zum Ziel, wenigstens die wichtigste und möglichst auch noch die zweitwichtigste Arbeit zu erledigen. Sie sorgen zudem dafür, dass Sie bei der wichtigsten Arbeit möglichst ungestört sind. Alles, was Ihnen dann noch zusätzlich gelingt, nehmen Sie nicht als erwartete Leistung, sondern als unerwartetes Geschenk.

Wenn Sie so immer das Allerwichtigste schaffen, ist das für Sie ein erheblicher Fortschritt. Denn wenn Sie jeden Tag nur ein oder zwei wirklich wichtige Dinge erledigen, bringt Sie das auf Dauer erheblich weiter als ihr bisheriges Vorgehen. Sie spüren das ganz deutlich an Ihrer wachsenden Zufriedenheit.

Die beschriebene Form, Prioritäten zu setzen, können Sie natürlich auch für anderes verwenden: Etwa wenn Sie die Reihenfolge von Anschaffungen festlegen wollen. Oder wenn Sie entscheiden wollen, wen Sie bei notwendigen Einladungen zuerst in Ihr Haus bitten und wer am längsten warten soll. So oder so helfen Prioritäten immer, Klarheit zu schaffen und ein gutes Gefühl zu gewinnen.

Übung 58 Über einen Menschen entscheiden: Eine Blume als Hinweis verwenden

Problembeispiele

Jeder Mensch trifft in seinem Leben Entscheidungen, die auf andere Menschen Auswirkungen haben. Auf Personalchefs trifft das in besonderem Maße zu. Ebenso auf Menschen, die existenzwichtige Prüfungen abnehmen. Solche Entscheidungen werden teilweise nach Akten- oder Sachlage getroffen. Oft entscheidet aber das Gefühl mit. Personalchefs befragen etwa die Zeugnisse, machen sich ebenso aber einen persönlichen und gefühlsmäßigen Eindruck.

Von besonderer Bedeutung sind Entscheidungen beim Eingehen einer Partnerschaft – oder bei ihrer Verweigerung. Hier treffen zwei Menschen jeweils eine Verfügung zunächst über sich selbst. Aber es ist zugleich auch eine Entscheidung über einen anderen Menschen. Denn die beiden Beteiligten beeinflussen nachhaltig die Existenz des jeweils anderen, wenn sie dazu bereit sind, der Partner des anderen zu werden oder nicht. Dabei ist – unter dem Stichwort Liebe – in besonderem Maße das Gefühl gefragt. Aber äußere Faktoren wie Beruf, Vermögen oder Herkunft spielen gleichfalls eine Rolle.

Die Entscheidungen über einen Menschen etwa in einem Betrieb oder in einer Partnerschaft haben einen besonderen Aspekt: Man geht mit diesem Menschen eine Beziehung ein, in der beide Seiten aufeinander reagieren und sich dabei verändern. Das ist anders, als würde man über Dinge verfügen. Bei längeren Beziehungen – etwa bei der Einstellung im Betrieb – findet eine gegenseitige Entwicklung aneinander und miteinander statt. Das gilt erst recht für eine Partnerschaft.

Wichtig: Die Entwicklungsperspektive

Mit anderen Worten: Bei einer Entscheidung, die längerfristige Beziehungen betrifft, gibt es immer eine Entwicklungsperspektive. Der Mensch, der in eine Beziehung eintritt, entwickelt sich in dieser Beziehung. Er verändert sich – zugunsten etwa eines Betriebes oder einer Partnerschaft. Oder möglicherweise auch zu Ungunsten. Dies vorhersehen zu können wäre ganz wichtig.

Wie kann das gelingen? Sachliche Indizien bietet zum Teil der bisherige Lebenslauf. Ein schlechtes Schulzeugnis ist nicht gerade eine Empfehlung. Oder wenn etwa jemandem häufig gekündigt wurde, spricht das eher gegen ihn. Andere Indizien sind mehr eine Sache des subjektiven Eindrucks. Der Anschein von beispielsweise Flexibilität oder Motivation kann für einen Menschen sprechen. Da kommt allerdings viel Intuition mit ins Spiel. Denn der subjektive Eindruck basiert zum Teil auf unbewussten Wahrnehmungen. Solchen Wahrnehmungen können Sie aber auch anders zum Ausdruck verhelfen: Sie schauen sich ein inneres Bild an, auf welches die Intuition ihre Eindrücke und Schlüsse projizieren kann.

Das geht gut mit dem Bild einer Blume. Die Blume ist der Mensch, der sozusagen in einen neuen Boden gepflanzt wird. Geschieht das, dann wächst und entfaltet er sich – oder eben nicht. Die Blume kann dabei ein anderer Mensch sein, über dessen Zukunft Sie etwas erfahren wollen. Die Blume können aber auch Sie selbst sein – wenn Sie eben dies für sich selbst wissen wollen. Im inneren Bild gehen Sie so vor:

Sie sehen eine Blume mit noch geschlossener Blüte – etwa eine Tulpe. Sie sehen, wie sie als Zwiebel in neue Erde gepflanzt und da festgedrückt wird. Ringsum ist etwas von der neuen Umgebung zu erkennen. Und dann schauen Sie zu, ob die Blume wächst und wie sie gedeiht. Ob sie ihre Blüte entfaltet oder nicht. Sie können in dem Bild zudem vielleicht sehen, wie das Klima an diesem Standort ist und wie der Himmel darüber aussieht. Und Sie können erkennen, ob beides einen positiven oder negativen Einfluss auf die Blume hat.

Ergebnisinterpretation

Wenn sich die Pflanze in diesem Bild entfaltet, dann sagt Ihnen damit Ihre Intuition: Ja, diese Pflanze wird sich in der neuen Umgebung entfalten – bzw. der entsprechende Mensch. Diese Umgebung bietet gute Bedingungen für ihn. Andernfalls kann die Blume aber auch vor sich hinkümmern. Im Extremfall kann sie sogar bald an ihrem neuen Standort eingehen.

Dabei sind zwei Ursachen möglich: Die erste ist, dass vor allem gerade diese Pflanze die neue Umgebung nicht verträgt. Dann rollt sie vielleicht ihre Blätter und Blütenblätter nach innen ein, um sich zu schützen. Die Umgebung und das Klima erscheinen dabei aber im Bild als relativ normal. Die zweite Ursache ist: Umgebung und Klima sind schwer verträglich – für fast jede Blume. Das zeigt sich dann vielleicht daran, dass der Himmel im Bild sehr trübe ist und das Klima recht unangenehm wirkt.

Es ist besonders spannend, wenn Sie ein inneres Bild für die Prognose der eigenen Partnerschaft einsetzen. Dann kann die Blume die intuitiv erwartete Entwicklung Ihres Partners oder Ihrer Partnerin anzeigen. Es steht natürlich alles zum Besten, wenn im inneren Bild die Pflanze wächst, blüht und gedeiht. Peinlich aber würde es, wenn ein trüber Himmel oder ein unangenehmes Klima darauf hindeuten würden, dass Sie selbst nicht recht zuträglich für die andere Seite sind.

Sie können – andersherum – auch sich selbst als Blume im Bild sehen und der Partner oder die Partnerin stellen die Umgebung und das Klima dar. Sie können so zu testen versuchen, wie Ihnen selbst die Partnerschaft bekommt. Dann soll Ihnen Ihre Intuition sagen, wie Sie sich darin voraussichtlich entwickeln.

Aber Achtung: Wenn Sie dann ein Bild haben, in dem Sie als Blume vor sich hinkümmern, dann geben Sie nicht gleich der anderen Seite die Schuld! Vielleicht sind Sie selbst derjenige, der in diese Partnerschaft Schwierigkeiten hinein trägt. Bevor Sie einen anderen Menschen beschuldigen, prüfen Sie bitte sich und Ihre Situation dreimal! Vielleicht haben Sie selbst erst noch belastende Erfahrungen aus der Kindheit aufzuarbeiten, bevor Sie ganz partnerschaftsfähig werden. Wenn Sie sich also an dieses innere Bild wagen, kann das Ergebnis für Sie durchaus schmerzhaft sein – doch auch solch ein Schmerz ist nicht selten eine wichtige Hilfe.

Übung 59 Sich eine Meinung bilden: Einsam oder gemeinsam?

Bei vielen Entscheidungen ist es sinnvoll, die Meinung anderer Menschen einzuholen. Dann stützt man die Entscheidung nicht nur auf eigene Erfahrungen und Einsichten, sondern bezieht die Sichtweise und Einschätzungen anderer mit ein.

Probleme bei der Meinungsbildung

Allerdings kann die Berücksichtigung anderer Menschen Risiken oder Unbequemlichkeiten mit sich bringen: Ist man selbst ein starker und von sich überzeugter Mensch, kann man andere dazu bringen, sich der eigenen Meinung anzuschließen. Man wird dann nur noch in dieser Meinung bestärkt – statt vielleicht eine nötige Korrektur zu erfahren. Ist man dagegen weniger stark, erlebt man vielleicht, dass sich andere in unangenehmer Weise aufdrängen und in die eigene Entscheidung einmischen.

Besonders schwierig ist es für Leute, die sich nur schwer von anderen abgrenzen können: Denn sie wollen es möglichst vielen Menschen recht machen. Wenn sie andere um Rat fragen, tun sie sich hinterher schwer, noch eigenständige Entscheidungen zu treffen. Sie schaffen es nur mit großer Mühe, sich etwas Unabhängigkeit zu bewahren. Und um solchen Mühen zu entgehen, entscheiden sie dann oft lieber einsam, statt andere miteinzubeziehen.

Im Übrigen kann es auch nerven, andere zu befragen. Die fangen dann manchmal an, lange Geschichten aus ihrem Leben zu erzählen. Es dauert, bis sie endlich ihren Schluss daraus ziehen. Oder es kann unangenehm sein, andere tiefer in die eigenen Karten gucken zu lassen – vielleicht müsste man dann ja sehr Persönliches aufdecken. Es ist also schon einige Souveränität nötig, um andere einzubeziehen, sie zu befragen und trotzdem eine eigenständige Entscheidung zu treffen.

Es gibt zudem Gruppenentscheidungen, in denen mehrere gemeinsam einen Beschluss fassen. Auch hier ist niemandem damit gedient, wenn sich Gruppenmitglieder gegenseitig etwas einreden oder wenn sie sich allzu sehr nach den Ansichten anderer richten. Hier ist ebenfalls Souveränität nötig. Wie können Sie sich diese Souveränität verschaffen? Ich schlage Ihnen folgendes innere Bild vor, das Sie sich vor Augen führen bevor Sie bei anderen Rat suchen oder sich in einer Gruppe treffen:

Sie entspannen sich zunächst, schließen die Augen und stellen sich dann vor: Sie sitzen auf einem erhöhten Podest, wenn Sie andere Menschen zu Ihrer Entscheidung anhören. Das Podest ist nach vorn und zu den Seiten von einer Schutzwand umgeben. Diese Schutzwand kann aus Stein, Holz oder auch aus Licht sein und ist vom Boden bis zum oberen Rand geschlossen. Sie

trennt Sie von den übrigen Menschen. Sie können ihre Höhe so bestimmen, wie es gut für Sie ist. Die Schutzwand bietet Ihnen dann Schutz vor einer Beeinflussung durch die anderen Menschen. Sie schützt aber ebenso die anderen Menschen vor Ihnen, falls Sie Ihrerseits deren Meinung beeinflussen wollen. Sie spüren, wie Sie durch den gegenseitigen Schutz unabhängiger, souveräner und gelassener werden.

Sollten Sie in einer Gruppe eine gemeinsame Entscheidung zu treffen haben, stellen Sie sich vor, dass jedes Gruppenmitglied einzeln auf solch einem Podest mit Schutzwand sitzt.

Wenn Sie sich dies innere Bild vorstellen, können Sie gleichzeitig mit Ihrer Fußspitze gegen etwas treten – beispielsweise gegen das Tischbein oder den Hacken des anderen Fußes. Dieser Widerstand soll die Schutzwand symbolisch spürbar machen.

Das Podest, das Sie besonders hervorhebt, symbolisiert Ihre Verantwortung. Denn wenn Sie allein eine Entscheidung zu treffen haben, werden die Folgen vor allem Ihnen zugerechnet. Womöglich werden Sie Ihnen sogar angekreidet. Es nützt dann nicht viel, einem anderen Menschen Vorwürfe zu machen, der Ihnen vielleicht einen falschen Rat gab – Sie müssen das Ergebnis selbst ausbaden. Und bei einer Gruppenentscheidung können Sie sich auch nur begrenzt hinter anderen verstecken.

Übungsergebnis

Mit Hilfe der Schutzwand haben Sie die Möglichkeit, das für Sie richtige Maß an Offenheit, Schutz und Distanz zu bestimmen: Eine niedrige Schutzwand lässt mehr Offenheit zu, bietet aber gegenseitig weniger Schutz. Bei einer hohen Schutzwand ist es genau umgekehrt.

Wenn Sie sich das beschriebene Bild intensiv einprägen, können Sie es relativ zuverlässig zurückrufen. Wenn Sie dabei zusätzlich die Fußspitze gegen etwas drücken, gelingt das Zurückrufen noch intensiver. Das Gefühl des gegenseitigen Schutzes wird zugleich wirksamer. Sie können andere Menschen gelassener in Ihre Entscheidung einbeziehen.

Allerdings kann ich nicht ausschließen, dass Ihnen auf dem Podest Ihre Eigenverantwortung besonders bewusst wird. Das könnte Sie etwas nervös machen. Denn auch wenn Sie andere einbeziehen, sind Sie bei Ihrer Entscheidung allein – das spüren Sie dann vielleicht deutlicher als früher. Die Entscheidung ruht wirklich nur auf Ihren Schultern. Aber das ist womöglich auch der Preis, den Sie für die Freiheit bei Ihrer Entscheidung gern zahlen. Und diese Freiheit und die damit verbundene Verantwortung machen nun einmal Ihre Würde als Mensch aus.

Kapitel 7
Konflikte lösen und Verhandlungen führen

Übung 60 Spannungs-Situationen entschärfen: Jemanden mit Licht ummanteln

Ausgangsproblem

Die folgende Situation kennt jeder: Wir kommen einfach nicht mit einem Menschen zurecht. Vielleicht hat er nur eine uns fremde Persönlichkeit, eine, die uns einfach nicht liegt. Vielleicht gibt es aber auch ausgeprägte Spannungen zwischen uns. Wenn wir diese Situation verbessern wollen, ist es unerheblich, weshalb diese Spannungen bestehen. Genauso unerheblich ist es, ob man einer Seite besondere Schuld daran zuschieben kann. Wichtig ist, dass jemand den ersten Schritt tut.

Wie kann deshalb ein erfolgreicher erster Schritt aussehen? Man kann es zum Beispiel mit einem Kompliment versuchen. Man zeigt sich besonders freundlich und aufgeschlossen, macht eine positive und deutliche Bewegung auf den anderen Menschen zu. Allerdings geht man damit ein Risiko ein. Denn man kann dabei eine deutliche Zurückweisung erfahren. Dann ist die Situation womöglich noch schwieriger als vorher. Gibt es andere Möglichkeiten, die zugleich ungefährlicher sind? Ich biete Ihnen Folgendes an:

Sie entspannen sich und schließen die Augen. Dann konzentrieren Sie sich innerlich auf den Menschen, mit dem Sie Spannungen haben. Sie lassen ihn vor Ihre Augen treten. Und dann, wenn Sie ihn deutlich sehen, ummanteln Sie ihn mit Licht. Sie stellen sich vor, dass er von oben bis unten in Licht eingehüllt wird. Und dass er in diesem Lichtmantel bleibt.

Übungsergebnis

Dieses innere Bild lassen Sie sich immer wieder vor Augen treten. Insbesondere kurz vor jeder Begegnung. Sie nehmen also den Menschen nur noch mit diesem Lichtmantel wahr. Was geschieht dann? Durch diesen Lichtmantel wird der andere Mensch zu etwas Besonderem. Er erhält eine besondere Ausstrahlung für Sie. Ihre Wahrnehmung wird von dem Problematischen an ihm abgelenkt. Sie sehen ihn jetzt positiver. Und Sie reagieren entsprechend: Sie verhalten sich selbst positiver. Das merken Sie vielleicht gar nicht. Aber Ihre Mimik ist jetzt diesem Menschen gegenüber entspannter. Sie sprechen weniger verkrampft. Sie lächeln deutlicher und mehr. Das sind alles Signale, die untergründig auf den anderen Menschen einwirken. Er fühlt sich stärker durch Sie akzeptiert. Und er reagiert nun auch seinerseits freundlicher.

Ohne große auffällige Aktionen zu starten, können Sie so ein angespanntes Verhältnis entkrampfen. Manchmal führt das zu geradezu verblüffenden Erfolgen. Und Sie können es fast überall anwenden: in der Familie, am Arbeitsplatz, gegenüber Kollegen und genauso gegenüber dem Chef.

Übung 61 Menschen positiv verändern: Ein Wunschbild entwickeln

Ausgangsproblem

Manchmal haben wir unter den Unzulänglichkeiten anderer Menschen zu leiden. Sie sind unzuverlässig, faul, spitzzüngig, provozierend oder einfach nur lästig. Wir reagieren vielleicht mit Ermahnungen, Tadel oder Ironie. Aber dadurch bessert sich nichts. Im Gegenteil: Die Situation kann sich durch solche Reaktionen noch verschlimmern. Was also tun? Kritik ändert so leicht nichts. Wir könnten natürlich so tun, als wenn uns gar nichts störte. Dann wird wenigstens nichts schlimmer. Aber das ist schwer durchzuhalten. Und unser Leiden am Verhalten der anderen Menschen ändert sich damit nicht. Es bleibt nur eins übrig: Das Gegenteil von Kritik – und das ist Lob.

Man kann es wirklich mit Lob versuchen. Viele Menschen sind schnell mit Kritik an Dingen und Menschen. Aber sie sind langsam mit Lob. Dabei ist Lob ein wichtiges und wirksames Mittel zur Veränderung. Denn bei Lob werden viele Menschen offener und williger. Sie geben sich mehr Mühe. Mit Lob ist in der Regel einfach mehr zu erreichen als mit Herumnörgeln.

Nun hat allerdings nicht jeder Mensch Übung im Loben. Und Sie vielleicht auch nicht. Zudem muss das Lob schon gekonnt rübergebracht werden. Sonst wird die Absicht vielleicht allzu deutlich und das wiederum verstimmt. Probieren Sie es deshalb einmal damit: Stellen Sie sich einen anderen Menschen innerlich so vor, wie Sie ihn sich wünschen. Und dieses innere Bild geben Sie nicht so schnell auf. Machen Sie es so:

Sie entspannen sich und stellen sich innerlich den anderen Menschen vor. Sie versuchen dabei ein Bild von ihm zu bekommen, wie er für Sie sein sollte. Sie erleben ganz intensiv dieses Wunschbild. Sie prägen es sich tief ein. Allerdings schauen Sie auch, ob Sie dies Bild relativ leicht bekommen oder nicht. Denn das Bild muss sich mit den Möglichkeiten decken, die im anderen Menschen stecken. Wenn Ihnen dies Bild nicht so leicht vor Augen tritt, dann hat das vielleicht damit zu tun, dass das gewünschte Bild an den Möglichkeiten des anderen Menschen vorbeigeht. Manchmal kann bei der Suche nach einem angemessenen Wunschbild auch ein innerer Begleiter helfen – der sagt dann, welches Bild akzeptabel und welches nicht zu realisieren ist (Übung 90).

Die Gefahr bei dieser Suche ist, dass die eigenen Wünsche allzu sehr durchschlagen. Denn der andere Mensch hat natürlich ein eigenes Wunschbild von sich. Wenn sich unser Wille weitgehend damit deckt, kommen wir ihm bei seinen eigenen Bestrebungen entgegen. Dann ist Veränderung möglich. Wenn unser Wunschbild dagegen dem seinen widerspricht, haben wir keine Chance.

Wir brauchen also ein Gespür für den anderen Menschen, wenn wir ein realisierbares Zukunftsbild für ihn entwickeln wollen. Sie können die Gefahr eines falschen Wunschbildes mindern und Ihre Erfolgschancen erhöhen, wenn Sie zusätzlich ein inneres Gespräch mit dem anderen Menschen führen.

Sie sagen dem anderen Menschen, dass Sie unter seiner Verhaltensweise leiden. Sie fragen ihn innerlich nach seinen Gründen. Sie erklären ihm dann Ihre eigenen Gründe, warum Sie eine Veränderung wünschen. Sie hören dabei auf seine Erwiderungen und Gegenargumente. Und Sie halten mit Ihren eigenen Argumenten wieder dagegen. Sie sprechen so lange miteinander, bis Sie spüren, dass Sie die andere Seite überzeugt haben. Dann willigt der andere Mensch in die Veränderung ein und will sich darum bemühen.

Übungsergebnis

Bei dieser Vorgehensweise finden Sie leichter, was für die andere Seite realisierbar ist. Zugleich werden Sie selbst innerlich durch dieses Gespräch davon überzeugt, dass die angestrebte Veränderung wirklich möglich ist. Diese Ihre Überzeugung ist aber für den tatsächlichen Wandel ganz wesentlich. Denn die Veränderung funktioniert folgendermaßen: Wir geben dem anderen positive Signale, wenn er sich in der gewünschten Art und Weise verhält und verändert. Das geschieht subtiler als durch lautes Lob. Denn schon mit unserem Gesichtsausdruck, dem Tonfall und den Körperbewegungen senden wir entsprechende Signale aus. Auch mit beiläufigen Bemerkungen – ohne es selbst zu registrieren – üben wir Einfluss aus. Überhaupt begegnen wir dem anderen Menschen insgesamt positiver, da wir ja inzwischen ein heimliches positives Bild von ihm haben. Und das allein schon verändert!

Übung 62 Strategischen Vorsprung gewinnen: Die Gegenseite analysieren

Ziel: Absichten der Gegenseite erkennen

Bei einem Konflikt sind wir oft vor allem mit unseren eigenen Wünschen und Absichten beschäftigt. Darüber kommt der Blick auf die andere Seite leicht zu kurz. Wir werden dann überrascht von Aktionen oder Reaktionen der Gegenseite. Zudem bewirken unsere eigenen Vorgehensweisen manchmal das Gegenteil von dem, was wir eigentlich wollen. Es ist wie beim Schachspiel: Derjenige siegt, der die Absichten der jeweiligen Gegenseite frühzeitiger durchschaut. Natürlich sollte man zusätzlich auch noch ein paar gute Züge parat haben. Um mehr Klarheit bei einem Konflikt zu gewinnen, können Sie zunächst einmal die Fragen des folgenden Formulars beantworten.

Konflikt: .... Datum: ....

Ich selbst	Gegenseite
Mein bisheriges **Ziel**: Was will ich erreichen?	**Ziel** der Gegenseite: Was will sie erreichen? ....
Welche **Mittel** setze ich bisher dafür ein?	Was setzt die Gegenseite bisher ein? ....
Wie **abhängig** bin ich von der Gegenseite? Ich stufe das mit einem Kreuz zwischen 0 (= völlig unabhängig) und 10 (= total abhängig) ein. 0 1 2 3 4 5 6 7 8 9 10 völlig unabhängig – total abhängig	Wie **abhängig** ist die Gegenseite von mir? Ich stufe das mit einem Kreuz zwischen 0 und 10 ein. 0 1 2 3 4 5 6 7 8 9 10 völlig unabhängig – total abhängig
Als wie wichtig **empfinde** ich das, was ich erreichen will? (Bewertung mit dem **Gefühl**) 0 1 2 3 4 5 6 7 8 9 10 völlig unwichtig – total wichtig	Als wie wichtig **empfindet** wahrscheinlich die Gegenseite das, was sie erreichen will)? 0 1 2 3 4 5 6 7 8 9 10 völlig unwichtig – total wichtig
Wenn ich das, was ich erreichen will, ganz distanziert betrachte: Wie wichtig ist es dann **tatsächlich**? (Bewertung mit dem **Verstand**) 0 1 2 3 4 5 6 7 8 9 10 völlig unwichtig – total wichtig	Wie wichtig ist das vermutlich **tatsächlich**, was die Gegenseite erreichen will? (Bewertung mit dem **Verstand**) 0 1 2 3 4 5 6 7 8 9 10 völlig unwichtig – total wichtig

Wenn ich nun die Wichtigkeit meines Zieles gegen die Wichtigkeit des Zieles für die Gegenseite **abwäge**, wie sehe ich sie jetzt? Mein Ziel ist nun

wichtiger ☐ gleich wichtig ☐ weniger wichtig ☐

(Ich kreuze das Zutreffende an)

Wenn ich jetzt eine der folgenden **Strategien** wähle, um den Konflikt zu bewältigen, mit welcher Strategie reagiert dann vermutlich die Gegenseite?

	Ich	Geg	Ich	Geg	Ich	Geg
– Sich massiv durchsetzen						
– Gemeinsam das Problem lösen						
– Einen Kompromiss schließen (z.B. halbe/halbe)						
– Weitgehend nachgeben						
– Völliger Rückzug, Flucht						

(Ich kreuze erst die von mir gewählte Strategie an, dann die vermutliche Strategie der Gegenseite – bis zu dreimal)

Gefragt wird im Formular auf Seite 141 nach Zielen und Strategien, aber auch nach deren Bedeutung für beide Seiten. (Wenn Sie die Seite kopieren, können Sie sie immer wieder als Checkliste verwenden und ausfüllen.)

Wichtig: Gewicht der Ziele

Bei einem Konflikt kann das jeweilige Gewicht der beiderseitigen Ziele bedeutsam sein. Denn von einem höheren Standpunkt aus ist es sinnvoll, dass vor allem das wichtigere Ziel Erfüllung findet. Wenn also das eigene Ziel viel wesentlicher ist als das der Gegenseite, sollte man hartnäckig dafür kämpfen. Ist es umgekehrt, sollte man eher großzügig nachgeben. Wenn man das tut und der Gegenseite entgegenkommt, erwirbt man damit das Recht, bei anderer Gelegenheit die eigenen Interessen wieder durchzuboxen.

Allerdings ist es oft nicht einfach, die Wichtigkeit von Zielen zu bestimmen. Objektiv kann es absolut unwichtig sein, ob ein Kind nun das gewünschte Eis bekommt oder nicht. Subjektiv kann es aber für das Kind gerade sehr bedeutsam sein. Dann könnte ein Erwachsener zum Beispiel einen objektiv wichtigeren Einkauf zurückstellen und erst einmal ein Eis beschaffen.

Wichtig: Form der Lösung

Ein einzelner Konflikt ist meistens eingebettet in eine längere Beziehung. Und die bei einem Konflikt erzielte Lösung wirkt sich wieder auf das spätere Miteinander aus. Sie fördert etwa weiteren Streit oder verhindert ihn. Wer sich insgesamt zu viel durchsetzt, kann an Sympathie verlieren, Unwillen erzeugen oder gar Aggressionen hervorrufen. Wer dagegen zu viel nachgibt, kann in Zukunft ganz übergangen werden, er wird gar nicht mehr gefragt.

Als optimal gilt bei einem Konflikt, wenn beide Seiten gemeinsam eine Lösung erarbeiten. Dann ist die Wahrscheinlichkeit am größten, dass man beiderseits mit dem Ergebnis einigermaßen glücklich wird. Doch diese optimale Situation ist längst nicht immer gegeben. Besonders wenn eine Seite von der anderen stärker abhängig ist als umgekehrt, entstehen oft Schwierigkeiten. Ein Chef kommt meistens leichter zum Zug als seine Mitarbeiter.

Zum Teil liegt das daran, dass man zu wenig über die jeweils andere Seite weiß. Oder dass beide Seiten ihre Karten verdeckt halten. Denn die schwächere Seite muss fürchten, womöglich zu viel von sich preiszugeben. Sie könnte dann noch schwächer werden, wenn die Gegenseite die erhaltenen Informationen gegen sie verwendet. Und die stärkere Seite kann Angst haben, dabei ein Stück ihrer Macht zu verlieren.

Wichtig: Mindestmaß an Vertrauen

Voraussetzung für die gemeinsame Arbeit an einer Lösung ist also: ein Mindestmaß an gegenseitigem Vertrauen. Ist dieses Vertrauen nicht gegeben, legen beide Seiten ihre Karten nicht offen auf den Tisch. In solch einem Fall können Sie anders versuchen, an Informationen zu kommen. Sie können den folgenden Weg ausprobieren:

Sie entspannen sich und gehen möglichst auf die tiefere Wohlfühl-Ebene (Übung 9). Dann lassen Sie sich Ihren Konfliktpartner innerlich vor Augen treten. Sie schauen zunächst, wie dieser Mensch in Ihrer Vorstellung aussieht und welche Miene er macht. Vielleicht sagt das schon Wichtiges über ihn aus. Dann richten Sie innerlich das Wort an ihn. Sie fragen ihn erstens, welche Ziele er bei dem Konflikt hat. Dann wollen Sie zweitens wissen, wie wichtig ihm eigentlich diese Ziele sind. Und sie fragen drittens, welche Strategien er verfolgt. Sie wollen also wissen, wie er gegen Sie vorzugehen gedenkt. Schließlich fragen Sie ihn: Wenn Sie ganz bestimmte Aktionen zur Lösung des Konfliktes unternehmen würden, wie er dann seinerseits darauf reagieren würde.

Ergebnis: Auskunft durch die Gegenseite

Sie wollen also zudem noch seine Gegenstrategien in Bezug auf Ihre eigenen Aktionen erfahren. Ihre Intuition kann oft ganz gut mögliche Aktionen und Reaktionen voraussehen. Deshalb kann Ihnen die Gegenseite in inneren Bildern manchmal schon relativ genau sagen, was sie plant und wie sie vorgeht. Zwar ist nicht sicher, dass es in der Realität auch hundertprozentig so kommt – aber es spricht schon vieles dafür. Vor allem sind Ihre Chancen einer richtigen Einschätzung dann besonders groß, wenn Sie Ihr Gegenüber schon länger oder intensiver kennen.

Ergebnis: Schweigen der Gegenseite

Allerdings kann Ihnen auch passieren, dass sich der andere Mensch in den inneren Bildern ausschweigt. Er gibt nichts preis. Sie laufen wie gegen eine Wand und das Fragen funktioniert nicht. Dann gibt es eine andere Möglichkeit, doch noch weiterzukommen. Dazu ist es nötig, dass Sie Ihrer eigenen Sitzgelegenheit eine andere gegenüberstellen – also einen Stuhl oder einen Sessel. Und dann gehen Sie so vor:

Sie stellen sich zunächst innerlich vor, dass der andere Mensch auf dem Stuhl oder Sessel Ihnen gegenübersitzt. Sie sehen ihn da deutlich. Und dann stellen Sie ihm wieder die Fragen nach seinen Zielen, nach der Wichtigkeit dieser Ziele für ihn und nach seinen Strategien.
Nur diesmal warten Sie nicht auf Anworten. Stattdessen setzen Sie sich selbst auf den Stuhl oder Sessel gegenüber. Sie begeben sich damit in die Person des anderen Menschen hinein. Sie werden dieser Mensch. (Dazu müssen Sie kurz die Augen öffnen, sich umsetzen und wieder die Augen schließen.)
Sie spüren nun erst einmal, wie es ist, die Gestalt des anderen Menschen zu haben und seine Kleidung zu tragen. Sie spüren, wie es ist, dieser andere Mensch zu sein. Und dann schauen Sie sich den Ihnen gegenübersitzenden Menschen an – also sich selbst. Was fühlen Sie als dieser andere Mensch? Was empfinden Sie nun Ihrer eigenen Person gegenüber?

> *Danach stellen Sie sich vor, Sie würden nun als der andere Mensch auf Ihre Fragen nach den Zielen, ihrer Wichtigkeit und nach den beabsichtigten Strategien antworten. Und Sie geben auch diese Antworten.*

Diese Vorgehensweise wirkt noch intensiver, wenn Sie nicht alle Fragen auf einmal stellen. Und wenn Sie dann als der andere Mensch nicht alle auf einmal beantworten. Sie fragen also, setzen sich für die Antwort um und kehren für die nächste Frage wieder zu Ihrer eigenen Sitzgelegenheit zurück.

Wenn Ihnen der andere Mensch unsympathisch ist, ist es vielleicht unangenehm, sich in seine Person hineinzubegeben. Aber es lohnt sich. Sie können unter Umständen auf diese Weise viel mehr über ihn und sein Vorhaben erfahren, als es bei der zuerst beschriebenen Vorgehensweise möglich ist.

Große Strategen haben sich schon immer in die Denk- und Fühlweise ihres Gegenübers hineinzuversetzen versucht. Sie haben sich bemüht, in ihrer Planung den Absichten der Gegenseite immer einen Schritt voraus zu sein. Mit Hilfe der beschriebenen Vorgehensweisen kann Ihnen das gut gelingen. Dann haben Sie optimale Chancen, Ihre persönlichen Interessen in einem Konflikt ausreichend zu wahren oder sogar durchzusetzen.

Übung 63 Untergründige Störungen beseitigen: Innere Belastungen auflösen

Problem: Unerledigte Erwartungen und Verpflichtungen

Viele Spannungen und Konflikte haben mit Erwartungen, Befürchtungen und Schuldgefühlen zu tun, die nicht geklärt und bereinigt sind. Das gilt besonders für längere oder intensivere Beziehungen. Es können Beziehungen zwischen langjährigen Geschäftspartnern, zwischen Chef und Mitarbeitern oder zwischen Kollegen am Arbeitsplatz sein. Ebenso kann es Beziehungen zwischen Eltern und Kindern, Lebenspartnern oder ehemaligen Lebenspartnern betreffen. Hier besteht oft ein Geflecht von unaufgelösten Gefühls-Investitionen. Hier sind unbewusste Rechnungen offen. Hier ist noch etwas unerledigt. Erst nach der Beseitigung dieser Störquellen sind neue Schritte in der Entwicklung der Beziehung möglich.

Zu einer wirksamen Bereinigung sind zwei Schritte nötig: Zuerst muss das aufgedeckt werden, was noch unerledigt ist. Danach müssen die Emotionen aufgelöst werden, die damit verbunden sind und sich untergründig störend bemerkbar machen. Für die Aufdeckung belastender emotionaler Bindungen haben sich folgende innere Vorstellungen bewährt:

Sie entspannen sich. Und dann gehen Sie möglichst auf die tiefere Wohlfühl-Ebene (Übung 9). Anschließend stellen Sie sich vor, dass Ihnen die Person gegenübersitzt, um die es geht. (Sie können auch beide stehen.) Und Sie sehen die Spannungen, die es zwischen Ihnen beiden gibt: Sie sehen sie als Drähte, Fäden oder Seile, die zwischen Ihnen verlaufen und Sie miteinander verbinden. Sie sind oft straff gespannt.

Erster Schritt: Erkenntnis

Jetzt geht es darum, die Gründe für diese Spannungen zu erkennen: Es können Zettel an den Drähten hängen, die den jeweiligen Grund angeben. Entziffern Sie dann diese Zettel. Ein Hinweis kann auch darin enthalten sein, wo die Drähte, Fäden oder Seile bei Ihnen oder Ihrem Gegenüber ansetzen. Im Übrigen können Sie in dieser Situation meist gut spüren, was es auf Ihrer Seite an Unaufgelöstem gibt. Für die andere Seite können Sie es vielleicht aus dem Gesicht, aus den Gesten oder der Haltung ablesen. Sie können aber auch einfach die andere Seite danach fragen. Sie gibt Ihnen dann voraussichtlich Anwort.

Übungsergebnis

Was kann sich da ergeben? Sie können beispielsweise erkennen, dass Ihnen ein Geschäftspartner noch immer nachträgt, dass er Verluste erlitten hat – und zwar durch Sie, obwohl Sie damals gar nichts dafür konnten. Er macht Ihnen Schuldvorwürfe und Sie selbst haben deswegen ein schlechtes Gewissen. Oder Ihnen wird nun bewusst, dass die Spannungen mit einem Kollegen deshalb bestehen, weil Sie befördert worden sind und er nicht.

Eine andere Möglichkeit: Sie sehen oder erfahren, dass Ihr früherer Lebenspartner noch immer hofft, dass Sie zu ihm zurückkehren. Diese – seine – Erwartung steht belastend zwischen Ihnen. Oder vielleicht haben Sie Schuldgefühle, weil Sie nicht so viel für Ihre alte Mutter da sein können, wie sie es sich wünscht. Das sind alles unterschwellige Störungen der Beziehung. Wie können Sie nun zu einer Bereinigung kommen? Bleiben Sie im inneren Bild:

Sie beginnen ein Gespräch mit der anderen Seite. Wenn der Grund für die Spannungen eher auf Ihrer Seite liegt, erklären Sie beispielsweise Ihr eigenes Verhalten. Sie werben um Verständnis dafür. Und Sie bitten vielleicht um Verzeihung – das kann ein ganz wichtiger Punkt sein.

Zweiter Schritt: Bereinigung

Wenn der Grund mehr auf der anderen Seite liegt, versuchen Sie erst der anderen Seite zu helfen, ihr Problem zu lösen. Einen sich an Sie klammernden ehemaligen Partner verweisen Sie etwa darauf, dass er sich doch nur umzuschauen braucht, und dann würde sich schon jemand anderes finden. Oder Ihnen fällt hinsichtlich Ihrer Mutter ein, dass Ihr Bruder etwas mehr für sie tun könnte. Sie versprechen ihr nun, dafür zu sorgen.

Es geht darum, die Drähte, Fäden oder Seile abzulösen und aufzulösen. Manchmal können Sie deutlich spüren, was noch zu tun ist, bevor diese angespannte Verbindung gelöst werden kann. Manchmal wird allerdings klar, dass die andere Seite uneinsichtig ist und trotz Ihres guten Willens die Ablösung nicht will. Sie möchte vielmehr die Macht über Sie nicht aufgeben, die ihr diese Verbindung verleiht. Sie will Sie im Griff behalten. Dann hilft oft nichts anderes als ein radikaler Schnitt.
Wenn Sie die Verbindung gelöst haben, versuchen Sie stets, die Reste der Drähte, Fäden und Seile ganz zu beseitigen. Sie können sie in Säure auflösen oder verbrennen. Das ist dann das Signal an Ihr Unbewusstes, dass die Spannung nun wirklich völlig beseitigt ist.

Übungsergebnis

Was geschieht bei dieser Maßnahme? In Ihnen selbst verändert sich etwas. Beispielsweise lösen sich Ihre eigenen Schuld- und Verpflichtungsgefühle auf. Damit verändert sich Ihr Verhältnis zur Gegenseite. Sie treten ihr in Zukunft freier entgegen. Und die Gegenseite spürt das dann auch. Sie kann dadurch ebenfalls erleichtert sein. Oder sie fühlt, dass sie keine Macht mehr über Sie besitzt.

Bei ganz schweren Spannungsverhältnissen insbesondere zwischen Eltern und Kindern reicht diese Vorgehensweise nicht aus. Wenn das auf Sie zutreffen sollte, brauchen Sie therapeutische Hilfe. Dann zeigen sich in solchen inneren Bildern derartig schwere Verkettungen, dass Selbsthilfe einfach nicht möglich ist.

Bei der Auflösung von Spannungen in inneren Bildern kann gelegentlich ein innerer Begleiter oder eine Begleiterin hilfreich sein (Übung 90). Denn manchmal kann es im inneren Bild recht unangenehm sein, mit dem anderen Menschen allein zu sein – man hat ja einen Konflikt mit ihm. Mit einer Begleitung haben Sie moralischen Beistand. Oder die Begleitung sagt Ihnen die Gründe für die Spannung, falls Sie Mühe haben, sie zu erkennen. Oder sie hilft Ihnen bei der Auflösung. Übrigens: Sie spüren die Auflösung von Spannungen durch solche inneren Bilder nicht erst, wenn Sie mal wieder mit der anderen Seite zusammentreffen. Sie fühlen die Befreiung sofort!

Übung 64 Vorhaben vorbereiten: Taktik und Strategie planen

Es gibt Bücher, die für bisher allzu duldsame Menschen eine neue Aufmüpfigkeit propagieren. Und viele Menschen versuchen, daraus lernen. Früher haben sie vielleicht geschwiegen und ihren Widerspruch runtergeschluckt. Jetzt aber machen sie ihrem Missbehagen, ihrem Ärger oder ihrer Wut Luft.

Doch wie geht es diesen neuen Aufmüpfigen, wenn sie nun plötzlich Forderungen stellen und nicht mehr alles hinnehmen? Wenn es gut geht, bekommen sie tatsächlich die gewünschte Aufmerksamkeit, erhalten Verständnis und können ihr Anliegen durchsetzen. Wenn es aber nicht funktioniert, dann kommt es zum heftigen Konflikt. Womöglich sind sie dann noch ärmer dran, als wenn sie den Mund gehalten hätten.

Oft wichtig: Mit Gefühlen und Wünschen strategisch umgehen

Zu den wichtigen Lernprozessen in der Kindheit und auch später gehört es, mit Gefühlen und Wünschen geschickt umzugehen. Denn es gibt Situationen, da kann es wirklich hilfreich sein, sich emotional zu artikulieren. Aber es existieren andere Situationen, da ist das schädlich. Wer beispielsweise seine Wut dem Chef einfach ins Gesicht schleudert, kann sich damit schwere Nachteile einhandeln – bis hin zu einer Kündigung.

Man muss seine Gefühle und Interessen gut organisieren und managen, um das Beste für sich herauszuholen. Anders gesagt: Man braucht Taktik und Strategie. Das gilt erst recht dann, wenn ein Konflikt droht oder wenn ein solcher vielleicht sogar bereits vorhanden ist.

Eine einfache und bekannte Form kurzfristiger Taktik ist beispielsweise: Vor einem beabsichtigten Tadel äußert man zunächst ein Lob. Damit beugt man möglicher Verstimmung vor und hilft dem anschließend Getadelten, die Kritik leichter zu akzeptieren.

Eine etwas längerfristige Strategie ist dagegen, einem Menschen zunächst mehrmals einen Gefallen zu tun, bevor man ihn Wochen später um Hilfe bittet. So kann man jemanden dazu bringen, sich zum richtigen Zeitpunkt einem selbst gegenüber in der Pflicht zu fühlen.

Form: Eine Handlungskette entwerfen

Taktik und Strategie bedürfen einer gewissen Vorausschau. Sie bedeuten, eine Handlungskette für die Zukunft zu planen und aufzubauen. Dabei ist es nötig, Reaktionen der anderen Seite möglichst gut vorauszusehen und passende eigene Schritte auszuwählen. Wichtig ist zugleich, vorher das persönliche Ziel klar definiert zu haben und es selbst bei unerwartetem Verlauf der Handlungs- und Reaktionskette nicht aus den Augen zu verlieren.

Um für ein bestimmtes Vorhaben eine gute Handlungskette zu entwerfen, sollten Sie möglichst schon ein paar ihrer Elemente im Kopf haben. Dann können Sie folgendermaßen vorgehen:

Sie entspannen sich und schließen die Augen. Dann konzentrieren Sie sich zunächst auf Ihr Ziel: Sie suchen ein Symbol dafür in Form eines Begriffes oder eines Bildes. Ist das Symbol gefunden, stellen Sie sich vor, dass es in einem großen farbigen Kreis steht. Sie prüfen anschließend den Kreis und damit das Ziel: Ist der Kreis vollkommen rund und ist seine Farbe klar und überall gleichmäßig, heißt das, dass Ihr Ziel ebenfalls ausreichend klar und eindeutig ist. Ist der Kreis dagegen brüchig, die Farbe verwaschen oder ungleichmäßig, ist Ihr Ziel leicht verworren und Sie sollten es zunächst noch präziser bestimmen.

Ist das Ziel klar, müssen Sie die taktischen oder strategischen Schritte festlegen. Sie stellen sich diese Schritte als eine Reihe von anderen Kreisen vor, die wie Fußstapfen zu dem großen Zielkreis hinführen. In jedem dieser Kreise steht wieder ein Symbol oder ein Wort, das den jeweiligen Schritt bezeichnet. Auch hier hat jeder Kreis eine Farbe. Kreis und Farbe dienen ebenfalls wieder als Prüfzeichen: Sind sie nicht rund, klar und eindeutig, ist der vorgesehene Schritt mehr oder weniger fragwürdig. Er ist dann in seiner Wirkung eher problemat ' Er sollte besser durch einen überzeugenderen Schritt ersetzt werden.

Die einzelnen Schritte können Sie in beliebiger Reihenfolge festlegen: Sie können mit dem ersten, aber auch mit dem letzten vor dem Ziel oder genauso mit einem Schritt mittendrin anfangen. Danach bauen Sie die Kette mit weiteren dazu passenden Schritten auf. Wenn zwei Schritte in der vorgesehenen Reihenfolge gut zueinander passen, verbinden Sie diese in Ihrer Vorstellung

mit einem dicken Strich. Gelingt Ihnen kein überzeugend dicker Strich, ist die Kombination der beiden Schritte noch verbesserungswürdig. Vielleicht benötigen Sie noch einen Zwischenschritt oder Sie müssen andere Schritte aufeinander folgen lassen.
Zum Schluss haben Sie eine Handlungskette aus deutlichen Strichen und klaren farbigen Kreisen, an deren Ende der große Zielkreis hängt.

Am Ende: Das Ergebnis fixieren

Das Verfahren klingt vielleicht etwas kompliziert, es ist aber ziemlich schnell beherrschbar und führt zu guten Erfolgen. Wenn Sie Ihre Handlungsschritte bisher nur locker im Kopf hatten, dann werden Sie nun gezwungen, sie aneinander zu knüpfen und präzise abzustimmen. Dabei zeigt Ihnen Ihre Intuition mit Hilfe der farbigen Kreise, wo noch Schwächen liegen. Zudem ist die Handlungskette in dieser Form visuell einprägsam und gut erinnerlich. Wenn die Handlungskette gefunden ist, lässt sie sich natürlich hinterher schriftlich festhalten. Sollten sich die ursprünglichen Voraussetzungen verändern, ist jederzeit eine flexible Anpassung an die neuen Gegebenheiten möglich.

Der Vorteil einer solchen bewussten und ausgefeilten Planung ist, dass Sie weniger aus dem Augenblick heraus improvisieren. Kurzfristige emotionale Aufwallungen haben weniger Gewicht. Sie gefährden einzelne Schritte oder gar das ganze Ziel weniger. Das ist besonders wichtig, wenn ein Konflikt akut ist. Dann kann es bisweilen mühsam sein, in der emotionsgeladenen Atmoshäre diszipliniert am eigenen Vorgehen und Ziel festzuhalten.

Übung 65 Verhandlungsergebnisse verbessern: Das Erfolgsargument finden

Es gibt Erfolgsargumente, die stechen einen ganzen Sack anderer Argumente aus. Wenn man ein solches wirklich gutes und treffendes Argument in der Hand hat, dann sind sonstige Argumente nur noch Nebensache. Sie dienen nur noch der zusätzlichen Abrundung und Garnierung der Hauptargumentation. Oder anders gesagt: Ein einziges gutes Argument ist viel mehr wert als eine Reihe von halben Argumenten.

Argumentbeispiele

Wirklich überzeugende Argumente sind in allen Lebenslagen nützlich. Sie sind beim Verhandeln und Verkaufen hilfreich. Sie bieten Unterstützung bei der Kindererziehung. Sie können politisch etwas in Bewegung setzen. Ein wirklich überzeugendes Argument kann zum Weiterdenken anregen, zu neuer Kreativität führen und insgesamt aktivieren. Bei Kindern beispielsweise kann das Argument »Du bist doch schon groß!« alle Widerreden ersticken und sie in Bewegung setzen. Ein überzeugendes Argument kann allerdings aber auch ein Totschlag-Argument sein. Es führt dann zu Lähmung und Stillstand. Wer etwa den drohenden Verlust einer Freundschaft aufzeigt, kann jemand anderes damit in erhebliche Hilflosigkeit stürzen.

Eigentlich gibt es kein Argument, mit dem nicht eine Absicht verbunden ist – und sei es nur der Wunsch zu zeigen, dass man Sachkenntnis hat. Meist aber hat es das Ziel, bei einem anderen Menschen etwas zu verändern. Das bedeutet: Man argumentiert, um jemanden zu etwas zu bringen. Oder aber man argumentiert, um jemanden von etwas abzubringen.

Wenn Sie ein Erfolgsargument brauchen und suchen, können Sie dafür wieder innere Bilder einsetzen. Dabei spielt gerade der Punkt eine entscheidende Rolle, wie viel Kraft ein Argument entfaltet, um das Denken, Fühlen oder Handeln eines anderen Menschen zu verändern. Sie gehen dann so vor:

Bei schon vorhandenen Argumenten

Sie entspannen sich und gehen möglichst auf die tiefere Wohlfühl-Ebene (Übung 9). Dann stellen Sie sich die Person – oder auch die Personengruppe – vor, die Sie überzeugen wollen. Wenn es sich um mehrere Menschen handelt, suchen Sie sich ein paar typische davon heraus. (Im Folgenden gehe ich aber nur von einer Person aus.)

Auf der linken Seite neben diesem Menschen sehen Sie dann das, wozu Sie ihn bringen wollen. Oder auch das, wovon Sie ihn – im Gegenteil – abbringen wollen. Vielleicht ist dies etwas Sichtbares, womit die Person etwas anfangen oder eben auch nicht anfangen soll. Sollte es etwas Abstraktes sein, müssen Sie dieses wahrscheinlich durch ein Symbol darstellen. Dieses Symbol kann eine Sache, ein Wort oder ein Anfangsbuchstabe sein (Übung 5).

Auf der rechten Seite von der Person sehen Sie dann Ihr eigenes Argument – eventuell als Symbol dargestellt. Dieses Argument soll den Menschen zur linken Seite hinschieben oder von da wegziehen. Sie schauen nun innerlich zu: Gelingt es Ihrem Argument in dem Bild, die Person zu dem hinzuschieben, wohin Sie sie haben wollen? Oder gelingt es dem Argument, sie von da wegzuholen, wovon Sie sie wegbekommen möchten?

Ihre Intuition kann Ihnen so sagen, ob Ihr Argument voraussichtlich Wirkung zeigen wird. Und es kann zugleich andeuten, wie stark oder schwach diese Wirkung vermutlich ausfallen wird. Das wird noch deutlicher, wenn Sie mehrere Argumente durchprobieren und deren Kraft miteinander vergleichen.

Bei noch fehlenden Argumenten

Allerdings kann es sein, dass Sie im Moment vielleicht noch gar keine Argumente haben. Sie sind erst noch auf der Suche. Dann können Sie sich so weiterhelfen:

Sie sehen wieder die Person, verbunden mit dem, wozu Sie sie bringen oder wovon Sie sie abhalten wollen. Auf der anderen Seite sehen Sie jetzt aber nicht Ihr schon fertiges Argument, sondern nur den Bereich, aus dem es stammen könnte. Und Sie testen zunächst verschiedene Bereiche daraufhin durch, welcher den stärksten Einfluss hat. Haben Sie diesen Bereich gefunden, versuchen Sie in einem zweiten Schritt, einzelne Argumente aus diesem Bereich zu finden. Diese probieren Sie dann ebenfalls durch.

Sie können so erst einmal prüfen, ob etwa Argumente aus dem Bereich des Berufs, der Finanzen, des Privatlebens, der Freizeit oder des Hobbys Erfolg versprechen. In dem Bereich, in dem das der Fall zu sein scheint, graben Sie anschließend tiefer nach einem umwerfenden Argument.

Das, was Sie auf diese Weise in den inneren Bildern entdecken, steht allerdings unter dem Vorbehalt, dass Sie den anderen Menschen ausreichend gut kennen. Denn je weniger Sie bisher Kontakt mit ihm hatten, desto unsicherer ist auch Ihre Intuition. Es kann deshalb taktisch geschickt sein, zunächst vorsichtig auszuloten, ob Ihr Gegenüber auf Argumente aus dem ausgewählten Bereich wirklich anspricht. Wenn dem so ist, dann steuern Sie zunächst mit einer Kette von Nebenargumenten auf Ihr Ziel zu. Zum Schluss spielen Sie Ihr Erfolgsargument aus – als Trumpf und Krönung Ihrer Gesamtargumentation. Das wirkt!

Übung 66 Durch Kooperation gewinnen: Geben und Nehmen vorprogrammieren

Konflikte können so oder so ausgehen: Es ist möglich, dass die eine Seite deutlich gewinnt und die andere erheblich verliert. Das ist beispielsweise der Fall, wenn die eine Seite Macht, Autorität oder spezielle Bündnisse einsetzt und wenn die andere Seite daraufhin nachgeben muss. Bei einem Konflikt ist es auch möglich, dass beide Seiten verlieren. Das geschieht etwa, wenn sie sich in einem Kompromiss auf den kleinsten gemeinsamen Nenner verständigen. Bei der optimalen Konfliktlösung dagegen gibt es zwei Gewinner: Bei dieser Lösung wird in intensiver Kooperation ein Ergebnis ausgearbeitet, das beiden Seiten deutliche Vorteile verschafft.

Ziel- und Ergebnisbeispiele

Um eine solche Lösung handelt es sich beispielsweise, wenn zwei Konkurrenten ein Zusammengehen auf dem Markt vereinbaren. Beide Seiten können daraus Nutzen ziehen. Eine solche Lösung ist auch, wenn ein ausziehender Mieter sich mit dem neu einziehenden Mieter über die Renovierung einigt.

Voraussetzungen

Eine solche Lösung setzt einiges voraus: Zum Beispiel muss guter Wille auf beiden Seiten vorhanden sein. Es wird Vertrauen und Offenheit gebraucht. Die Atmosphäre sollte friedlich und nicht aggressiv sein. Entscheidende, aber problematische Einzelheiten müssen direkt angesprochen werden können. Die Frage ist, wie solche Voraussetzungen zu schaffen sind. Ich schlage Ihnen dafür folgendes innere Bild vor:

Sie entspannen sich, schließen die Augen und gehen möglichst wieder auf die tiefere Wohlfühl-Ebene (Übung 9). Dann stellen Sie sich vor, dass Sie mit der anderen Seite zusammensitzen – zum Beispiel an einem Tisch oder in Sesseln. Sie sehen sich dabei in angeregtem Gespräch mit der anderen Seite. Sie erklären dabei, dass Sie eine Kooperation zu gegenseitigem Nutzen wünschen und dass Sie bereit sind, der anderen Seite entsprechende Vorteile zu verschaffen. Das beobachten Sie eine ganze Weile.
Dann sehen Sie, wie Sie der anderen Seite etwas überreichen – mit einer besonderen Geste. Das, was Sie überreichen, ist unsichtbar. Danach gibt Ihnen diese Seite auch etwas mit der gleichen Geste zurück. Darauf geben Sie wieder etwas, dann die andere Seite. Und so geht es eine Weile fort. Sie selbst können dieses gegenseitige Geben und Nehmen noch mit entsprechenden Worten begleiten. Schließlich steigen Sie ganz in Ihre Person im Bild ein: Sie sitzen jetzt selbst direkt am Tisch. Dabei spüren Sie körperlich deutlich, wie sich diese Kooperation anfühlt – also gegenseitiges Geben und Nehmen.
Als Symbol für die Kooperation können Sie über der ganzen Szene zwei ineinander greifende Zahnräder laufen sehen.

Übungsergebnis

Dieses Bild macht Sie innerlich bereit, auf die andere Seite kooperativ zuzugehen. Dabei ist ein wichtiges Mittel, dem zukünftigen Kooperationspartner schnell konkrete Vorteile in Aussicht zu stellen. Aber schon die einleitende Tonart, Mimik und Gestik spielen eine bedeutende Rolle. Die andere Seite erfasst sie unbewusst und wird geneigt, kooperativ zu reagieren.

Während des realen Gesprächs können Sie sich die ineinander greifenden Zahnräder immer wieder kurz vor Augen führen. Das stärkt Ihren Kooperationswillen und Ihre Kooperationshaltung.

Wenn Sie allerdings Tricks, Unredlichkeiten und Hinterhältigkeiten fürchten, können Sie Mühe haben, tatsächlich in eine Kooperationshaltung hineinzukommen. In solch einem Fall verbinden Sie am besten Kooperationswillen mit verstärktem inneren Schutz. Dazu finden Sie Hilfen in der folgenden Übung 67. Mit dieser Doppelstrategie lassen sich verblüffende Erfolge erzielen!

Übung 67 Kritische Situationen bestehen: Sich innerlich vor anderen schützen

Problembeispiele

Es gibt Situationen, in denen Sie von anderen abhängig sind. Oder Sie werden durch andere bedrängt oder bedroht. Sie fühlen sich jedenfalls nicht so unabhängig, sicher und bei sich selbst, wie Sie es sich wünschen. Die Ursache kann beispielsweise bei einem Chef liegen, der in seinen Ansprüchen einfach zu weit geht. Oder Sie haben einen Kollegen, der oft intrigiert. Oder ein Verhandlungspartner greift öfter zu unfairen Mitteln. Oder ein Nachbar neigt ständig zu sehr spitzen Bemerkungen.

Das, was Ihnen zugemutet wird, ist dabei das eine. Das andere ist, dass Sie durch diese Erfahrung noch zusätzlich verunsichert werden. Genau diese Verunsicherung macht Sie angreifbar. Die andere Seite bemerkt das meist und nutzt es dann häufig aus. Sie würde wahrscheinlich vorsichtiger und zurückhaltender sein, wenn sie auf Ihrer Seite mehr Sicherheit spüren würde.

Wenn Sie wenigstens ein Gefühl von innerem Schutz hätten, würde Ihnen das schon mehr Sicherheit geben. Sie würden dann selbstbewusster und selbstsicherer auftreten. Und Sie würden der anderen Seite nicht nur weniger Macht geben, sondern Sie könnten auch leichter Unzumutbares zurückzuweisen. Das Gefühl von innerem Schutz würde Ihnen helfen, anderen Grenzen zu setzen. Wie aber erhalten Sie solch einen inneren Schutz? Folgende Vorstellung kann Ihnen helfen:

Sie entspannen sich, schließen die Augen und stellen sich dann vor: Sie bauen eine Lichtmauer um sich herum. Die Mauer ist so fest und so hoch, dass niemand ungebeten zu Ihnen vordringen kann. Die Mauer bietet dann besonders guten Schutz, wenn Sie sie zusammen mit einem inneren Begleiter oder einer inneren Begleiterin errichten (Übung 90).

Diese Mauer kann verschiedene Ausführungen haben – je nach Bedarf. Sie kann aus lichtem, durchsichtigem Panzerglas sein, sodass Sie immer sehen können, was in der Umgebung vorgeht. Sie sind aber trotzdem absolut geschützt. Die Mauer kann aus Licht-Ziegelsteinen bestehen. Vielleicht ist sie aber auch nur ein Sperrzaun aus Licht-Brettern, der anderen zeigt: Hier beginnt mein Territorium. Erspüren Sie, was für eine Art von Schutz Ihnen Sicherheit gibt, und errichten Sie ihn dann!

Besonders vor kritischen Zusammentreffen ist es gut, sich an diese Mauer zu erinnern. Stellen Sie sich diese dann jedes Mal intensiv vor, sodass sich das Gefühl von Schutz spürbar einstellt.

Ergebnisbeispiel

Wollen Sie ein Beispiel haben? Am Vorabend des letzten Scheidungstermins kam eine Frau zu mir. Sie war ziemlich nervös und verunsichert. Der Anwalt ihres Mannes war beim vorletzten Termin ausgesprochen hart mit ihr umgesprungen, und von ihrem eigenen Anwalt fühlte sie sich zu wenig unterstützt. Wir haben dann eine Schutzmauer um sie errichtet. Dabei stellten wir ihr noch einen inneren Begleiter beiseite. Am nächsten Tag hatte sie ein starkes Geborgenheitsgefühl bei ihrem eigenen Anwalt – so wie noch nie zuvor. Die beiden bildeten dadurch ein besseres Team. Wahrscheinlich fühlte sich auch der Anwalt von ihr mehr akzeptiert. Jedenfalls fand er nun besonders durchschlagende Argumente. Und der Anwalt der Gegenseite gab plötzlich ein ziemlich klägliches Bild ab. An diesem Tag gelang es, Dinge für die Frau zu sichern, die sie eigentlich schon verloren geglaubt hatte.

Übung 68 Mobbing: Aus Unsicherheit und Selbstzweifeln herauskommen

Mögliche Ursachen

Wenn sich jemand sehr unsicher oder unnormal verhält, reizt das oft andere Menschen. Sie fangen an zu spotten. Oder es finden sich welche, die in persönlichen Schwächen herumbohren. Gerade solche, die selbst unsicher sind, können besonders brutal gegen andere vorgehen. Wenn sie andere erniedrigen, wollen sie meistens bewusst oder unbewusst verhindern, dass sie selbst zur Zielscheibe für andere werden.

Bei den Menschen gibt es ebenso wie in der Tierwelt Hackordnungen und Beißordnungen. Aus dem Amerikanischen stammt die Rede vom »underdog«. Das ist der Unterhund, der von allen gebissen wird. Er steht im Rudel auf der untersten Stufe der Hierarchie. Indem man ihn demütigt, kann man sich und anderen beweisen, dass man selbst einen höheren Rang hat.

Auch beim Mobbing geht es oft um eine solche Beißordnung. Da stürzt sich dann eine Meute auf ein Opfer, das zum Unterhund gemacht wird. Das inzwischen fast modische Wort Mobbing beschreibt keinen neuen Sachverhalt. Schon immer haben einige Menschen andere erniedrigt und auf die unterste Stufe in einer Hierarchie gestoßen. Aber dieses neue Etikett macht den Sachverhalt bewusster. Die ursprüngliche Übersetzung aus dem Englischen zeigt deutlich, worum es geht. Sie lautet: »jemanden anpöbeln«, »lärmend über jemanden herfallen« oder »sich lärmend zusammenrotten«. Zwar handelt es sich tatsächlich häufig nur um kleine Sticheleien, Witzeleien oder Schikanen, mit denen jemand traktiert wird. Doch auf Dauer wirken diese zermürbend. Und der Effekt ist letztendlich genauso, als würde man von einer pöbelnden Menge massiv bedroht.

Unsicherheiten können – wie gesagt – zu solchem Verhalten reizen. Aber es können auch besondere Fähigkeiten sein, die dieses Verhalten auslösen. Oft ist es Neid, der andere zu Angreifern macht. Aber immer gilt: Die Angriffe führen zu Unsicherheiten. Oder sie verstärken schon vorhandene Selbstzweifel. Und je länger die anderen zubeißen, desto mehr nehmen die Unsicherheiten zu. Wer so in die Position des Unterhundes gerät, zeigt womöglich schließlich aus Angst so viel beschwichtigende Demut, dass die Unterhund-Position praktisch besiegelt ist. Viele Betroffene reagieren dann mit Krankmeldung und langer Krankheit. Oder sie kündigen ihren Arbeitsplatz – sofern ihnen nicht schon vorher gekündigt wurde.

Mögliche Hilfen

Wenn Sie durch Mobbing in die Position des Unterhundes geraten sind, brauchen Sie möglichst die Unterstützung durch andere Menschen. Allein ist es sehr schwer, aus der Situation wieder herauszukommen. Das ist besonders dann der Fall, wenn es auch noch einen geheimen Masochismus in Ihnen geben sollte. Das würden Sie daran merken, dass es Ihnen insgeheim Genugtuung verschafft, wenn es Ihnen schlecht geht.

Trotzdem gibt es Möglichkeiten, die Situation zu verändern. Das gilt besonders dann, wenn die Rolle des Unterhundes noch nicht festgeschrieben ist. Wenn das Mobbing gerade erst begonnen hat, hat man gute Chancen, allein eine Wende herbeizuführen. Das geht allerdings nicht von einem Tag auf den anderen. Wichtig ist, dass Sie für die Angriffe unempfindlicher werden. Wie kann das gehen? Sie teilen sich auf. Und Sie quartieren den besonders empfindlichen Teil von Ihnen, den Unterhund, einfach aus. Denn Sie sind nicht nur Unterhund. In Ihnen gibt es noch vieles andere. Und irgendwo steckt sogar ein Oberhund – allerdings ganz klein. Aber zunächst geht es um die vorübergehende Trennung vom gedemütigten Unterhund. Sie nehmen sie folgendermaßen vor:

Sie entspannen sich und schließen die Augen. Dann stellen Sie sich vor, dass es einen unsicheren, sich immer duckenden Teil in Ihnen gibt – den Unterhund. Den lassen Sie aus sich heraustreten. Er soll sich neben Sie setzen oder stellen. Dieser Teil hat Ihr Gesicht und Ihre Gestalt, aber er ist vielleicht leicht gebückt und hält den Kopf gesenkt. Schauen Sie sich diesen Teil an. Und bitten Sie ihn dann um das Einverständnis, dass Sie ihn vorübergehend ausquartieren.

Danach konzentrieren Sie sich auf den Rest, in dem Sie jetzt noch stecken. Spüren Sie, wie Ihnen jetzt anders zumute ist ohne den ausgegliederten Teil. Spüren Sie, wie viel sicherer und wie viel wohler Sie sich nun fühlen.

Danach probieren Sie zunächst in ziemlich harmlosen Situationen, den unsicheren Teil außerhalb von sich zu wissen und nur aus dem sicheren Teil heraus zu handeln. Wenn das funktioniert, können Sie das auch in schwierigeren Situationen riskieren. Wenn Menschen Sie angreifen, stellen Sie sich zusätzlich vor, dass diese nur den Unterhund meinen und treffen, der sich ja jetzt außerhalb von Ihnen befindet. Sie selbst bleiben von diesen Angriffen also unberührt. Die Angriffe gelten gar nicht mehr Ihnen.

Mögliche neue Reaktionen

Sie haben dabei ein doppeltes Ziel: Erstens wollen Sie Angriffe an sich vorbeigehen lassen. Sie wollen nicht mehr davon getroffen werden. Zweitens wollen Sie darauf überlegen reagieren können. Denn es reicht nicht, nur die Unterhund-Position besser auszuhalten. Sie müssen ganz aus dieser Situation herauskommen. Sie brauchen eine neue Position. Tagsüber muss Ihr Ziel sein, sich über das Verhalten anderer zu stellen. Sie sollen ganz souverän werden. Unangreifbar. Aus dieser Haltung heraus finden Sie dann Reaktionen, welche die Angreifer zum Verstummen bringen. Dazu kann auch gehören, dass Sie Vorgesetzte einschalten oder dass Sie in anderer Weise das Mobbing öffentlich machen – also einen Mobber vor anderen zur Rede stellen. Wahrscheinlich müssen Sie sich zunächst in verschiedener Weise und häufiger wehren. Aber irgendwann lassen die Angreifer von Ihnen ab. Oder es findet sich eine andere Lösung.

Abends denken Sie an den geprügelten Unterhund. Erzählen Sie ihm dann, dass Sie ihn aus seinem Elend herausholen werden. Trösten sie ihn. Werden sie großer Bruder oder große Schwester, die ihm helfen. Seine Leiden hören ja auf, wenn Sie mit Ihrer neuen Haltung Erfolg haben und aus der bisherigen Situation herauskommen. Dann haben Sie es nicht mehr nötig, ihn neben sich zu stellen und so zu tun, als wenn er gar nicht zu Ihnen gehörte.

Übung 69 Einsamkeit: Wege zu anderen Menschen bahnen

Das Problem Einsamkeit scheint – oberflächlich betrachtet – relativ selten zu sein. Denn man hört kaum etwas davon. Aber das liegt nicht zuletzt daran, dass die meisten davon Betroffenen sich ihrer Einsamkeit schämen. Oder dass sie diesen Zustand gut verdrängen. Einsam können beispielsweise Menschen sein, die sich gerade von ihrem Partner getrennt haben. Oder Menschen sind es, die ihren Partner durch Tod verloren haben. Aber auch in einer Partnerschaft kann jemand einsam sein, wenn das lebendige Gespräch erstorben ist.

Manche Menschen reagieren auf Einsamkeit, indem sie zum Arbeitstier werden. Sie decken sich so mit Arbeit ein, dass ihnen ihre Situation nicht bewusst wird. Andere versuchen, ihren Zustand durch Suchtmittel vergessen zu machen. Besonders Alkohol ist da beliebt. Fast alle Einsamen sind zudem in der Gefahr, depressiv zu werden.

Äußere und innere Gründe

Einsamkeit hat oft etwas mit äußeren Gegebenheiten zu tun. So etwa mit dem Verlust eines nahe stehenden Menschen. Aber in der Regel gibt es genauso innere Bedingungen dafür. Häufig haben einsame Menschen Probleme mit intensiveren Kontakten. Sie können unter Umständen zwar äußerlich sehr kontaktfreudig sein. Aber innerlich finden sie keine Nähe und Intensität. Sie können engere Kontakte regelrecht scheuen. Das kann mit schmerzhaften früheren Erfahrungen zu tun haben. Es sind oft alte, bisher nicht aufgearbeitete Probleme und Konflikte, die zu solcher Einsamkeit führen. Und in dem Ausweichen gegenüber intensiveren Kontakten steckt der Wunsch, neue Schwierigkeiten zu vermeiden. Zum Teil ist dann Hilfe nur über die intensivere Beschäftigung mit alten Erfahrungen möglich – und das bedeutet Beratung durch einen fachlich versierten Menschen.

Aber auch eigene Bemühungen können ein Stück weiterbringen. Der Weg aus der Einsamkeit hat dabei zur Voraussetzung: erstens das Eingestehen von Einsamkeit vor sich selbst. Und zweitens den Mut und die Aktivität, auf andere Menschen zuzugehen. Allerdings kostet gerade der Schritt auf andere zu manchmal ein solches Maß an Überwindung, wie man es nicht jeden Tag aufbringt. Wenn Sie diese Situation kennen, können Sie sich das Zugehen auf andere Menschen folgendermaßen erleichtern:

Sie entspannen sich und schließen die Augen. Sie gehen zudem möglichst auf die tiefere Wohlfühl-Ebene (Übung 9). Dann stellen Sie sich vor, dass mindestens die Hälfte der Menschen in Ihrer weiteren Umgebung in einen Lichtmantel gehüllt ist. Von ihnen geht damit etwas sehr Positives aus. Sie wirken angenehm. Sie wirken einladend.

Anders als in Übung 60 wird hier der Lichtmantel nicht nur einer speziellen Person umgehängt, sondern vielen Menschen. Dadurch wird Ihre ganze Umwelt viel einladender als vorher. Sie wirkt nun nicht mehr so abweisend, wie Sie es sonst vermutlich erleben. Am besten fangen Sie danach recht vorsichtig mit Kontakten an. Sprechen Sie etwa einmal ein Wort mit der Kassiererin im Supermarkt – Sie sollten sie aber vorher in einen Lichtmantel gehüllt haben. Oder sagen Sie einfach einen Satz mehr als sonst über Ihr Privatleben zu einem Kollegen – den Sie aber ebenfalls zuvor mit Licht ummantelt haben. Wenn Ihnen das gelingt, können Sie noch einen Schritt hinzufügen:

Sie stellen sich nun innerlich vor, dass Sie unter der Erde Wurzeln in Ihre Umgebung vordringen lassen. Sie können den Wurzeln dabei Zeit lassen. Wenn sie nicht sehr willig wachsen, versehen Sie sie vorn mit Lichtkugeln. Diese Kugeln werden dann zu Menschen hingezogen, die in den Lichtmantel gehüllt sind. Sie werden schließlich die Wurzeln dieser Menschen berühren.

Übungsergebnis

Die Wurzeln unter der Erde stehen für tiefere Beziehungen – also nicht für oberflächliche Kontakte. Ihr Unbewusstes wird mit diesem Bild bereitgemacht, auf andere Menschen zuzugehen und sich auf mehr Nähe einzulassen. Das verändert Sie zwar nicht schlagartig. Aber wenn Sie sich dieses Bild häufiger vergegenwärtigen, können Sie damit Ihre Wurzeln zum Wachstum anregen. Sie spüren dann, dass sie leichter zu Kontakten bereit sind. Dass Sie auch fähiger werden, den Umgang mit anderen Menschen zu vertiefen. Und dass Sie an Kontakten mehr Freude haben.

Kapitel 8
Zum eigentlichen Kern eines Problems vordringen

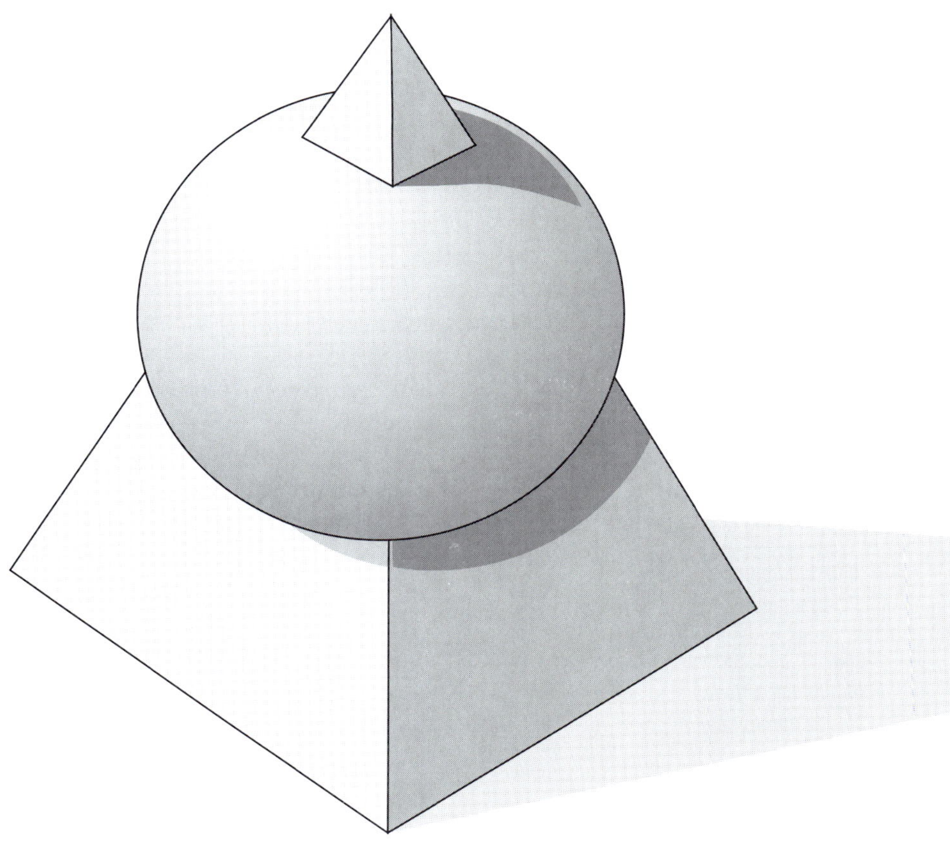

Übung 70 Das eigentliche Ziel finden: Die eigenen Absichten durchleuchten

Jeder Mensch hat Ziele und Lebensziele. Oft macht man sich diese aber nicht bewusst. Und noch weniger überprüft man, wie sinnvoll sie eigentlich sind. Täte man es, könnte sich ergeben, dass manches Ziel mit anderen Zielen unvereinbar ist – dass sie sich also gegenseitig behindern. Oder es könnte sich zeigen, dass sich der Einsatz im Verhältnis zum Ertrag nicht lohnt.

Hilfreich: Lebensplanung mit konkreten Lebenszielen

Es ist deshalb nützlich, für die persönliche Lebensplanung eine Liste mit Lebenszielen aufzustellen. Wenn man systematisch vorgeht, notiert man sie zunächst für jeden Lebensbereich einzeln: Für den Beruf, für die Freizeit, für die Beziehungen zu anderen Menschen, für die persönliche Entwicklung, für die materiellen Dinge. Diese Liste ordnet man dann danach, was einem als das wichtigste Ziel erscheint, was als das zweitwichtigste Ziel usw. Anschließend überprüft man die Vereinbarkeit der Ziele miteinander und den jeweils notwendigen Aufwand. Man kontrolliert auch, ob die Ziele eigentlich ausreichend konkret beschreiben, was man will. Danach wählt man daraus die entscheidenden Lebensziele aus – möglichst wenige.

Ziel: Erfolgserlebnisse

Der Mensch, der bewusst Ziele hat und sie ebenso bewusst verfolgt, hat beim Erreichen spürbare Erfolgserlebnisse. Gerade dadurch, dass man persönliche Wegstrecken mit Zielmarkierungen versieht, bekommt man eine Kontrolle über Erreichtes oder nicht Erreichtes und kann Ergebnisse freudig registrieren. Allerdings macht nicht jeder Erfolg glücklich. Manchmal schmeckt er etwas fade – ganz zum Erstaunen der Betroffenen.

Die Frage ist dann, ob mit den Zielen eigentlich alles stimmt. Denn das Fatale ist: Es kann hinter den bewussten Absichten noch versteckte Ziele geben. Mit einem scheinbaren Erfolg ist dann das eigentlich Angestrebte gar nicht erreicht. Man muss noch ein Stück weiter. Oder wenn man die versteckten Ziele kennen würde, hätte man das bisher Angestrebte vielleicht gar nicht erst gewollt.

Gefahr: Investition in letztlich unbefriedigende Lebensziele

Fast jedes Ziel ist zu hinterfragen. Wichtig ist das aber besonders bei den Vorhaben, in die man viel persönliche Kraft oder Mittel investiert. Worum geht es etwa – um ein Beispiel zu nennen –, wenn man eine hohe Position anstrebt: Braucht man diese Position, um sich besser selbst verwirklichen können? Oder geht es um Macht? Und wenn es um Macht geht: Wieso geht es darum? Weil es lustvoll ist, Macht zu haben? Oder liegt der Grund vielleicht woanders: Man hat zu wenig Selbstsicherheit und will das kompensieren? Oder man hat vom Vater immer nur Verachtung zu spüren bekommen und will es ihm jetzt zeigen? Wenn aber die beiden letzten Gründe ausschlaggebend sind, stellt sich die Frage, ob man in der angestrebten hohen Position wirklich glücklich und zufrieden sein wird. Denn sie ist ja nur ein Ersatzziel. Mit geringerem Aufwand und größerem Erfolg könnte man dagegen die innere Quelle der Unzufriedenheit trockenlegen, wenn man sie therapeutisch bearbeiten würde. Es kann also sinnvoll sein, Vorhaben auf die Ziele dahinter zu befragen. Mit inneren Bildern können Sie es in folgender Weise machen:

Kontrolle von Lebenszielen

Sie entspannen sich und schließen die Augen. Dann stellen Sie sich Ihr bisheriges Ziel vor: Sie sehen sich beispielsweise in der angestrebten hohen Position. Oder Sie sehen ein Symbol, das Ihr Ziel gut charakterisiert. Dann sagen Sie innerlich »Ich habe dieses Ziel, weil …« und hören einfach nur hin, was für Begründungen in Ihnen laut werden. Oder Sie schreiben in Ihrer Vorstellung oben über sich selbst in der hohen Position beziehungsweise über das Symbol die Worte »Mein Ziel ist …«. Und dann schauen Sie hin, was für Worte darunter von allein erscheinen. Vielleicht taucht auch spontan ein kleines Bild auf.
Eine zweite Möglichkeit ist: Sie stellen sich vor, Sie selbst in hoher Position oder das Symbol sind ein flaches Bild. Dieses Bild können Sie nach vorn aufklappen – so wie eine Papptür am Adventskalender. Und wenn Sie dies tun, finden Sie dahinter ein anderes Bild – Ihr eigentliches Ziel. Dieses versteckte Ziel kann dann real oder ebenfalls in symbolischer Form dargestellt sein.

Was Sie dann hören oder sehen, kann recht überraschend für Sie sein. Auf das Beispiel der hohen Position bezogen, könnten Sie etwa hören: »Ich will glänzen!« Oder hinter der Papptür finden Sie sich selbst als Strahlemann. Dann geht es Ihnen mit dieser Position offenbar um Prestige. Oder Sie lesen das Wort »Vater« oder finden Ihren Vater hinter der Papptür abgebildet. Dann wollen Sie vielleicht – wie oben beschrieben – Ihrem Vater Ihre Fähigkeiten beweisen. Etwas komplizierter wäre es, wenn da eine Seifenblase zu finden wäre. Die benötigte etwas Interpretationskunst. Vielleicht würden Sie dann herausfinden, dass Sie sich selbst in Ihrer Unsicherheit wie eine höchst zerbrechliche Seifenblase empfinden – und dass Sie die hohe Position als stabilisierenden Mantel haben wollen.

Ergebnisbeispiele

Ergebnisinterpretation

Manches von dem, auf das Sie in dieser Weise stoßen, gibt für Sie vielleicht unmittelbar keinen Sinn. Dann streichen sie das einfach. Aber der Rest, der Bestand hat, kann Sie auf versteckte Ziele bringen. Sie können übrigens zu demselben Zweck auch die in Übung 72 beschriebene Vorgehensweise benutzen: Sie stellen sich Ihr bisheriges Ziel als Karton mit entsprechenden Aufschriften oder Bildern vor. Und dann packen Sie diesen Karton aus und suchen darin nach Ihrem eigentlichen Ziel, dem Kernziel.

Konsequenzen

Wenn Sie dann auf ein Kernziel oder sogar mehrere davon gestoßen sind, ist die Frage, ob Sie Ihr bisheriges Ziel beibehalten. Es kann durchaus sein, dass die gewonnenen Erkenntnisse letztlich nichts daran ändern. Sie können vielleicht aber auch entdecken, dass Sie mehr von dem eigentlich Gewollten erreichen können, wenn Sie alle Ihre bisherigen Planungen umstoßen. Das kann dann zwar anstrengend und ein längerer Prozess sein – aber es kann sich durchaus lohnen!

Übung 71 Mögliche Ziele und Lösungen eingrenzen: Der Wolke der Ahnung folgen

Manchmal gibt es Ahnungen, wenn man auf der Suche nach sinnvollen Zielen, dem wahren Kern von Problemen oder guten Lösungen ist. Dann haben wir beispielsweise das unerklärliche Gefühl, dass in einem bestimmten Bereich das zu finden ist, was wir suchen.

Gründe für Ahnungen

Wie kommt es zu solchen Ahnungen? Wir nehmen viele Informationen unbewusst und unterschwellig auf. Zudem ist in uns ein ungeheurer Schatz von Erfahrungen gespeichert. Unsere Intuition verdichtet nun diese Informationen und Erfahrungen zu dem Gefühl der Ahnung. Sie signalisiert damit, dass sie Bereiche zu kennen glaubt, wo unser Suchen Erfolg versprechend ist.

Problembeispiele

Es gibt beispielsweise die Situation, dass ein Unternehmen seine Produktpalette in völlig neue Bereiche hinein erweitern will – aber man weiß zunächst nicht, wo verheißungsvolle Marktnischen zu finden sind. Dann kann möglicherweise die Intuition helfen, schnell diese Bereiche aufzuspüren. Oder ein erfahrener Arzt steht vor zunächst unerklärlichen Krankheitssymptomen. Dann leitet ihn manchmal die Ahnung, wie er der Ursache auf die Spur kommt. Oder ein Ingenieur steht vor einem technischen Problem. Seine Intuition lässt ihn dann gleich am richtigen Ort nach der Lösung suchen.

Damit sich sinnvolle Ahnungen überhaupt bilden können, ist ein Grundwissen nötig. Ebenso wichtig ist aber auch ein Überblick über die Bereiche, in denen das Gesuchte überhaupt zu finden sein könnte. Sonst endet die Suche nach Ahnungen in purer Spekulation.

Wenn Sie im Moment auf der Suche nach etwas sind, aber noch relativ ahnungslos herumtappen, können Sie auf die folgende Weise vielleicht weiterkommen. Sie versuchen es mit der »Wolke der Ahnung«:

Sie entspannen sich und schließen die Augen. Dann stellen Sie sich innerlich die Wolke der Ahnung vor: Sie ist so rötlich wie etwa die Morgenröte. Diese Wolke der Ahnung liegt in einer flachen Gegend über dem Land. Und während Sie hinsehen, beginnen sich in dieser Gegend Hügel zu bilden. Diese Hügel sind all die Bereiche, wo Sie vielleicht das Gesuchte finden könnten. Möglicherweise tragen die Hügel sogar die Namen dieser Bereiche. Oder an der Gestalt der Hügel ist abzulesen, für welche Bereiche sie stehen.

Vielleicht beginnt nun die Wolke der Ahnung, sich zu einem Hügel hinzuschieben. Sie lässt sich auf ihm nieder und hüllt ihn ein. Folgen Sie der Wolke und schauen Sie hin, auf was für einem Hügel sie nun liegt. Das ist dann der Bereich, in dem Sie wahrscheinlich das Gesuchte finden. Und wenn dieser Bereich noch Unterbereiche hat, schauen Sie, ob sich die Wolke für einen davon entscheidet.
Bleibt die Wolke unentschieden, können Sie einen inneren Begleiter oder eine Begleiterin in das Bild bitten (Übung 90). Vielleicht weiß auch diese innere Begleitung mehr als Sie und zieht die Wolke zu einem der Hügel.

Umgang mit dem Ergebnis

Wenn die Wolke und/oder Ihre Begleitung sich deutlich für einen Hügel entscheiden, nehmen Sie das als heißen Tipp. Gehen Sie ihm nach. Suchen Sie in dem entsprechenden Bereich. Aber setzen Sie sich auch eine Grenze, mit wieviel Aufwand Sie den Tipp erforschen wollen. Die Wolke macht nur Andeutungen und bietet keine Sicherheit. Das Gesuchte kann trotzdem noch woanders sein. Doch immerhin: Im positiven Falle kann Ihnen die Wolke vielleicht so viel Aufwand ersparen, dass sich die Überprüfung ihres Hinweises allemal lohnt!

Übung 72 Vom Symptom zur Ursache kommen: Das Problempaket auspacken

Vieles von dem, was wir als Problem erleben, ist nur vordergründig. Das wahre Problem steckt oft tiefer. Was uns zunächst beschäftigt, ist nur ein Symptom. Dieses Symptom zu bewältigen hilft uns daher oft nicht viel weiter. Die Ursachen müssen ergründet werden.

Problembeispiel

Es gibt zum Beispiel Organisationsprobleme, aufgrund derer es nicht vorangeht. Die neue Struktur, die eingeführt wird, ist zwar klar und einsichtig, aber trotzdem funktioniert sie nicht. Wenn man dann nachfasst, stellt sich beispielsweise heraus: Es sind viele mit der neuen Struktur unzufrieden, weil Besitzstände angetastet werden, Statusfragen ungeklärt bleiben oder Mehrarbeit ungleich verteilt wird. Das Problem »Organisation« wurde nur vordergründig gelöst. Es stecken noch andere Probleme dahinter. Bei ihrer Analyse wird erkennbar, dass diese zum Teil auch schon vorher der Grund waren, warum die alte Organisationsstruktur nicht funktionierte.

Nicht selten bleiben tiefer liegende Ursachen und Widerstände unklar und unerkannt. Das Problem ist aber nicht zu lösen, ohne seinen tieferen Kern anzugehen. Und es ist die Frage, wie man an ihn herankommt. Rationales Analysieren bringt da oft nicht viel. Aber wenn wir unsere intuitiven Möglichkeiten in geeigneter Weise einsetzen, können wir damit zum Teil weiterkommen.

Sie können versuchen, auf folgende Weise zum eigentlichen Kern des Problems vorzudringen: Sie stellen sich vor, dass das vordergründig erkennbare Problem ein großes Paket ist. Dieses gilt es nun zu öffnen und auszupacken. Innen drin finden sich dann der Kern und die eigentliche Ursache des Problems:

Sie entspannen sich und schließen die Augen. Dann stellen Sie sich das Paket vor. Es trägt vielleicht eine Aufschrift. Womöglich ist es in besonderes Papier eingepackt. Vielleicht ist ein Bild darauf gemalt. Oder es ist in sonstiger Weise gekennzeichnet. Zudem ist es verschnürt.
Sie prüfen erst einmal, wie schwer das Paket ist und wie viel Inhalt es hat. Dann öffnen Sie die Verschnürung und die Verpackung. Sie schauen, wie viel von seinem Gewicht tatsächlich Inhalt, wie viel Füllmaterial ist und wie viel Luft es enthält. Danach bemühen Sie sich, den gesuchten Kern zu erkennen. Vielleicht liegt er sofort offen da. Vielleicht müssen Sie aber noch weiter auspacken, bis Sie schließlich an ihn herankommen.

Der eigentliche Inhalt kann sehr klein sein. Er weist dann nur dezent auf das eigentliche Problem hin. Er kann zudem ein Symbol und verschlüsselt sein. Dann müssen Sie wieder entschlüsseln, was mit diesem Symbol gemeint sein könnte. Vielleicht finden Sie aber auch einen Zettel mit Aufschrift.

Es ist nicht ausgeschlossen, dass Sie sogar gar nichts finden. Dann gibt es vielleicht keinen eigentlichen Kern. Oder Ihr Unbewusstes will ihn vor Ihnen weiter verborgen halten. Aber in der Regel werden Sie nicht vergeblich suchen. Lassen Sie sich überraschen, was dieses Paket für Sie bereithält!

Übung 73 Verhaltensursachen aufdecken: Die Tür zu tieferen Gründen

Problembeispiele

Oft verstehen wir uns selbst nicht. Uns ist schleierhaft, warum uns etwa bestimmte Stimmungen heimsuchen. Oder warum wir uns in bestimmten Situationen ziemlich zwanghaft in bestimmter Weise verhalten und uns nicht anders verhalten können. Es kann etwa sein, dass wir auf eine Kollegin ständig höchst allergisch reagieren, obwohl es eigentlich keinen objektiven Grund dafür gibt. Oder dass wir immer wieder in einen heftigeren Meinungsstreit mit einem Vorgesetzten geraten.

Es sind meist bestimmte Erfahrungen, die ein solches Problem verursachen. Diese Erfahrungen können tief in uns stecken. Sie beeinflussen unsere Stimmungen und unser Verhalten. Und wir können uns manchmal nur ändern, wenn diese Erfahrungen an den Tag kommen und uns bewusst werden. Doch es ist bisweilen gar nicht so einfach, an sie heranzukommen. Zum Teil verschließt unser Unbewusstes solche Erfahrungen vor uns. Es will uns vielleicht schützen, weil wir bislang damit noch nicht umgehen können. Es kann also gute Gründe geben, diese verdeckten Dinge ruhen zu lassen. Nur wir wissen das nicht von vornherein.

Allerdings schadet es uns meistens nicht, einfach einmal zu probieren, ob wir an diese Dinge herankommen. Wenn es nicht gut für uns ist, funktioniert in der Regel das Verfahren nicht, das ich Ihnen hier vorschlage:

Sie entspannen sich und schließen die Augen. Am besten gehen Sie auch noch auf die tiefere Wohlfühl-Ebene (Übung 9). Dann stellen Sie sich vor, es gibt in einer Wohnung einen großen Abstellraum. Wenn Sie vor dessen Tür treten, finden Sie auf dieser Tür die Aufschrift: »Gründe für …«. Und da lesen Sie dann Ihr Problem.

Wenn Sie jetzt die Tür öffnen, finden Sie dahinter etwas, das mit Ihrem Problem zu tun hat. Vielleicht ist es ein Ding oder Symbol. Oder es ist eine Person oder Personengruppe. Vielleicht spielen sich da ganze Szenen ab. Oder der gesamte Raum hinter der Tür weist auf die Gründe für Ihr Problem hin. Manchmal allerdings lässt sich die Tür nicht öffnen. Dann können Sie versuchen, ob dies vielleicht einem inneren Begleiter gelingt (Übung 90).

Tatsächlich kann die Tür in Anwesenheit eines solchen inneren Begleiters leichter zu öffnen sein – das zeigen Erfahrungen. Der Begleiter – oder die Begleiterin – machen Mut, sich vielleicht unangenehmeren Wahrheiten zu stellen. Sie helfen auch, sie zu bewältigen.

Ergebnisbeispiele und Interpretation

Das, was Sie dann hinter der Tür sehen, kann ziemlich eindeutig der gesuchte Grund sein. Es ist etwa eine Person, die Sie einmal sehr verletzt hat. Oder es ist eine Szene, die Sie tief geprägt hat. Beispielsweise kann dort Ihre Mutter zu finden sein, die Sie oft seelisch verletzt hat. Plötzlich fällt es Ihnen nun wie Schuppen von den Augen, dass die Kollegin, auf die Sie immer so allergisch reagieren, viel Ähnlichkeit mit Ihrer Mutter hat. Vielleicht müssen Sie erst etwas Symbolhaftes entschlüsseln – und das gelingt nicht immer. Womöglich will Ihr Unbewusstes Sie vorläufig noch an der Erkenntnis hindern. Auch eine verschlossene Tür kann auf eine Verweigerung Ihres Unbewussten hinweisen. Mit Gewalt sollten Sie sie nicht öffnen. Wenn sie fest verschlossen ist und bleibt, sollten Sie das respektieren. Aber meist haben Sie gute Chancen, sie zu öffnen und mehr über Ihr Verhalten zu erfahren.

Übung 74 Eigene Wurzeln erkennen: In den Erinnerungskeller steigen

Zum Teil belasten uns Erfahrungen, die tief in die frühe Kindheit reichen. Sie sind oft sehr schwer zugänglich. Man hat zwar gewisse Vermutungen. Aber man möchte vielleicht doch noch genauer wissen, was da passiert ist, was einen geprägt hat. In diesem Fall kann man es mit dem Erinnerungskeller versuchen. Er kann helfen, an Erinnerungen heranzukommen, die noch tiefer liegen als die, die in der vorhergehenden Übung angesprochen wurden. Es geht dabei gleichfalls um psychische Reaktionen und Verhaltensweisen, die nicht recht erklärbar sind – etwa um Traurigkeit in bestimmten Momenten. Man kann den Erinnerungskeller auch ausprobieren, wenn man glaubt, dass belastende körperliche Symptome auf alte Erfahrungen zurückgehen könnten. Sie verfahren folgendermaßen:

Sie entspannen sich und gehen möglichst auch auf die tiefere Wohlfühl-Ebene (Übung 9). Dann stellen Sie sich einen angenehmen Ort in der Natur vor. An diesem Ort finden Sie ein großes Schild, auf dem Ihr Problem steht – also das Wort »Traurigkeit« oder »Schmerz« oder sonstiges. Und unter diesem Schild gibt es eine Treppe, die tief nach unten führt.

Wenn Sie diese Treppe hinuntersteigen, kommen Sie unten in eine Art Bunker. Da gibt es eine Bunker-Mannschaft. Die begrüßt Sie. Und Sie fragen diese Mannschaft, ob Sie hier etwas zu Ihrem Problem erfahren können. Die Mannschaft sagt »Ja« oder »Nein«. Wenn Sie »Ja« sagt, fragen Sie, ob das sofort geschehen kann. Vielleicht warnt die Mannschaft Sie dann, dass Sie aber auf Schlimmes vorbereitet sein müssten. Oder Sie nennt Ihnen andere Bedingungen. Sie müssen jedenfalls mit dieser Mannschaft aushandeln, ob und wie sie Ihnen Zugang zu dem gewährt, was Sie suchen.

Ist die Mannschaft bereit, Ihnen Zugang zu gewähren, werden Sie in einen Nebenbunker geführt. Da können Sie einen Bildschirm einschalten. Auf diesem Bildschirm sehen Sie dann, was Sie suchen. Es kann deutlich sein. Es kann aber auch nur sehr verschwommen und schwer erkennbar sein.

Gründe für die Vorgehensweise

Die Bunker-Mannschaft stellt die meist verborgenen Teile Ihres Unbewussten dar, die Sie schützen wollen. Aber bei dieser Vorgehensweise werden sie sichtbar und ansprechbar. Dadurch können Sie auch mit ihnen verhandeln. Sie können Bedingungen ausmachen, unter denen der Zugang zu dem Gesuchten möglich ist. Die Mannschaft verlangt dann etwa Ihr ausdrückliches Einverständnis, dass Sie schlimme Szenen nebenan vorgespielt bekommen.

Ein zweiter Schutzmechanismus ist die Vorführung auf einem Monitor. Etwa durch Unschärfe kann verhindert werden, dass Sie das Geschehene allzu deutlich erleben. Ebenso sind bestimmte Ausschnitte aus dem Geschehen möglich. Sie bekommen dann nicht alles zu sehen. Ein Mann etwa, der mehr über eine bestimmte Prügelszene in seiner Kindheit wissen wollte – die Mutter hatte ihm davon erzählt –, sah auf dem Monitor nur sein eigenes Gesicht als Kind: Das Kind hatte schreckenstarre Augen. Er begriff damit schon genug von dem Geschehen. Sein eigenes Verhalten wurde ihm nun verständlicher. Und er konnte sich selbst besser annehmen.

Ergebnisbeispiel

Wenn wir mehr von unseren Wurzeln begreifen, können wir nachsichtiger mit uns werden. Wir können mehr Einverständnis mit unseren Schwächen entwickeln. Wir gewinnen dadurch mehr Einheit mit uns selbst. Und damit haben wir dann auch mehr Kraft für die Welt um uns herum.

Übung 75 Unerledigte Probleme entdecken: Eine Gefühlskette knüpfen

Problembeispiel

Das haben Sie sicherlich schon erlebt: In Ihnen schwelt Ärger. Aber Sie werden ihn nicht los. Und dann passiert noch etwas – eigentlich etwas Harmloses. Aber Sie platzen gerade dabei. Normalerweise wären Sie mit dem letzten, dem harmlosen Problem locker umgegangen. Aber das ging jetzt nicht mehr, weil Sie noch auf einem früheren unerledigten Problem saßen. Es ist häufiger so, dass unter einem uns gerade bewussten Problem noch ein älteres, unerledigtes liegt. Wir glauben, wir müssten uns mit dem gegenwärtigen Problem abgeben. Aber das ist eigentlich gar nicht so wichtig. Viel entscheidender ist das alte Problem. Nur leider haben wir Mühe, es zu entdecken.

Das Verfahren der Gefühlskette kann da weiterhelfen. Sie haben zum Beispiel den Verdacht, dass Ihr gegenwärtiges Problem nur vorgeschoben ist. Dass es nicht das wahre Problem ist. Dann können Sie zu diesem Verfahren der Gefühlskette greifen:

Sie entspannen sich und schließen die Augen. Sie gehen möglichst noch auf eine tiefere Wohlfühl-Ebene (Übung 9). Dann nehmen Sie das gegenwärtige Gefühl als Ausgangpunkt. Sie benennen es mit dem passenden Wort – z.B. Ärger. Dann lassen Sie sich spontan ein weiteres Wort einfallen, das irgendwie in innerem Zusammenhang dazu steht. Ist dieses Wort da, schauen Sie innerlich auf ein Lämpchen. Leuchtet es auf, sind Sie mit diesem Wort auf einer heißen und verheißungsvollen Spur. Bleibt es dunkel, lassen Sie sich ein anderes Wort einfallen.

Auf diese Weise bilden Sie mit einem dritten Wort und mit weiteren Worten eine Wortkette. Das Lämpchen nehmen Sie bei jedem Wort in Anspruch, um auf der Spur zu bleiben. Die entscheidende Spielregel ist: Nach jedem Gefühlswort darf ein beliebiges Wort folgen. Aber nach einem Nicht-Gefühlswort muss das nächste Wort immer ein Gefühlswort sein.

Gründe für die Vorgehensweise

Die Gefühle werden bei dieser Problemsuche als Pfadfinder benutzt. Deshalb muss spätestens nach jedem Nicht-Gefühlswort wieder ein Gefühlswort kommen. Das hält Sie auf der Gefühlsspur. Das Lämpchen sorgt zusätzlich dafür, dass Sie nicht vom Wege abkommen. Was kann Ihnen bei dieser Form des Vorgehens geschehen? Ein Beispiel: Ein Mann fragt sich, warum er eigentlich so wenig Lust an seiner Arbeit hat. Ich schlage ihm die Gefühlskette als Such-Instrument vor. Er fängt bei dieser Kette mit dem Wort »Lust« an. Ein gewünschtes, aber nicht vorhandenes Gefühl kann also auch als Ausgangspunkt genommen werden. Die Gefühlskette verlief dann so:

Ergebnisbeispiel

Lust — Leben O — Freude O — innerlich Glühen O — Sehnsucht O — Trauer O — verpasste Chancen

Das »O« in der Kette hinter den Worten symbolisiert das Glühen des Lämpchens. Die Sackgassen, in welche die Gefühlskette zu geraten drohte, sind nicht angegeben. So folgte auf das Wort Freude zunächst das Wort Licht, aber da blieb das Lämpchen dunkel. Oder auf das innerliche Glühen folgte das Wort Verbrennen – auch das eine kalte Spur. Die Kette blieb bei den ersten vier Worten im Wunschbereich. Dann taucht das reale Gefühl Sehnsucht auf. Danach kommt das Gefühl Trauer – und das ist neu. Bei diesem Wort angekommen, spürt der Mann, dass in ihm unbewältigte Trauer festsitzt. Es ist Trauer über verpasste berufliche Chancen. Er hat durch falsches Sicherheitsdenken bisher in seinem Berufsleben weniger erreicht, als er sich einmal wünschte. Er begreift, dass er mehr Einsatz leisten muss.

Wenn Sie es selbst mit der Gefühlskette probieren, kann Ihnen ein inneres Kreiseln widerfahren: Sie finden eine Weile nur Worte, die mit unterschiedlichen Begriffen immer wieder dasselbe meinen. Das macht aber nichts. Meistens brechen Sie schließlich doch noch aus diesem Kreis aus. Sie finden dann hin zu etwas Neuem. Probieren Sie es!

Übung 76 Ursachen körperlicher Symptome finden: Einblick in den eigenen Körper nehmen

Viele Menschen leiden unter körperlichen Beschwerden, für die sich medizinisch keine ausreichende Erklärung findet. Entweder ist die Medizin noch nicht so weit, die Ursachen zu erkennen, oder es sind Beschwerden, die seelische Gründe haben. Fast jeder Mensch hat Situationen, in denen er mit Kopfschmerzen, Bauchschmerzen, Schwindel, Kribbeln oder sonstigen Symptomen auf belastende Situationen reagiert. Wenn man derartige Symptome hat, vermutet man vielleicht schon seelische Gründe. Aber es ist trotzdem nicht so leicht, ihnen auf die Spur zu kommen. Sie werden meist erst klarer, wenn sie häufiger auftreten. Dann kann es gelingen, eine Beziehung zu einem besonderen Ereignis herzustellen. Wenn Sie etwa immer morgens an dem Tag Kopfschmerzen bekommen, an dem der Chef unangemeldet bei Ihnen aufzutauchen pflegt, dann wird der Zusammenhang eines Tages unübersehbar.

Ursachenbeispiel

Aber wie können Sie sonst noch die Gründe für unerklärliche körperliche Beschwerden herausfinden? Eine Möglichkeit besteht in Folgendem:

Sie stellen sich vor, der Körperteil mit den Beschwerden hat einen Mund. Sie fragen ihn dann, warum er schmerzt, juckt, kribbelt oder sich sonstwie bemerkbar macht. Und Sie sehen nun innerlich, dass sich sein Mund öffnet und Ihnen Antwort gibt. Sie sehen ihn sprechen und hören seine Antwort.

Ergebnisbeispiel

Manchmal genügt dies, um die Ursachen für Beschwerden zu ermitteln. Der Körperteil könnte zum Beispiel antworten: »Ich jucke, weil der Mensch so unangenehm ist, mit dem du zusammenarbeitest.« Sollten Sie so zu keinem Ergebnis kommen, dann können Sie noch eine weitere Möglichkeit probieren: Sie versuchen innerlich in den Körperteil mit den Beschwerden hineinzusehen. Vielleicht können Sie dann Ungewöhnliches entdecken:

Entspannen Sie sich zunächst. Schließen Sie die Augen. Konzentrieren Sie sich dann auf den leidenden Körperteil. Schauen Sie, welche Farbe er innen für Sie hat. Das können alle möglichen Farben von weiß über rot bis schwarz sein. Schauen Sie weiter, welche Farbe Ihre Beschwerden in diesem Körperteil haben. Stellen Sie fest, welche Form diese annehmen. Versuchen Sie, noch weitere Einzelheiten zu erkennen. Schließlich prüfen Sie, ob Farbe, Form und weitere Einzelheiten Sie an etwas oder jemanden erinnern. Vielleicht entdecken sie innerlich sogar Fremdkörper in diesem Körperteil. Schauen Sie dann genau hin, welcher Art diese Fremdkörper sind.

Schon die Farbe und Form der Beschwerden können auf die Ursache hindeuten. Noch mehr teilen mögliche Fremdkörper mit. Besonders bei ihnen sollten Sie sich fragen: Weisen sie auf Personen oder Ereignisse hin? Sind sie vielleicht Teile von Personen? Oder werden sie von Personen an diese Stelle gebracht? So können Sie mögliche Verursacher der Beschwerden identifizieren.

Ergebnisbeispiel

Ein Beifahrer von mir hatte im Auto starke Kopfschmerzen. Ich habe ihn gebeten, die Augen zu schließen und sich innerlich diese Kopfschmerzen anzusehen. Er meinte, es sei etwas wie ein Angelhaken unter seiner Kopfhaut. Daraufhin habe ich ihn gefragt, ob es zu diesem Haken auch noch eine Angel gäbe. Ja – die konnte er dann sehen. Daraufhin habe ich wissen wollen, ob er auch erkennen könne, wer denn die Angel hält. Da sah er eine Frau – und er wusste nun sofort, an wessen Angelhaken er zappelte und warum er Kopfschmerzen hatte. Sie können die Ursachenforschung aber auch in einer Weise vornehmen, die nicht so hautnah ist – wenn Ihnen das lieber ist:

Sie stellen sich den Körperteil mit den Beschwerden vor. Sie sehen ihn von außen. Dann stellen Sie sich weiter vor, ein großer Buchstabe liegt auf diesem Körperteil. Es ist dessen Anfangsbuchstabe. Damit ist eine innere Verbindung zwischen diesem Anfangsbuchstaben und dem Körperteil hergestellt (vgl. auch Übung 5). Dann entfernen Sie den Buchstaben von dort und stellen ihn nun innerlich an einem beliebigen Ort auf. Er steht da jetzt stellvertretend für den betroffenen Körperteil. Sie sehen ihn ganz deutlich vor sich. Schauen Sie genau hin: Gibt es etwas hinter, über, unter ihm oder um ihn herum, was auffällig ist? Klebt etwas an dem Buchstaben dran? Oder wird gerade etwas mit ihm gemacht, während Sie hinschauen? Und was geschieht dann?

Ergebnisbeispiel

Aus den Dingen, die an diesem Buchstaben kleben oder um ihn herum geschehen, können Sie manchmal einiges erfahren. So sah etwa eine Frau mit Rückenschmerzen hinter dem Buchstaben »R« – für Rückgrat – Rauch aufsteigen. Als sie dort innerlich nachsah, kam dieser Rauch von einer Treppe hinter dem Buchstaben. Diese Treppe hatte eine schadhafte Stufe. Es sah so aus, als hätte da ein schwerer Hammer Teile der Vorderkante abgeschlagen. Die Treppe erinnerte die Frau an ihr Rückgrat. Und den Hammer hatte – so wurde ihr klar – eine ältere Frauenhand geführt. So kam sie dahinter, dass Ihre Rückenschmerzen etwas mit ihrer Mutter zu tun hatten.

Nun sind allerdings mit solch einer Erkenntnis die Ursachen noch nicht beseitigt. Das ist manchmal nicht so einfach, wenn deren Wurzeln tiefer reichen. Aber man hat jetzt immerhin eine Spur. Die kann man weiterverfolgen. Und die Chancen sind dann gar nicht so schlecht, auf Dauer zu einer entscheidenden Änderung zu kommen.

Übung 77 Verhandlungen führen: Die versteckten Absichten anderer aufspüren

Problembeispiele

Manchmal fragt man sich bei einem Gespräch: Was will der andere Mensch eigentlich? Denn irgendwie redet er um das eigentlich Gewollte herum. Aber es wird nicht recht erkennbar, worum es ihm eigentlich geht. Ähnliches kann bei Verhandlungen passieren. Die eigentlichen Ziele der Gegenseite bleiben verdeckt. Es wird irgendetwas vorgeschoben, aber die wahren Absichten werden nicht offen gelegt. Wenn man das bemerkt, kann ein leichtes oder auch stärkeres Unwohlsein in einem aufsteigen. Insbesondere bei Verhandlungen kann man das Gefühl bekommen, dass man über den Tisch gezogen wird. Nur leider weiß man nicht, in welchem Bereich das gerade geschieht. Und es können dann Befürchtungen auftreten, die einen übervorsichtig machen und damit die Situation noch erschweren und komplizieren.

Ziel: Entschlüsselung verdeckter Signale

Allerdings sendet die andere Seite meistens viele kleine Signale aus. Das geschieht mit Mimik, Gestik, Tonfall oder Wortwahl. Darin sind auch Hinweise auf das bisher Verheimlichte enthalten. Wir empfangen diese Signale, ohne sie bewusst zu registrieren oder ohne sie klar deuten zu können. Manchmal kann uns dann unsere Intuition ein Stück weiterhelfen. Wir müssen ihr nur die Möglichkeit geben, sich zu artikulieren. Auf folgende Weise können Sie eine Entschlüsselung verdeckter Signale versuchen:

Sie stellen sich innerlich einen undurchschaubaren Vorhang vor, der von der Decke bis zum Fußboden reicht. In dem Raum hinter diesem Vorhang befindet sich das, was Ihnen bisher entgangen ist und was Sie wissen wollen. Und nun schauen Sie innerlich, ob sich der Vorhang irgendwo vorwölbt. Dann ist etwas dahinter, das der Vorhang bisher verdeckt. Wenn das deutlich wird, versuchen Sie innerlich den Vorhang anzuheben oder wegzuziehen. Vielleicht zeigt sich dann das, was bisher versteckt war. Eventuell liegt es gleich offen vor Ihnen. Oder Sie erkennen ein verschlüsseltes Symbol. Oder Sie sehen ein Schild mit Aufschrift.

Wenn Sie ein Symbol entdecken, müssen Sie es entschlüsseln. Aber das ist meist nicht schwierig. Eine Kiste voller Münzen bedeutet etwa: Es geht letztlich ums Geld. Noch deutlicher können Schilder mit Aufschriften sein. Manchmal allerdings sind auch solche Beschriftungen noch zu interpretieren.

Mögliche Form: Blick auf eine leere Fläche

Ein Problem besteht darin, dass Sie vielleicht schon während des Gesprächs wissen wollen, was eigentlich verdeckt bleibt. Das bedeutet, dass Sie während des Meinungsaustausches ein inneres Bild wahrnehmen müssen. Das geht: allerdings nur, wenn Sie schon einige Übung damit haben. Dann schauen Sie nämlich kurze Zeit auf eine möglichst leere Fläche. Es fällt nicht sonderlich auf, wenn Sie etwa mal vorübergehend an die Wand oder zur Decke blicken. Mit offenen Augen können Sie da dann den Vorhang sehen. Sie prüfen in wenigen Augenblicken, ob sich dahinter etwas abzeichnet und was es gegebenenfalls ist.

Wenn Sie dann etwas entdeckt und entschlüsselt haben, prüfen Sie es zunächst. Versuchen Sie im Gespräch herauszubekommen, ob das Gesehene wirklich stimmt. Je häufiger sich das dann tatsächlich bestätigt, desto unbedenklicher können Sie in Zukunft Ihrer Intuition vertrauen. Und umso leichter fällt es Ihnen, Ihren Gesprächs-, Verhandlungs- oder Konfliktpartnern auf die Schliche zu kommen.

Übung 78 Beweggründe erfahren: Einen Menschen durchschauen

Menschen als Helfer oder Verhinderer

Bei Problemen spielen oft andere Menschen eine Rolle. Sie helfen beispielsweise bei der Lösung, weil sie fachkundig sind, weil sie moralische Unterstützung bieten oder weil sie über die benötigten Mittel verfügen. Sie verhindern aber auch manchmal Lösungen. Sie haben vielleicht eigene Interessen, die sie durchsetzen wollen. Gelegentlich sind andere Menschen sogar das Problem selbst. Sie machen Kopfschmerzen, sie tun mit ihrem Denken, Fühlen oder Verhalten regelrecht weh. Immer, wenn ein anderer Mensch in Zusammenhang mit unseren Problemen steht oder selbst das Problem ist, kann es nützlich sein, seinen Willen und seine Interessen genauer zu kennen. Wenn wir diese durchschauen, können wir uns besser darauf einstellen.

Menschen als das Problem selbst

Allerdings hat ein Mensch viele Facetten. Deswegen macht es keinen Sinn, einen anderen Menschen grundsätzlich durchschauen zu wollen. Das nützt uns bei der Lösung eines konkreten Problems wenig. Was wir brauchen, ist der Einblick in seine Beweggründe bei eben diesem Problem. Nützlich sind in einem solchen Fall Antworten auf Fragen wie: Warum hilft mir dieser Mensch bei meinem Problem – hat er Hintergedanken? Benutzt er mich für seine Zwecke? Oder: Was hat er eigentlich gegen mich? Fürchtet er, dass ich ihm bedrohlich werden könnte? Wenn wir darüber mehr wissen, können wir das in unsere Problemlösung einbeziehen. Diese wird dann vielleicht leichter, zumindest aber zufriedenstellender und haltbarer. Oder wenn uns ein anderer Mensch mit seinem Verhalten belastet, dann sind Fragen zu stellen wie beispielsweise: Woran leidet der Mensch eigentlich, der uns Sorgen macht? Was treibt ihn, dass er sich so problematisch verhält?

Problem: Mitbeteiligung eines Menschen

Wenn Sie mehr über einen Menschen erfahren wollen, der bei einem Problem eine Rolle spielt, gehen Sie folgendermaßen vor:

Entspannen Sie sich und schließen Sie die Augen. Dann gehen Sie möglichst auf die tiefere Wohlfühl-Ebene (Übung 9). Danach lassen Sie sich den Menschen in Ihrer Vorstellung vor Augen treten. Sie schauen zunächst, wie er dasteht, wie er sich verhält. Anschließend stellen Sie sich auch noch Ihr Problem vor. Es befindet sich etwas abseits von dem Menschen. Es kann durch ein geeignetes Symbol oder den Anfangsbuchstaben des Problems dargestellt sein (vgl. Übung 5).
Dann lassen Sie die Person zu Ihrem Problem hinzutreten. Schauen Sie, wie sie sich dabei verändert: Bekommt sie eine andere Haltung? Wechselt sie ihre Gestalt – wird sie größer, kleiner, dicker, dünner? Verändert sich ihre Miene? Stellen Sie sich zudem vor, dass das innere Wollen dieses Menschen Farben

hat. Diese Farben füllen ihn innerlich aus – ganz oder teilweise. Und Sie können in das Innere dieses Menschen hineinschauen und die Farben erkennen. Wie ändern sich nun die Farben, wenn er zu dem Problem hinzutritt? Sind es angenehme, hilfreiche Farben, die erscheinen, oder sind es eher unangenehme, giftige, zerstörerische Farben?
Schließlich versuchen Sie, der Person noch Fragen zu stellen. Fragen Sie sie direkt, was sie mit dem Problem vorhat. Versuchen Sie zu erfahren, welche Interessen sie dabei hat. Was sie bewirken oder verhindern möchte. Sie können sie auch fragen, wie ihr Verhältnis zu Ihnen bei diesem Problem ist: Will sie Ihnen helfen oder nur sich selbst? Oder will sie Ihnen sogar schaden?

Im bisherigen realen Umgang mit dem anderen Menschen haben Sie viele Signale aus seinem Mienenspiel, seinen Gesten und seinen Verhaltensweisen aufgenommen und registriert. Sie sind Ihnen vielleicht gar nicht aufgefallen. Aber Ihr Gehirn hat sie trotzdem gespeichert. Wenn Sie so vorgehen wie vorgeschlagen, kann das unbewusst Gespeicherte wieder zugänglich gemacht werden. Und Sie können Ihre Schlüsse daraus ziehen. Das Verblüffende ist: Oft gibt der andere Mensch bei der Befragung in der inneren Vorstellung tatsächlich seine Interessen und Ziele preis.

Problem: Der Mensch selbst

Ist der andere Mensch das Problem selbst, können Sie mehr über ihn erfahren, wenn Sie so vorgehen:

Lassen Sie sich die Person in Ihrer Vorstellung vor Augen treten. Schauen Sie, wie sie dasteht, wie sie sich verhält. Dann stellen Sie sich wieder vor, dass das innere Wollen Farben hat. Diese Farben füllen die Person innerlich aus – ganz oder teilweise. Vielleicht konzentrieren Sie sich auch auf bestimmte Stellen. Danach sprechen Sie die Person auf die Farben an und auf das, was Sie sonst noch innen sehen. Fragen Sie, was das bedeutet. Vielleicht erklärt es Ihnen die Person nun. Oder fragen Sie direkt, warum sie sich in der problematischen Weise verhält.

Wenn Sie nicht genug in Erfahrung bringen, können Sie noch einen Schritt weitergehen: Sie können sich selbst völlig in die Person des anderen Menschen hineinversetzen. Ich habe diese Möglichkeit in Übung 62 beschrieben. Allerdings möchte ich Sie wieder darauf hinweisen, dass sich Ihre Intuition bei diesen Bildern irren kann. Das ist zwar relativ selten der Fall, geschieht aber. Deswegen sollten Sie zusätzlich rational überprüfen, was Ihnen die inneren Bilder verraten. Auf jeden Fall bieten sie Ihnen eine Chance zum Entdecken von bisher Verdecktem. Deshalb sollten Sie nicht darauf verzichten.

Übung 79 Ursachen für Missgeschick klären: Ein Modell die Situation wiederholen lassen

Vor Missgeschicken sind wir nicht sicher. Mal fällt uns ein Glas auf die Fliesen, mal kommt alles Bremsen zu spät – und wir fahren dem Vordermann ins Auto. Ein Missgeschick kann ziemlich harmlos sein, aber es kann bisweilen die Dimensionen eines realen Albtraums annehmen. Genauer gesehen, lernen wir allerdings vieles aus Missgriffen und Unglücken. Das Prinzip von Versuch und Irrtum beruht gerade darauf. Beim Kleinkind können wir sehen, wie Zugreifen geübt wird und Fehlgriffe einfach dazugehören. Doch wenn wir älter werden, reicht das Prinzip von Versuch und Irrtum nicht mehr aus. Fehlversuche können dann teuer werden. Man baut nicht einfach ein neues Haus und schaut dann, ob es nun zusammenfällt oder nicht.

Ziel: Vermeidung erneuten Mißgeschicks

Unfälle und Katastrophen ziehen immer Neugierige an. Das hat nicht nur etwas mit Sensationslust zu tun. Unsere Neugier hat auch einen tieferen Sinn. Sie hilft uns, neue Erkenntnisse zu gewinnen, mit denen wir vielleicht das sonst fällige nächste Desaster vermeiden können.

Nur gelingt uns das längst nicht immer – auch nicht bei unseren eigenen Missgeschicken. Der Chef etwa statuiert gerade an uns ein Exempel. Oder bei Freunden schütten ausgerechnet wir das Glas Rotwein auf den hellen Teppich. Dann kommt die Frage auf: Warum? Aber wir stehen ziemlich dumm da. Wir finden keine Antwort und die Frage bleibt rhetorisch. Wir können daraus keine Konsequenzen ziehen.

Was habe ich Ihnen da vorzuschlagen? Vor allem wenn Ihr eigenes Verhalten der vermeintliche Grund für das Missgeschick ist, kann Folgendes helfen: Sie wählen sich einen Menschen aus, dem voraussichtlich nicht zugestoßen wäre, was Ihnen passiert ist. Vergleichen Sie dann Ihr eigenes Verhalten mit dem seinen. Spielen Sie Ihren eigenen kleineren oder größeren Albtraum noch einmal mit anderer Besetzung durch:

Entspannen Sie sich wieder und schließen Sie die Augen. Dann gehen Sie möglichst auf die tiefere Wohlfühl-Ebene (Übung 9). Danach sehen Sie sich innerlich in der Situation, die zu dem Missgeschick führte. Schauen Sie zunächst sich selbst zu, wie Sie sich verhalten. Danach wiederholen Sie dieselbe Situation in der inneren Vorstellung noch einmal. Diesmal aber mit dem anderen Menschen, dem das Missgeschick vermutlich nicht zugestoßen wäre. Sie können nun sehen, wie sich dieser Mensch verhält und was er anders macht.

Wenn Sie so die Unglückssituation durchspielen, geht es zunächst nur um die konkrete Situation. Hilfreicher ist es natürlich, wenn Sie etwas Grundsätzliches an dieser Situation entdecken: Das, was Sie generell falsch machen – etwa eine ständige ungeeignete Haltung. Oder eine grundsätzliche Fehleinschätzung. Damit lässt sich oft noch wirksamer weiteres Missgeschick verhindern.

Ergebnisbeispiel

Ein Beispiel: Eine junge Frau hat seit einem halben Jahr den Führerschein. Beim Ausparken fährt sie rückwärts gegen einen Lieferwagen auf der anderen Straßenseite. Als ich mit ihr diese Situation in der beschriebenen Weise durchgehe, nimmt sie ihren Freund als Vergleichsperson. Ich sage ihr, sie solle sich vorstellen, sie stehe außerhalb des Autos. Von dort schaue sie zuerst sich selbst und danach dem Freund zu. Dieser fährt, so sieht sie dann, einen viel engeren Radius beim Ausparken. Dadurch kommt er gar nicht auf der anderen Straßenseite in die Reichweite des Lieferwagens. Aber die junge Frau sieht noch mehr: Sie sieht, es ist Ihre Unsicherheit beim Rückwärtsfahren, die sie in Gefahr bringt. Um den Wagen neben ihr auf keinen Fall zu streifen, schlägt sie am Anfang das Steuer zu wenig ein. Zugleich ist sie mit dem Auto neben sich so beschäftigt, dass sie vergisst, auf das andere Auto hinter ihr zu achten.

Dies als Beispiel, wie Sie ebenfalls Ihre Analyse durchführen können. Zwar bringt in diesem Fall die Analyse nur begrenzte Hilfe: Die generelle Unsicherheit ist nicht sofort abzustreifen. Aber die Lehre aus dem Unfall taugt zumindest für ähnliche Situationen beim Ausparken.

Der Mensch lernt nicht nur durch Versuch und Irrtum, sondern auch, indem er sich bei einem anderen Menschen erfolgreiches Verhalten abguckt – das ist das so genannte Lernen am Modell. Auf dieser Form des Lernens beruht die Ihnen hier vorgeschlagene Vorgehensweise.

Kapitel 9
Positiver leben

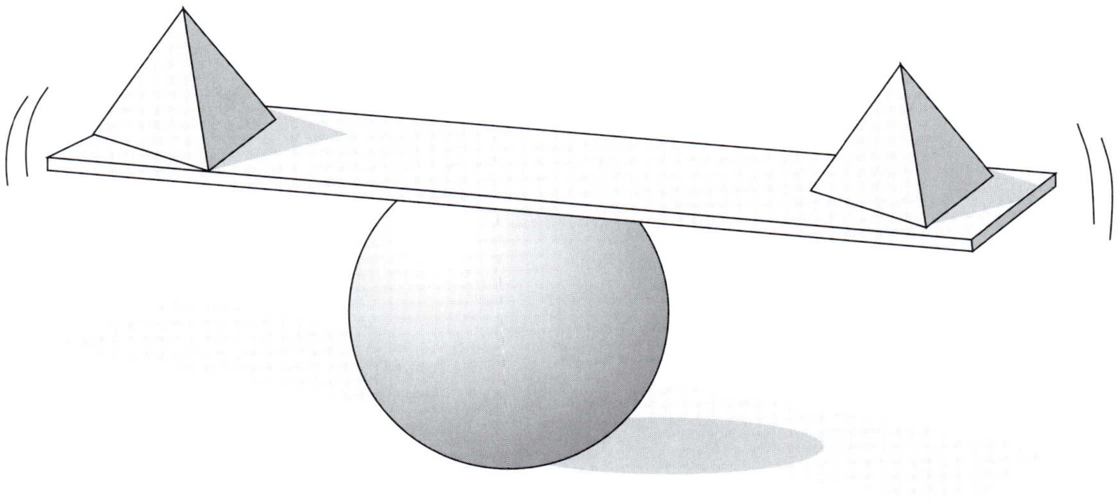

Übung 80 Stimmung heben: Das lichte Pluszeichen

Ausgangsproblem

Manchmal fehlt uns ein positives Grundgefühl zum Leben. Es mangelt uns an Optimismus, Spannkraft und Ausstrahlung. Wir sind in solchen Momenten für die Lebensbewältigung nicht so gut gerüstet. Das ist normalerweise nicht weiter tragisch. Kein Mensch ist jederzeit optimistisch und tatkräftig. Ungünstig ist es allerdings, wenn gerade Aufgaben anliegen, für die wir mehr positives Lebensgefühl gebrauchen könnten. Wir wollen etwa mit Menschen sprechen und möchten dabei zuversichtlich wirken. Oder wir sollten dringend etwas tun und können uns dazu einfach nicht aufraffen. Da wäre es dann schön, wenn wir unser Lebensgefühl schnell etwas anheben könnten.

Es gibt dafür einige Möglichkeiten. Mein Vorschlag ist hier, es mit abstrakten Symbolen zu versuchen. Unsere Seele kann solche Symbole gut verstehen. So wie wir mit jedem gelesenen Wort sofort eine Bedeutung verbinden und innerlich darauf reagieren, so kann ein geeignetes abstraktes Symbol gleichfalls Impulse geben. Probieren Sie einfach Folgendes aus:

Stellen Sie sich innerlich mit geschlossenen Augen ein großes Pluszeichen vor. Und neben dem Pluszeichen sehen Sie noch ein großes Ausrufezeichen. Beide Zeichen bestehen aus hellem Licht. Und beide zusammen bedeuten: Positiv denken, wahrnehmen, fühlen!

Wenn Sie innerlich diese Zeichen sehen, kann tatsächlich ein kleiner Ruck durch Sie hindurchgehen. Sie können spüren, wie sich Ihre Stimmung hebt. Und wie eine Kraft in Ihnen zu wirken beginnt. Vielleicht ist es nur ein kleiner Impuls. Aber er kann manchmal schon etwas auslösen. Er muss ja nicht gleich heftig wirken. Hauptsache, Sie bekommen einen ermutigenden Stoß. Wenn Sie bei geschlossenen Augen einen positiven Impuls durch diese Zeichen erleben, können Sie noch einen Schritt weitergehen:

Sie versuchen nun, auch bei offenen Augen das Plus und das Ausrufezeichen zu sehen. Wenn Sie etwa die Natur beim Spaziergang positiver erleben wollen, setzen Sie mit offenen Augen die beiden Lichtzeichen vor Wiesen und Bäume. Oder wenn Sie im Beruf eine kritische Situation mit einem Kollegen erleben, setzen sie die beiden Zeichen mitten in diese Situation.

Nicht jedem Menschen gelingt das. Aber wenn Sie schon häufiger mit inneren Bildern gearbeitet haben, können Sie es vielleicht sofort. Und sie erleben dann auch unverzüglich, wie das Ihre Stimmung hebt, wie Sie sich mehr an der Natur freuen können. Oder wie Sie positiver auf einen Kollegen zugehen und damit eine Situation retten können.

Übungsergebnisse

Wenn Sie Plus- und Ausrufezeichen vor der äußeren Realität wahrnehmen können, erscheint Ihnen diese Realität nicht mehr so unveränderlich wie vorher. Denn Sie können sie durch die davor gesetzten Zeichen etwas verwandeln. Die Wirkung der Symbole wird durch diese Erfahrung und Wahrnehmung noch unterstützt. Ihre Überzeugung, Dinge verändern zu können, wächst damit. Sie fühlen sich stärker. Sie werden optimistischer. Ihr Lebensgefühl hebt sich insgesamt.

Übung 81 Zeit einteilen: Den Alltag zum Lächeln bringen

Sie kennen das vielleicht: Sie gehen morgens in den Tag – und dann gehen Sie auch schon in ihm unter. Alles schlägt über Ihnen zusammen. Sie werden von einer Tätigkeit zur nächsten getrieben, ohne zur Besinnung zu kommen. Am Ende sind Sie völlig ausgelaugt. Sie haben nicht das Gefühl, dass Sie den Tag gelebt haben, sondern dass Sie von ihm gelebt worden sind. Das Ergebnis: Stress und Frust. Sie haben ein dumpfes Gefühl von Belastung. Und diese Belastung setzt sich in der Woche von Tag zu Tag fort. Da vergehen Ihnen Lächeln und Lachen. Wenn es bei Ihnen so ist, dann ist der Tag insgesamt ein Problem für Sie. Genauer: Ihre Tagesgestaltung. Ihre Form des Umgangs mit den täglichen Anforderungen und Aufgaben bedarf dann der Überholung und Renovierung. Als ersten Schritt schlage ich Ihnen vor:

Erster Schritt: Aufgabeneinteilung

> *Sie teilen sich den Tag in Einheiten von ein bis vier Stunden ein. Eine erste Einheit kann beispielsweise von 7 bis 10 Uhr gehen, die nächste von 10 bis 12 Uhr, die übernächste von 12 bis 15 Uhr. Am Anfang einer Einheit legen Sie fest, was Sie in der Einheit erledigen wollen. Und am Ende der Einheit registrieren Sie, was Sie erledigt haben. Danach legen Sie fest, was Sie in der nächsten Einheit schaffen wollen.*

Was geschieht mit Ihnen, wenn Sie so mit Ihrem Tag umgehen? Nun: Sie können jetzt Erfolge erleben. Sie können wahrnehmen, was Ihnen alles gelingt. Der Kunstgriff dabei ist, dass Sie sich Ziele setzen und danach in kleinen Besinnungspausen überprüfen, ob und wieweit diese erreicht sind.

Oft fehlt uns die bewusste Wahrnehmung, dass wir uns etwas vornehmen und das dann schaffen. Anders gesagt heißt das, wir merken nicht mehr, dass wir in unserem Leben die Handelnden sind. Dass wir unser Leben im Griff haben und nicht nur von Aufgaben gehetzt sind. Zwischenplanungen und Besinnungspausen helfen uns da, dass wir uns noch als Herr oder Herrin unseres eigenen Lebens fühlen.

Was ist, wenn in der Planungszeit einiges schief läuft oder wenn gar nichts von dem Vorgenommenen gelingt? Dann kann natürlich das Gefühl auftreten: Man kann nur noch reagieren, man hat nichts mehr in der Hand. Aber für eine Planungseinheit lässt sich das aushalten. Solange man in anderen Einheiten Erfolgserlebnisse sammelt, bleibt das erträglich.

Wichtig ist: Nehmen Sie sich für eine Einheit nur so viel vor, wie Sie wirklich relativ leicht schaffen können. Dann passiert es seltener, dass Sie Ihre Planung nicht zu realisieren vermögen. Im Durchschnitt sollten Ihnen zwei Drittel Ihrer Planungen gelingen. Nur bei einem Drittel sollte etwas schief laufen. Dann haben Sie immer noch doppelt so viele Erfolgserlebnisse wie Misserfolgserlebnisse. Eine weitere Hilfe dabei kann sein: Sie unterteilen die zu erledigenden Arbeiten innnerhalb einer Einheit in wichtige und weniger wichtige (Übung 57). Entscheidend ist dann, dass Sie immer möglichst viel von dem Wichtigen erledigen.

Zweiter Schritt: Der Lächel-Test

Jetzt noch ein zweiter Schritt. Er ergänzt den ersten entscheidend:

Wenn Sie die Länge der Einheit festgelegt haben und wissen, bis wann sie läuft, machen Sie Folgendes: Sie schließen einen Moment die Augen und gehen in sich. Stellen Sie sich vor, wie Sie nach dieser Zeiteinheit aussehen wollen. Wie zufrieden, froh und heiter Sie sich fühlen wollen. Schauen Sie sich selbst ins Gesicht.
Und dann fragen Sie: Was meinst du, muss ich bis zum Ablauf der Zeiteinheit tun, damit du froh bist? Damit du lächelst? Und Ihr Gesicht wird Ihnen das sagen. Sie können mit Ihrem anderen Ich durchgehen, was Sie in der Einheit vorhaben. Sie können prüfen, ob einzelne Vorhaben in Ordnung sind. Ob diese Ihr anderes Ich zum Lächeln bringen oder eher dessen Stimmung trüben. Und vielleicht sagt Ihnen dieses andere Ich, was Sie machen sollen. Etwas, worauf Sie sonst nicht gekommen wären.

Übungsergebnisse

Probieren Sie es aus. Wie ist die Erfahrung mit solch einem Vorgehen? Sie werden merken, Ihr anderes Ich kann Sie ganz gut korrigieren. Es sagt Ihnen, wenn Sie sich etwas Falsches vornehmen. Sie spüren am anderen Ich, dass dann etwas nicht in Ordnung ist. Es sagt Ihnen zum Teil auch, wenn Sie zu viel auf einmal wollen. Oder Sie merken, wenn Sie sich zu wenig vornehmen – dann ist das andere Ich unzufrieden, weil es nicht ausgelastet ist und sich unterfordert fühlt. Wenn Sie sich Ihrem anderen Ich anvertrauen und von ihm durch den Tag leiten lassen, können Sie spürbar an Lebensfreude gewinnen. Sie leben ständig auf Punkte zu, wo Sie ein heiteres, frohes Ich erwartet – also jeweils nach Ablauf einer Einheit. Sie bekommen zudem häufig eine Belohnung für Ihren Einsatz: das Erfolgsgefühl.

Natürlich müssen Sie schon drauf achten, dass Sie auch tun, wozu Sie Ihr anderes Ich anleitet. Nur dann dürfen Sie die gewünschte Lebensfreude erwarten. Also wenden Sie sich besonders dann an das andere Ich, wenn das für eine Einheit Geplante nicht durchzuhalten ist. Immer wenn sich etwas ändert, denken Sie kurz an Ihr heiteres und frohes Ich. Fragen Sie es, was es angesichts der neuen Situation empfiehlt. Mit der Zeit können Sie so ein deutliches Gespür dafür entwickeln, was Ihnen gut tut. Und wie Sie sich eine ausgeglichene innere Haltung bewahren können. Dann bekommt der Alltag für Sie wirklich ein Lächeln.

Übung 82 Stress verringern: Den inneren Druck verändern

Äußere Ursachen

Untersuchungen zeigen, dass für die meisten Menschen der Stress in den letzten zehn Jahren zugenommen hat. Das hat viele Gründe. Einer dieser Gründe liegt im erhöhten Leistungsdruck. Ein weiterer ist zunehmende Lebensunsicherheit: Die Angst um den Arbeitsplatz trifft immer mehr Menschen. Auch der inzwischen deutlich häufigere Wechsel von Berufen und Wohnorten bereitet Stress. Es gibt zudem eine Informationsflut, die kaum noch zu bewältigen ist. Dies kann ein Gefühl von Hilflosigkeit oder Inkompetenz erzeugen.

Innere Ursachen

Die Ansprüche und Belastungen sind also deutlich gestiegen. Trotzdem entsteht der Stress erst in unserer Reaktion auf diese Belastungen. Nicht die Belastungen an sich machen Stress, sondern unser Umgang mit ihnen. Es gibt nach wie vor Menschen, die trotz aller äußerer Ansprüche eine Bombenruhe bewahren können.

Wenn Sie aber nicht zu diesen Glücklichen gehören: Wie können Sie dann zu mehr Ruhe finden? Es gibt viele Methoden, die gegen Stress einzusetzen sind – etwa autogenes Training, Yoga oder Meditation. Ich habe Ihnen zudem am Anfang schon Lockerungsübungen gezeigt, die ebenfalls gegen Stress wirksam sind. Hier lernen Sie nun noch eine weitere Möglichkeit kennen.

Ansatzpunkt

Ausgangspunkt ist dabei, dass etwas in Ihnen den Druck von außen aufnimmt und an Sie weitergibt. Es gibt eine Art Resonanzboden in Ihnen. In Ihnen ist also etwas, das seinerseits Druck erzeugt. Diese innere Stelle in Ihnen zu verändern kann gegen Stress helfen. Zunächst aber müssen Sie diese

Stelle finden und sich innerlich vor Augen treten lassen. Sie müssen sich ein Bild von ihr machen. Sie gehen dafür so vor:

Sie setzen sich entspannt hin und schließen die Augen. Am besten gehen Sie auf die tiefere Wohlfühl-Ebene (Übung 9). Dann konzentrieren Sie sich auf Ihren Körper. Sie suchen in sich die Stelle, die Druck erzeugt und Sie zwingt, den äußeren Ansprüchen gerecht zu werden. Die meisten Menschen finden sie im oberen Bauchbereich oder im unteren Brustbereich. Da ist der Ort, von dem Druck und Stress ausgehen. Das können Sie spüren.
Schauen Sie nun in sich hinein. Versuchen Sie zu sehen, wie die Stelle aussieht, die Ihnen Stress bereitet: Welche Farbe hat sie? Welche Form hat sie? Und wie macht sie Ihnen Stress?
Wenn Sie das in sich gesehen haben, geht es darum, diese Stelle zu verändern. Fragen Sie sich: Wie müsste diese Stelle aussehen, damit sie in mir keinen unangemessenen Druck mehr ausübt? Versuchen Sie die Stelle dann entsprechend abzuändern.

Ergebnisbeispiel

Was erreichen Sie auf diese Weise? Ein Mann sah beispielsweise die Stress bereitende Stelle als einen braunschwarzen Würfel bei sich im Bauch. Der Würfel hatte etwa 5 cm lange scharfe Kanten und spitze Ecken. Es gelang dem Mann, an dessen Stelle eine Kugel zu setzen, die innen blau war und weiße Einsprengsel enthielt – sozusagen ein Stück Himmel mit Wolken. Er erlebte das wie eine Ruhe-Insel im Bauch. Er konnte damit tatsächlich gelassener auf äußere Ansprüche reagieren.

Wenn Sie in solcher Weise eine Veränderung vornehmen, dann prüfen Sie einige Tage später, ob es Ihnen damit tatsächlich besser geht. Vielleicht müssen Sie sich eine Zeit lang beobachten und Ihre Verfassung testen. Notfalls nehmen Sie eine weitere Veränderung vor.

Es kann allerdings sein, dass Sie überhaupt Schwierigkeiten haben, eine Veränderung zu erreichen. Vielleicht brauchen Sie Hilfe dabei. Jemanden, der Ihnen erst einmal eine geeignete Veränderung vorschlägt. Und der Ihnen dann bei der Umsetzung hilft. Vielleicht benötigen Sie einen inneren Begleiter oder eine solche Begleiterin (Übung 90).

Ergebnisbeispiel

Eine solche Begleitung hat beispielsweise bei einer Frau mitgeholfen. Sie verkaufte teure Geräte, arbeitete doppelt so lange am Tag wie andere und machte viermal so viel Umsatz. Als ich sie kennen lernte, war Sie gerade unter ihrer Arbeitslast zusammengebrochen. Bei ihr war der wesentliche Grund dafür Ehrgeiz – also selbst gemachter Stress. Der zeigte sich in ihrem Bauch als eine heftig pulsierende rote Kugel – so groß etwa wie ein Tischtennisball. Diese Kugel konnte sie mit Hilfe der inneren Begleitung verwandeln. Die Kugel wurde weiß, etwas größer und hörte auf zu pulsieren. Später zeigte sich, dass diese weiße Kugel immer noch größer und wieder kleiner wurde – aber jetzt nicht mehr in heftigem Pulsschlag, sondern in einem ganz langsamen Rythmus von mehreren Stunden. Sie hatte zudem nun etwa die Größe eines Balls. Einige Wochen später, als die Frau wieder ihrem Beruf nachging, arbeitete sie nur noch halb so viel wie früher. Sie fühlte sich dabei richtig wohl. Das hatte sie sich früher gar nicht vorstellen können. Sie hatte jetzt zwar nur noch halb so viel Umsatz wie früher, aber das war immer noch mehr als genug.

Übung 83 Verspannungen beseitigen: Die bildliche Entspannungs-Massage

Zusätzlich zu dem Verfahren, das ich in der vorhergehenden Übung dargestellt habe, biete ich Ihnen noch eine weitere Möglichkeit gegen Stress an: eine spezielle Form der Massage im inneren Bilderleben. Viele Entspannungsverfahren setzen allein bei der Muskulatur an. Dieses hier bezieht zusätzlich die Haut mit ein. Denn Hautberührung kann einen zusätzlichen Entspannungs-Effekt bewirken. Zwei Formen dieser Massage sind möglich: Die Teilmassage konzentriert sich nur auf die besonders verspannten Stellen – beispielsweise den Nacken und den Schulterbereich. Die Ganzmassage kümmert sich um alle Teile Ihres Körpers.

Teilmassage

Auf folgende Weise kommen Sie zu einer Teilmassage, die Sie auch bei partiellen Schmerzen in Gelenken oder in der Muskulatur einsetzen können:

Sie legen sich bequem hin und schließen die Augen. Dann konzentrieren Sie sich auf die verspannten Partien Ihres Körpers, für die Sie etwas tun wollen. Sie stellen sich vor, dass Sie diese Bereiche bequem mit Ihrer Hand erreichen. Wenn Sie wollen, können Sie auch in Ihrem inneren Bild eine Massagebürste oder andere Hilfsmittel hinzunehmen. Dann spüren Sie in Ihrer Vorstellung, wie Sie sich abreiben, abklopfen oder in sonstiger Weise massieren. Es hat schon entspannende Wirkung, wenn Sie sich nur vorstellen, über Ihre Haut zu streichen. Machen Sie alles, was Ihnen gut tut. Sie können im inneren Bild auch ein wohlriechendes Massageöl auftragen.

Ganzmassage

Bei der zweiten Form der bildlichen Entspannungs-Massage geht es um den ganzen Körper. Sie bearbeiten ihn von unten bis oben:

Wenn Sie mit geschlossenen Augen daliegen, fangen Sie mit den Zehen an: Erst stellen Sie sich einen Zeh an einem Fuß vor. Diesen massieren Sie. Sie können ihn in Ihrer Vorstellung mit den Fingern vorsichtig in seinen Gelenken bewegen. Danach gehen Sie zu dem nächsten Zeh über und dann zu den weiteren. Anschließend kommen alle Seiten des restlichen Fußes dran. Auch das Knöchelgelenk können Sie in Ihrer Vorstellung drehen, bewegen oder in sonstiger Weise behandeln. Danach gehen Sie zu den Zehen des anderen Fußes über. Anschließend massieren Sie auch hier den restlichen Fuß. Dann kehren Sie zum ersten Bein zurück. Dort massieren Sie nun den Unterschenkel bis zu den Knien – in der Weise, die Ihnen gut tut. Dann gehen Sie zum Unterschenkel des anderen Beins über. So wandern Sie von den Unterschenkeln über die Knie zu den Oberschenkeln hinauf. Sie massieren von vorn und von hinten und von den Seiten. Und Sie arbeiten sich so immer weiter von Körperteil zu Körperteil vor. Zuletzt ist der Kopf dran – von allen Seiten.

Je langsamer Sie vorgehen, desto stärker wird die Entspannung. Für eine Ganzmassage sollten Sie allerdings mehr Zeit einplanen. Und wenn Sie sich zwischendurch am Arbeitsplatz entspannen wollen, ist die beschriebene Massage durchaus auch im Sitzen möglich. Besonders gut funktioniert Sie aber im Bett vor dem Einschlafen. Oder beim Aufwachen in der Nacht. Gerade bei solch einem Aufwachen ist es hilfreich, sich auf Körperempfindungen zu konzentrieren, anstatt den Gedanken freien Lauf zu lassen. Sie schlafen auf diese Weise garantiert schneller wieder ein.

Übung 84 Negative Eigenschaften schwächen: Störende Anteile ausquartieren

Es gibt vieles, das uns an uns selbst stören kann. Vielleicht sind wir zu oft unsicher. Oder missgelaunt. Oder pessimistisch. Oder nachtragend. Das kann jeweils Probleme mit sich bringen und zu Schwierigkeiten mit anderen Menschen führen. – Was tun? – Nehmen wir folgende Situation: Jemand kritisiert Sie und Sie ziehen sich verschreckt in sich selbst zurück. Hinterher fragen Sie sich, warum Sie sich die Kritik ohne Gegenwehr haben gefallen lassen. Diese nachträgliche innere Diskussion zeigt: Es gibt einen selbstbewussteren Teil in Ihnen, der Kritik nicht ohne weiteres hinnimmt. Und es gibt einen eher unsicheren Teil, der sich darunter duckt. Aus diesem Anteil heraus haben Sie in der fraglichen Situation gehandelt.

Ansatz: Ein Miteinander positiver und negativer Anteile

In gleicher Weise gibt es eigentlich immer positive Teile in Ihnen, welche die negativen ergänzen. Wenn nun bei Ihnen negative Teile im Vordergrund des Handelns stehen, können Sie die positiven Anteile zu stärken versuchen. Sie konzentrieren sich also darauf, in Zukunft sicherer aufzutreten. Und das kann dann tatsächlich gelingen. Manche Menschen üben zum Beispiel mit Erfolg vor dem Spiegel, in beeindruckender Weise eine Rede zu halten.

Ziel: Wachstum positiver Anteile

Bei vielen Menschen funktioniert das aber nicht so einfach. Für sie ist der Weg leichter, den negativen Teil vorübergehend aus sich selbst auszuquartieren. Sie stellen sich vor, dass er sie verlässt und sich in einer Problemsituation nicht mehr in ihnen aufhält. Dann kann der positive Teil ungestört handeln. Und wenn er damit Erfolg hat, wird er stärker. Er wächst. Und der negative Teil verliert an Macht. Der negative Teil gehört allerdings zu Ihnen. In ihm stecken meist langjährige Lebenserfahrungen. Er ist deshalb nicht einfach auszulöschen. Und es ist auch problematisch, ihn zu unterdrücken. Statt ihn derart unfreundlich zu behandeln, ist es besser, mit ihm zu verhandeln. Und ihn auf dem Wege der Verhandlung dazu zu bringen, dass er freiwillig vorübergehend seine Macht aufgibt. Sie gehen dafür so vor:

Entspannen Sie sich und schließen Sie die Augen. Gehen Sie möglichst wieder auf die tiefere Wohlfühl-Ebene (Übung 9). Dann stellen Sie sich den Teil vor, um den es geht. Er kann durch ein negatives Gefühl, eine negative Denk- oder Verhaltensweise und dabei zugleich durch negative Sprüche und Aussagen charakterisiert sein. Lassen Sie diesen Teil aus sich heraustreten und sich neben Sie setzen oder stellen. Dieser Teil hat Ihr Gesicht und Ihre Gestalt, aber Ihre negative Seite ist zugleich deutlich an ihm in Mimik, Gestik oder Haltung zu erkennen. Schauen Sie sich diesen Teil an.

Jetzt treten Sie in Verhandlungen mit diesem Teil ein. Zuerst fragen Sie ihn, weshalb er so ist, wie er ist. Was er damit bezweckt. Vielleicht bekommen Sie eine Begründung. Das ist aber nicht sicher. Doch es geht auch ohne. Dann sagen sie ihm, dass Sie vorübergehend auf seine Hilfe verzichten möchten. Dass Sie im Moment auf andere Weise etwas Gutes für sich selbst tun wollen. Und Sie bitten ihn, damit einverstanden zu sein. Jetzt kommt es darauf an: Spüren Sie, dass der Teil einverstanden ist? Wenn nicht, bleibt Ihnen nichts anderes übrig, als ihn eher gewaltsam vorübergehend aus sich selbst auszuquartieren und vielleicht sogar irgendwo einzusperren. Dieser Kerker sollte allerdings durchaus komfortabel sein.
Danach konzentrieren Sie sich auf den Rest, in dem Sie selbst stecken. Spüren Sie, wie anders Sie jetzt sind ohne den ausgegliederten Teil. Nehmen Sie wahr, wie viel positiver Sie sich nun fühlen. Vielleicht gibt es auch eine besondere Haltung, die diesen neuen Zustand gut charakterisiert. Probieren Sie danach erst einmal in harmlosen Situationen, den negativen Teil aus sich auszugliedern und nur aus dem positiven Teil heraus zu handeln. Wenn das funktioniert, können Sie dies ebenso in schwierigeren Situationen riskieren. Dabei kann die besondere Haltung helfen. Wenn Sie sie bewusst einnehmen, verstärkt das Ihren neuen positiven Zustand.

Sinn und Zweck negativer Anteile

Vielleicht haben Sie ein Aha-Erlebnis, wenn Sie vom negativen Teil die Gründe für sein Tun erfahren. Sie können aber darauf verzichten, denn es ist nicht entscheidend, diese Gründe zu kennen. Wichtig ist: Das Verhalten des negativen Teils hat einen Sinn und Zweck. Dieser Teil will etwas bewirken. Er will Sie schützen. Er will Sie vor etwas bewahren. Oder er will Ihnen bestimmte Chancen verschaffen. Dieser Teil soll sich damit einverstanden erklären, dass er diese Aufgabe vorübergehend aufgibt. Sie erklären ihm deshalb, dass Sie auf andere Weise etwas Gutes für sich selbst tun wollen. Dann kann er damit einverstanden sein. Zugleich bieten Sie ihm eine komfortable und angenehme Unterkunft an.

Wenn dieser Teil aber gutem Zureden nicht zugänglich ist, dann bleibt Ihnen nichts anderes übrig, als ihn vorübergehend auszusperren. Manchmal muss man sich ja zu etwas zwingen – entsprechend gehen Sie in diesem Fall mit dem widerspenstigen Teil um. Der negative Teil gehört allerdings nach wie vor zu Ihnen. Sie dürfen ihn nicht endgültig aus sich verbannen. Er hat Funktionen, die Sie später ab und an noch gebrauchen können. Nur werden Sie in Zukunft weniger auf seine Hilfe zurückgreifen. Die positiven Seiten werden sich stärker in Ihnen ausprägen, die negativen Seiten werden dann seltener benötigt. Dabei ist allerdings wichtig: Der negative Teil, den Sie aussperren, sollte nicht zu groß sein. Er darf nicht den überwiegenden Teil Ihrer Person darstellen. Dann bliebe bei seiner Ausgliederung von Ihnen fast nichts mehr übrig. Das geht nicht, zeigt die Erfahrung, oder führt sogar zu einer Destabilisierung Ihrer Person.

Ergebnisbeispiel

Am Ende ein Beispiel: Eine Frau fragt sich, warum es ihr in den sieben Jahren seit der Scheidung nicht gelungen ist, eine neue Bindung einzugehen. Im Gespräch wird klar, dass sie aufgrund ihrer persönlichen Lebensgeschichte nicht locker genug mit Männern umgehen kann. Dadurch ist auch ihr Selbstwertgefühl unterentwickelt. Ich schlage ihr vor, den Teil aus sich auszugliedern, der sie hemmt. Sie kommt darauf, dass dieser Teil durch den Satz charakterisiert ist, den sie von Vater und Mutter immer wieder gehört hat: »Das schaffst du doch nicht!« In diesem Fall meint also der negative innere Teil: Sie schaffe es nicht, ausreichend locker zu sein und bei Männern Erfolg zu haben. Nun gliedert die Frau diesen Teil aus. Anschließend kann sie sich sofort verblüffend locker in einer Männergesellschaft bewegen, zu der sie eingeladen ist. Die Ausgliederung ist auch später bei anderen Gelegenheiten erfolgreich und verändert sie deutlich. Sie fühlt sich nun wesentlich wohler. Und bald kommt es zu einer neuen Beziehung.

Übung 85 Persönliche Stärken erkennen: Der Werbefilm

Viele Menschen sind sich ihrer stärksten Seiten nicht recht bewusst. Dabei kann der gezielte Einsatz dieser Seiten helfen, beruflich und privat mehr Erfolg zu haben. Mit Schwächen lässt sich kaum ein Blumentopf gewinnen. Sie können uns einen anderen Menschen sympathisch machen, das ja – aber dann immer vor dem Hintergrund unserer Stärken. An einem scheinbar vollkommenen Menschen können ein paar Unvollkommenheiten geradezu erleichternd wirken. Aber ein Mensch, der fast nur aus Schwächen zu bestehen scheint, erregt allenfalls Mitleid. Vielleicht zieht er sogar Aggressionen auf sich.

Unsere Stärken sind unser Trumpf. Beispielsweise im Wettbewerb um einen Arbeitsplatz. Oder im Wettbewerb um einen Lebenspartner. Und Sie helfen uns auch sonst, zu zufrieden stellenden sozialen Kontakten zu kommen. Nur beim privaten Hobby kommt es nicht auf unsere Stärken an. Da können wir so viel herummurksen, wie es uns Spaß macht.

Stärken: Je nach Situation unterschiedlich bedeutsam

Allerdings können für Kollegen am Arbeitsplatz andere Stärken wichtig sein als etwa für den Partner oder für Vereinskameraden. Die besondere Kreativität des Ingenieurs im Beruf muss noch lange nicht seine Frau beeindrucken, dieser kann seine menschliche Verlässlichkeit wichtiger sein. Oder Vereinskollegen schätzen beispielsweise Kontaktfreude mehr als Tüftlerfähigkeiten. In unterschiedlicher Umgebung kann also jeweils eine andere Stärke von Bedeutung sein. Wie können Sie Ihre besonderen Stärken kennen lernen? Ich schlage Ihnen dafür folgendes innere Bild vor:

Sie entspannen sich zunächst wieder und gehen auf die tiefere Wohlfühl-Ebene (Übung 9). Dann stellen Sie sich vor, Sie kommen in einen Raum in einer alten Villa. Dort sitzt Ihr Chef. Oder dort sitzen Ihre Arbeitskollegen. Oder Ihre Vereinskollegen. Oder dort sitzt auch ein Mensch, den Sie sich als Lebenspartner wünschen. Es sind also die Menschen, von denen Sie wissen wollen, was diese als besondere Stärke an Ihnen sehen. Die Atmosphäre ist entspannt. Die dort Sitzenden freuen sich darauf, Ihre besondere Stärke kennen zu lernen. Und Sie wissen von vornherein: Niemand wird Sie hier ausbuhen, sondern man wird Ihnen nur applaudieren.

An der Vorderseite des Raumes ist eine große Leinwand. Auf dieser Leinwand wird nun ein Kurzfilm gezeigt. Er zeigt Sie. Er stellt Ihre Stärken optimal heraus. Es ist ein Werbefilm, der auch noch mit zusätzlichen Kommentaren diese Stärken unterstreicht. Merken Sie sich ein Schlagwort, das Ihre Stärke besonders charakterisiert. Oder schauen Sie sich genau an, welche Geste oder Haltung an Ihnen im Werbefilm besonders charakteristisch ist.

Es kann sein, dass Sie sich in dem Film gar nicht wieder erkennen. Das liegt dann vermutlich nicht daran, dass dieser Film maßlos übertreibt. Sondern es liegt eher daran, dass Sie bisher Ihre Stärken nicht recht kannten, sie eher untertrieben oder womöglich gar selbst bekämpft haben. Ihre Intuition jedenfalls kennt sie und zeigt Ihnen hier Ihre besonderen Möglichkeiten. Wenn Sie Mühe haben, zu Ihren Stärken zu stehen, hat vielleicht jemand früher Ihre Stärken gezielt herabgesetzt. Besonders Eltern können da Weichen in fataler Weise falsch stellen. Wenn Sie an dem Film zweifeln, können Sie testen, ob die gesehenen Möglichkeiten zu Ihnen passen:

Gehen Sie in der Villa in einen Nebenraum. Dort schlüpfen Sie ganz in die Rolle des Menschen, den Sie auf der Leinwand gesehen haben. Wie fühlt es sich an, in dieser Rolle zu sein? Auch wenn sie noch fremd ist: Passt sie irgendwie zu Ihnen? Fühlen Sie sich damit wohl? Geht es Ihnen darin womöglich sogar ausgezeichnet?

Wenn dem so ist, ist diese Rolle offenbar tatsächlich eine Möglichkeit und Stärke von Ihnen. Der Kurzfilm zeigt Ihre Möglichkeiten und Stärken allerdings in optimaler Form. Sie sind in diesem Ausmaß nie ganz in die Realität umzusetzen. Aber die Möglichkeiten dazu stecken in Ihnen. Und je mehr Sie dieses Bild als eine realistische Vision nehmen, die Sie unbedingt umsetzen wollen, desto eher wird Ihnen das auch gelingen. Denken Sie dabei an das Schlagwort, das Sie charakterisiert hat. Oder denken Sie an die entsprechende Geste oder Haltung. Das kann Ihnen jeweils helfen, Ihre Stärken selbst zu spüren und angemessen herauszustellen.

Übung 86 Vernachlässigten Anteilen Raum geben: Das unterdrückte Ich freilassen

In jedem Menschen gibt es Anteile, die bisher weitgehend unterdrückt oder zumindest vernachlässigt wurden. Sie erhalten wenig Chancen, wirksam zu werden. Und damit werden persönliche Möglichkeiten verschenkt! Es kann zwar sein, dass diese Möglichkeiten bisher nicht gebraucht wurden. Aber häufiger werden eigentlich wirklich benötigte Anteile ausgegrenzt. Sie können dann nicht zum Zuge kommen. Ein Mann nutzt dann beispielsweise seine Einfühlsamkeit nicht. Oder eine Frau setzt ihre Durchsetzungskraft nicht ein.

Gründe für Unterdrückung

Die Gründe dafür können unterschiedlich sein. Etwa weil man unter der Härte des Vaters gelitten hat, kann man an sich selbst eine ebensolche Härte nicht ertragen. Oder auch andersherum: Weil der harte Vater alle Weicheier verspottet hat, hat man sich bemüht, möglichst noch härter zu werden als er. In der Regel hat man einen Vorteil davon gehabt, dass man so wurde, wie man ist. Man hat dann beispielsweise mehr Achtung vor sich selbst. Oder man hat sich so die Wertschätzung anderer gesichert. Nur muss dieser Vorteil nicht das ganze Leben anhalten. Es kann auch irgendwann zum Nachteil ausschlagen. Wenn Sie wollen, erkunden Sie einfach einmal, was bei Ihnen unterdrückt ist! Sie können es mit inneren Bildern erfahren:

Entspannen Sie sich, schließen Sie die Augen und stellen sich vor: Sie kommen in einen Keller. In diesem Keller gibt es einen Gang, an dessen Ende ein Verließ ist. Darin finden Sie einen wichtigen bisher ausgegrenzten Teil Ihrer Person. Schon von Ferne sehen Sie da vielleicht eine Gestalt hinter Gittern. Vielleicht finden Sie diese aber auch erst, wenn Sie eine Tür aufschließen. Diese Gestalt hat voraussichtlich ein wenig Ähnlichkeit mit Ihnen. Das muss aber nicht sein. Es kann sogar passieren, dass sie ein anderes Geschlecht hat. Lassen Sie sich dadurch nicht irritieren. Schauen Sie sich diese Gestalt erst einmal an. Nehmen Sie bewusst wahr, was das Besondere an ihr ist.
Wenn Sie wollen, können Sie in das Verließ gehen. Sie können dort in diese Gestalt hineinschlüpfen. Wie fühlen Sie sich dann, wenn Sie in dieser Gestalt stecken? Ist das schrecklich? Oder ist das schön? Spüren Sie nun, was Ihnen bisher gefehlt hat?

Annäherung in Stufen

Es könnte Ihnen allerdings bei dem Gedanken ganz mulmig werden, dass dieser andere Teil von Ihnen mehr Raum in Ihrem Leben bekäme. Dann halten Sie ihn eine Weile auf Abstand. Vielleicht lassen Sie diesen Teil erst einmal nur aus seinem Verließ frei, aber sonst noch nicht in Ihre nächste Nähe:

Sie stellen sich also vor, dass Sie das Verließ öffnen. Sie gehen aus dem Keller voran ins Freie. Sie vergewissern sich, dass Ihnen die andere Gestalt mit Abstand ins Freie folgt. Und Sie prüfen nochmals, wie wohl Ihnen dabei ist, wenn Sie die Gestalt nun so frei herumlaufen sehen.

Aber schauen Sie dann hin und wieder nach dem freigelassenen Teil. Besuchen Sie ihn in seiner neuen Freiheit. Werden Sie so langsam mit ihm vertraut. Die Alternative dazu ist:

Sie lassen die Gestalt nicht gleich frei. Sondern Sie besuchen sie zunächst häufiger in ihrem Verließ und gewöhnen sich so an sie.

Machen Sie eine Annäherung in Stufen, wenn Ihnen die Gestalt zunächst gar zu fremd oder zu bedrohlich erscheint. Später lassen Sie diese Gestalt erst einmal nur neben sich gehen, stehen oder sitzen, wenn Sie ihre Eigenschaften in bestimmten Situationen gebrauchen können. Wenn Sie sich nur vorstellen, dass diese Gestalt Sie begleitet, geht schon etwas davon auf Sie über. Später können Sie sich ganz mit ihr vereinen, wenn sie alle Fremdheit für Sie verloren hat. Sie können sie ganz in Ihre Person eintreten lassen. Dann können Sie eine neue Fülle von Möglichkeiten in sich erleben und genießen!

Zuletzt: Vereinigung

Übung 87 Positive Eigenschaften stärken: Hilfreichen Anteilen die Führung übergeben

Es gibt Persönlichkeitsanteile und Potenziale in Ihnen, die Sie bislang zu wenig genutzt haben (vgl. Übungen 27, 85, 86). Wenn Sie davon schon mehrere kennen gelernt haben, können Sie vielleicht Schwierigkeiten haben, diese alle unter einen Hut zu bringen. Aber gerade in der Vielzahl liegt die Chance. Für unterschiedliche Situationen stehen Ihnen damit verschiedene Möglichkeiten und Eigenschaften zur Verfügung. Und wenn Sie dann in einer bestimmten Situation einen Teil in den Vordergrund treten lassen, der genau in dieser Situation die notwendige Unterstützung bietet, sind Sie erfolgreicher als sonst. Wenn Sie also beispielsweise zum Chef gehen und ihm den Persönlichkeitszug zeigen, den dieser an Ihnen besonders schätzt (Übung 85), dann erreichen Sie auch besonders viel.

Eigene Auswahl

Nun können Sie sich für jede Situation vorher überlegen, welche Eigenschaft Sie benötigen. Es kann bespielsweise fröhliche Heiterkeit sein, die Sie gerade in besonderem Maße brauchen. Oder es ist spezielle Sachkenntnis. Danach stellen Sie sich diese Eigenschaft als besonderen Teil von Ihnen vor. Dieser Teil kann dann – in Ihrer Gestalt – neben Ihnen stehen, gehen oder sitzen. Damit haben Sie seine Unterstützung. Oder Sie stellen sich vor, dass er in Ihnen ganz präsent ist und sogar die innere Führung übernimmt.

Auswahl durch die Intuition

Noch hilfreicher aber kann es sein, wenn Sie es Ihrer Intuition überlassen, die benötigte Eigenschaft auszuwählen. Das setzt allerdings voraus, dass Sie sich schon mit Ihren besonderen Stärken (Übung 85) oder Ihren bisher unterdrückten Anteilen (Übung 86) auseinander gesetzt haben. Sie sollten inzwischen mit diesen Eigenschaften vertraut sein. Wenn das der Fall ist, gehen Sie folgendermaßen vor:

Sie schließen die Augen und konzentrieren sich innerlich darauf, dass die Eigenschaft zu Ihnen kommt, die Sie gerade in der vor Ihnen liegenden Situation brauchen. Sie stellen sich vor, dass sie – etwa in Ihrer Gestalt – neben Sie tritt oder sich neben Sie setzt. Sie nehmen wahr, welche Eigenschaft das ist.

Sie schauen sie sich an und stellen fest, was das Besondere an ihr ist. Dann prüfen Sie, ob Sie damit einverstanden sind, dass sie jetzt bei Ihnen ist. Wenn es so ist, können Sie jetzt noch entscheiden, ob die Eigenschaft nur neben Ihnen bleibt und Sie von außen unterstützt. Oder ob sie in Sie eintritt, um in Ihnen die Führung zu übernehmen.
Sie können noch einen Schritt weitergehen: Sie lassen zu, dass ein beliebiger Teil von Ihnen neben Sie kommt. Sie schauen dann innerlich hin, was es für ein Teil ist und wie er aussieht. Sie prüfen, ob Sie diesen Teil schon kennen, welche Bedeutung es wohl hat, dass gerade dieser Teil zu Ihnen kommt.

Ergebnisprüfung und -interpretation

Sie können aus der neben Ihnen auftauchenden Begleitung ein wenig darauf schließen, was für eine Situation Sie erwartet. Ihre Intuition schickt Ihnen nämlich in der Regel den Teil, den Sie jetzt besonders nötig haben. Aber Sie dürfen gern überprüfen, ob Sie mit dem aufgetauchten Teil dann tatsächlich gut fahren. Wenn das mehrmals so ist, dann können Sie ihn wahrscheinlich in Zukunft sofort unbesehen akzeptieren. Dann wissen Sie, dass auf Ihre Intuition Verlass ist und dass Sie sich ihr weitgehend anvertrauen können.

Übung 88 In die eigene Mitte kommen: Auf die Zielscheibe treten

Problem: Neben sich sein

Wenn man nicht in der eigenen Mitte ist, dann ist man nicht ganz bei sich, steht neben sich oder ist sogar außer sich. Die Sprache hat einige Beschreibungen für diese Situation. Allerdings meinen diese Beschreibungen eher ungewöhnliche und auffällige Zustände. Viel häufiger jedoch ist ein unauffälliges Neben-sich-Sein. Man spürt es selbst kaum. Andere merken es noch weniger. Unauffällig neben sich ist man etwa, wenn man sich stark nach den Erwartungen anderer Menschen richtet. Wenn man also die eigenen Wünsche ziemlich zurückstellt. Man vermeidet damit zwar Konflikte und befriedigt das Bedürfnis nach Harmonie. Doch man kommt oft selbst zu kurz dabei.

Ebenso ist man neben sich, wenn man nur um sich selbst kreist. Das Wortbild sagt es schon: Man ist dabei nicht in der eigenen Mitte, sondern dreht sich außen um sich herum. Bei überzogenem Egoismus befindet man sich – so paradox das zunächst erscheint – ein Stück neben sich. Denn wenn man andere überhaupt nicht gelten lässt, trampelt man beispielsweise über die eigenen Wünsche nach menschlicher Nähe hinweg. Man kommt dabei gleichfalls zu kurz. Etwas auffälliger ist ein Mensch neben sich, der in kritischen Situationen zu überzogenen Reaktionen neigt. Das gilt aber auch für den, der sich – umgekehrt – alles bieten lässt.

Wer sich dagegen in seiner Mitte befindet, ruht in sich. Ein solcher Mensch ist in sich ausbalanciert. Er ist dabei nahe an seinen eigenen Interessen, kann aber gleichzeitig die Bedürfnisse anderer ausreichend respektieren. Wenn sich ein Mensch in seiner Mitte befindet, ist er nicht so leicht umzuwerfen. Er hält ganz gut Schläge des Schicksals aus. Er hat relativ wenig Angst, weil er sich seiner selbst sicher ist. Er ist innerlich ausgeglichen.

In der eigenen Mitte sein: Ganz bei sich selbst sein

Wie ist es nun mit Ihnen: Wie ausgeglichen sind Sie? Wie nahe sind Sie sich selbst? Wenn Sie das wissen wollen, probieren Sie das folgende innere Bild:

Entspannen Sie sich und schließen Sie die Augen. Dann sehen Sie innerlich vor sich auf dem Boden eine große Zielscheibe liegen. Sie hat einen schwarzen oder weißen Mittelpunkt und drum herum weiße und schwarze Kreise. Sie treten nun in diese Kreise hinein und suchen da den Ort, an dem Sie sich im Moment innerlich befinden: Sind Sie ganz in Ihrer Mitte, gehen Sie bis in den Mittelpunkt. Sind Sie nicht in Ihrer Mitte, bleiben Sie irgendwo davor stehen.

Ihre Intuition kann Ihnen auf dieser Zielscheibe ziemlich genau den Ort zeigen, wo Sie sich im Moment befinden. Sie kann Ihnen so sagen, wie nah oder wie fern Sie derzeit von Ihrer eigenen Mitte sind.

Sie können diesen Test für Ihr Leben insgesamt machen. Sie können ihn aber ebenso auf eine spezielle Situation einengen. So können sie prüfen, wie nah Sie sich selbst im Beruf sind. Oder Sie können herauszufinden versuchen, wie sehr Sie in Ihrer Partnerschaft bei sich selbst sind. Wenn Sie nicht nahe genug bei sich selbst sind, können Sie die Gründe dafür wissen wollen. Dabei kann Ihnen die Zielscheibe gleichfalls behilflich sein. Sie können mit ihrer Hilfe zu erkennen versuchen, was Sie von Ihrer Mitte fern hält:

Sie stellen sich auf der Scheibe an den Ort, welcher der innerlich gespürten Entfernung von Ihrer Mitte entspricht. Dann versuchen Sie, von da zum Mittelpunkt zu kommen: Was passiert nun? Wer oder was hängt sich an Sie? Was zerrt an Ihnen? Was will Sie von der Mitte fern halten? Schauen Sie sich um, wer oder was das ist.

Gründe für ein Neben-sich-Sein

Möglicherweise lässt sich jetzt einiges erkennen. Bestimmte Menschen können an Ihnen zerren. Es können auch Gefühle sein, die Sie von sich selbst wegbringen. Oder es hängen sich Dinge aus Ihrem Leben schwer an Sie. Damit stellt sich zugleich die Frage, wie sich daran etwas ändern lässt. Am besten ist es, sich jetzt forsch in die Mitte zu begeben:

Sie gehen also bis zum Kreis in der Mitte vor und treten hinein. Sie sind nun in Ihrer Mitte: Wie fühlt sich das an? Was ist nun anders? Was ist zugleich die stärkste und auffallendste Änderung? Was ist das Charakteristische?

Wirkungen der Übung

Manche Menschen erleben im Mittelpunkt der Scheibe besondere Entspannung oder einen außergewöhnlichen inneren Frieden. Es kann sich auch eine besondere Offenheit für andere einstellen. In der Regel ist es jedenfalls ein eindrucksvolles Erlebnis, sich ganz in der eigenen Mitte zu befinden.

Wenn Sie sich in Ihre Mitte begeben, verändert sich auf jeden Fall etwas. Es ist wichtig, das Charakteristische daran herauszufinden. Es kann etwa eine Haltung oder eine besondere Geste sein. Es kann sich ebenso um ein inneres Empfinden handeln. Oder es ist eine besondere bildliche Erscheinung. Wenn Sie sich dieses Charakteristische einprägen, brauchen Sie sich später nur daran zu erinnern und Sie können sich leicht den Zustand des In-der-Mitte-Seins wieder zurückrufen.

Es kann für Sie hilfreich sein, sich eine Zeit lang jeden Tag in Ihre Mitte zu begeben. Sie stellen sich also entweder vor, dass Sie auf dem Mittelpunkt der liegenden Zielscheibe stehen, oder rufen sich das Charakteristische daran zurück: die Haltung, das Empfinden, die Geste oder die besondere bildliche Erscheinung. Sie können dies zusätzlich vor kritischen Situationen tun. Dann ist das gute Gefühl wieder da: Ich bin in meiner Mitte. Sie können nun aus diesem Gefühl heraus handeln.

Übung 89 Genuss und Sinnenfreude erleben: Die innere Festtafel

Manchen Menschen fällt das Genießen schwer. Vielleicht sind einige davon sinnenfeindliche Asketen. Wahrscheinlicher aber ist, dass ihnen die Erziehung zum Genuss fehlte. Denn Genießen ist eine Frage der Bereitschaft sowie des Übens und Lernens. Sinnenfreude lässt sich trainieren.

Problem: Fehlende Erziehung zum Genuss

Genuss hat allerdings nicht nur mit Essen und Trinken zu tun. Es geht dabei nicht allein um Schmecken und Riechen, sondern ebenso um Sehen und Hören. Zu einem Festessen gehört deshalb eine festlich geschmückte Tafel und schöne Musik. Es steigert die Sinnenfreude, wenn die Wahrnehmungsorgane auf möglichst vielen Kanälen angeregt werden. Sinnenfreude hängt eng mit Lebensfreude zusammen. Wer genießt, hat mehr Freude am Dasein. Nicht zuletzt deswegen kann es wichtig sein, das Genießen zu trainieren. Das kann beispielsweise geschehen, indem man in einem guten Restaurant bewusst das Essen wahrzunehmen versucht. Das Problem ist allerdings, dass es dabei viel Ablenkung gibt. Und zugleich besteht immer die Gefahr, dass man von der unmittelbaren Wahrnehmung abkommt und ins Denken rutscht. Man denkt über das Essen nach, statt es zu schmecken.

Es geht auch anders. Zugleich ist dies kostenlos: Sie trainieren Genuss einfach mit inneren Bildern. Sie können dann alles viel variabler arrangieren als in der Realität. Sie können Überraschungen und Steigerungen erleben, mit denen so manches gute Restaurant kaum mithalten kann. Und Sie bleiben bei der Sache, statt zum Nachbartisch oder sonstwohin abzuschweifen. In folgender Weise erleben Sie solch eine besondere Sinnenfreude:

Vorteil innerer Bilder: Variablere Arrangements

Wählen Sie am besten eine besondere Zeit aus, zu der Sie wirklich ungestört sind. Wenn es geht, beseitigen Sie alle möglichen Störquellen wie etwa das Telefon. Dann räumen Sie einen Esstisch völlig leer. Setzen Sie sich nun mit einem Stuhl an diesen leeren Tisch.
Schließen Sie die Augen und gehen Sie möglichst noch auf die tiefere Wohlfühl-Ebene (Übung 9). Danach stellen Sie sich vor, dass nette Menschen um sie herum sind und den Tisch decken: Mit Tischtuch, Blumen, Kerzen, Geschirr, Besteck. Wenn Ihnen etwas nicht gefällt, lassen Sie es ändern – man wird Ihnen jeden Wunsch erfüllen. Lassen Sie den Tisch so decken, dass allein schon die Gestaltung ein Augenschmaus ist. Vielleicht gibt es dabei gleich etwas zu riechen: Blumenduft. Oder Kerzenduft.
Danach wird Ihnen Musik angeboten. Wählen Sie ganz nach Belieben, was Ihnen den größten Genuss bereitet.

Schließlich geht es ans Essen. Sie bekommen Vorspeisen, Hauptspeisen und Nachtisch aufgetragen. Dazu gibt es Getränke. Lassen Sie sich überraschen, was Ihnen vorgesetzt wird. Schmecken Sie. Riechen Sie. Und dann versuchen Sie jeweils eine Idee zu entwickeln, wie es noch anders schmecken oder riechen könnte, etwa deftiger oder würziger oder köstlicher. Und bitten Sie um eine Variante in der von Ihnen angedachten Form. Man wird Ihnen wieder jeden Wunsch erfüllen. Sie essen aber meistens nur ein oder zwei Happen und trinken nur einen oder zwei Schlucke. Danach variieren Sie schon wieder Speisen und Getränke.

Zum Schluss bedanken Sie sich bei den dienstbaren Menschen in einer Weise, über die sie sich sichtlich freuen.

Durch die schnelle Variation des Essens und Trinkens bleiben Sie konzentriert. Sie werden ständig mit etwas Neuem beschäftigt, sodass Sie vom Schmecken und Riechen nicht wegkommen. Ihre Gedanken können so nicht zum letzten Urlaub abschweifen.

Diese Form des Trainings hat den großen Vorzug, dass Sie Speisen und Getränke praktisch in unendlicher Weise variieren können. Ihre Schulung geschieht zudem in großem Maße dadurch, dass Sie angeregt werden, zunächst einen Geschmack vorzudenken und dann nachzuschmecken. Das Ihnen anschließend Vorgesetzte kann dabei noch köstlicher als das zunächst Vorgedachte sein. In Ihnen liegen Möglichkeiten, noch nie real Geschmecktes in der Vorstellung zu erleben. Sie haben so keinerlei Schwierigkeit, Genuss zu empfinden. Am Ende sind Sie zwar nicht körperlich satt geworden, dafür aber seelisch. Sie haben alle Ihre Sinne gekitzelt. Sie haben Köstlichkeiten genossen. Sie haben Fülle erlebt. Sie stehen von dieser inneren Tafel als ein anderer Mensch auf.

Kapitel 10
Persönliche Spiritualität als Hilfe

Übung 90 Lebenshilfe empfangen: Den inneren Begleiter befragen

Problem: Konkreter Rat, praktische Hilfe, moralische Unterstützung

Wenn wir ein Problem zu lösen haben, holen wir uns manchmal Hilfe bei anderen Menschen. Wir schildern ihnen unsere Situation, bitten sie, sich in unsere Lage hineinzuversetzen und uns dann einen Rat zu erteilen. Oder wir wünschen uns praktische Hilfe durch ihre Begleitung und ihren Beistand bei einer schwierigen Angelegenheit. Wenn wir uns in dieser Form helfen lassen, ist das in verschiedener Weise möglich: Wir können ein Problem angesichts der aufgetretenen Schwierigkeiten unmittelbar diskutieren. Oder der Helfer oder die Helferin fassen mit an, wenn es etwas anzupacken gibt. Oder wir erhalten moralische Unterstützung durch eine Begleitung in einer schwierigen Situation: Wir fühlen uns dann stärker, weil wir nicht alleine sind.

Auch in inneren Vorstellungen und Bildern können Begleiter nützlich sein. Da können sie uns ebenfalls Rat geben. Oder sie können mit zupacken. Oder uns moralisch unterstützen. Wichtig ist nur, dass wir uns die richtigen Begleiter aussuchen. Wir brauchen innere Helfer, zu denen wir großes Vertrauen haben. Wir müssen spüren, dass sie uns wohlgesonnen sind. Solche inneren Helfer können Personen aus unserem Bekanntenkreis sein. Es können aber auch andere Menschen sein, denen wir ein besonderes Vertrauen entgegenbringen. Genauso können es Menschen aus spirituellen Gruppen sein. Oder es können religiöse Führer sein. So habe ich immer wieder die Erfahrung gemacht, dass in unserem Kulturkreis die Christusgestalt sehr hilfreich ist. Das gilt insbesondere für christlich orientierte Menschen. Sie kann aber auch bei solchen Menschen wirksam sein, die wenig religiösen Bezug haben. Bei einer Begleitung durch die Christusgestalt ist meistens in den inneren Bildern noch mehr positiver Einfluss zu erkennen als bei anderen Begleitern.

Voraussetzung: Vertrauen

Wenn genug Vertrauen zu dem ausgewählten Begleiter oder zu der Begleiterin da ist, kann schon allein deren Anwesenheit etwas in inneren Bildern bewirken. Sachverhalte werden deutlicher. Verschiedene Facetten eines Problems treten stärker zutage. Wahrheiten, die man ungern zur Kenntnis nimmt, werden annehmbarer. Mögliche Lösungen fallen klarer aus. Zudem kann eine innere Begleitung durch Rat oder Tat etwas verändern. Manchmal bewirkt sie sogar das, was man selbst einfach nicht schafft.

Bei vielen Vorgehensweisen in diesem Buch können Sie sich innerlich begleiten lassen. Wenn Sie beispielsweise hinter die Fassaden schauen, können Sie einen Begleiter fragen, was er da sieht und wie er Bestimmtes beurteilt (Übung 12). Beim Ideen-Monitor können Sie einen Begleiter beurteilen und interpretieren lassen, was Sie nicht verstehen (Übung 33). Oder ein Begleiter kann Sie beim Besuch des Experten auf Dinge aufmerksam machen, die Sie sonst übersehen würden (Übung 36). Einen ersten Versuch mit einer inneren Begleitung können Sie unternehmen, indem Sie sich ein Stück auf Ihrem Lebensweg begleiten lassen:

Setzen Sie sich ruhig hin und schließen Sie die Augen. Gehen Sie zudem möglichst auf die tiefere Wohlfühl-Ebene (Übung 9). Sie stellen sich nun einen Weg vor. Das ist Ihr Lebensweg. Sie schauen sich zunächst diesen Weg an, wie er aussieht. Dann blicken Sie sich nach der gewünschten Begleitung um. Wo ist sie? Von wo kommt die erwünschte Gestalt?
Wenn diese Gestalt bei Ihnen ist, gehen Sie mit ihr ein Stück auf dem Weg. Prüfen Sie, wie gut es Ihnen mit der Gestalt geht. Fühlen Sie sich wohl? Haben Sie Vertrauen? Gibt es nun etwas, das Sie die Gestalt fragen möchten? Soll sie Ihnen etwas zu Ihrer Person sagen? Soll sie Ihnen etwas zu einem bestimmten Problem mitteilen? Möchten Sie von ihr etwas zu Ihrem Lebensweg wissen, so wie er sich im Bild darstellt? Dann fragen Sie.
Anschließend schauen Sie, ob sich Ihr Weg in Begleitung dieser Gestalt verändert hat. Ist es leichter oder schwerer geworden, ihn zu gehen? Sind die Aussichten ringsum interessanter, spannender, anziehender geworden?
Schließlich verabschieden Sie sich von Ihrem Begleiter und bedanken sich für alles Gesagte. Und Sie bedanken sich ebenso für die Begleitung.

Normalerweise wird es Ihnen am Ende dieses Wegstückes besser gehen als am Anfang. Sollte das nicht der Fall sein, hatten Sie die falsche Begleitung. Von der Begleitung können Sie einiges zu Ihrer Person erfahren. Eine Begleitung aus dem religiösen Bereich spricht Sie dabei meistens auf einer höheren Ebene an. Nicht zuletzt deshalb können sich dadurch für Sie neue Perspektiven eröffnen. Zugleich kann es hilfreich sein, eine solche spirituelle Gestalt bei der Lösung einzelner Probleme in inneren Bildern hinzuzuziehen. Dann finden sich leichter Lösungen, die Sie durch und durch zufrieden stellen.

Folgen: Leichtere oder bessere Lösungen

Übung 91 Lebensperspektiven erweitern: Den Einsiedler besuchen

Oft sind wir allzu sehr mit vordergründigen Absichten, Wünschen und Reaktionen beschäftigt. Da könnten wir zwischendurch eine erweiterte Sicht auf unser Leben und unser Verhalten gut gebrauchen. Oder ein konkretes Problem hält uns in Atem. Auch da könnte ein Blick aus einer übergeordneten Perspektive neue Einsichten bringen. In solchen Fällen kann der innere Besuch beim Einsiedler – oder bei der Einsiedlerin – interessant werden.

Problem: Allzu vordergründige Lebensperspektiven

Gestalt des Einsiedlers in der Geschichte

Der Einsiedler ist zunächst eine religiöse Gestalt. Er ist ein Mensch, der die Distanz zu der normalen Alltagswelt sucht. Er will Abstand von allem haben, was die Sinne vordergründig mit Beschlag belegt. Er sucht eine Weltperspektive, die wesentlicher, umfassender und ganzheitlicher ist als üblich. Heute gibt es auch Künstler, die als Einsiedler weltabgeschieden leben.

Für das Folgende können Sie eine beliebige Einsiedler-Gestalt wählen. Oder Sie probieren einfach aus, auf welche Gestalt Sie stoßen:

Sie entspannen sich und schließen die Augen. Auch hier ist es sinnvoll, wenn Sie auf die tiefere Wohlfühl-Ebene gehen (Übung 9). Dann stellen Sie sich einen Weg vor. Dieser Weg führt zu einer Höhle am Berg. Dort werden Sie dem Einsiedler oder der Einsiedlerin begegnen.
Zunächst nehmen Sie den Weg dorthin möglichst genau wahr. Er kann sich bis zur Höhle sehr verändern. Dann sehen Sie dort eine Gestalt, die Sie schon erwartet. Schauen Sie genau hin, wer das ist. Vielleicht werden Sie von ihr besonders begrüßt. Vielleicht ist sie aber auch sehr einsilbig. Fragen Sie sie nun nach dem, was Sie wissen wollen. Wahrscheinlich erhalten Sie Antwort. Es kann allerdings sein, dass Ihnen der Einsiedler nur etwas in die Hand drückt. Am Ende bedanken Sie sich für das, was Sie erhalten haben.
Dann gehen Sie Ihren Weg zurück. Achten Sie darauf, wie dieser Weg jetzt aussieht, was sich vielleicht inzwischen verändert hat. Sie gehen bis zu Ihrem ursprünglichen Ausgangspunkt und kehren von da in die Realität zurück.

Gestalt des Einsiedlers in inneren Bildern

Es kann sehr unterschiedlich sein, wer Ihnen da in der Höhle entgegentritt. Bei einer jungen Frau war es eine ältere Therapeutin, die sie sehr verehrte. Bei einem Mann war es eine Mönchsgestalt. Bei christlich orientierten Menschen ist es manchmal Christus.

Was Sie von der Gestalt hören oder erhalten, kann für Ihr Leben sehr erhellend sein. Manchmal ist es so einfach, dass es schon fast als langweilig erscheint. Aber das kann gerade das sein, was Sie im Moment brauchen. Dann wirkt es auf jeden Fall erfrischend, belebend und Ihr Leben erneuernd.

In der Gestalt des Einsiedlers stellt sich Ihre eigene innere Weisheit dar. Sie gibt Ihnen innerlich Antworten, die aus einer größeren Tiefe und aus einer besonderen Distanz zu Vordergründigem kommen. In diesen Antworten kommt eine umfassendere und ganzheitlichere Perspektive zum Ausdruck.

Die meisten Menschen, die den Gang zum Einsiedler oder zur Einsiedlerin antreten, fühlen sich danach beschenkt. Meistens haben sie tatsächlich ein konkretes Geschenk oder ein Wort mitbekommen, das weiterhilft. Aber auch schon die innere Begegnung als solche tut gut.

Übung 92 Lebensreserven erschließen: Das spirituelle Ich einsetzen

Aufgabe des spirituellen Ichs

Neben den anderen Persönlichkeitsanteilen, die in Ihrer Person versammelt sind und die schon Thema waren, gibt es auch ein spirituelles Ich. Es ist ausgeprägter, wenn das Spirituelle in Ihrem Leben größeren Raum einnimmt. Es ist unterentwickelt, wenn Sie vom Spirituellen weiten Abstand halten. Aber es ist da. Dieses spirituelle Ich ist für eine übergeordnete Weltsicht zuständig. Es hat mit Glauben zu tun – wobei nicht unbedingt nur religiöser Glaube gemeint ist, sondern auch der Glaube an große Menschheits-Ideen. Das spirituelle Ich sitzt damit an einer entscheidenden Schaltstelle Ihres Handelns. Es mischt sich ein und entscheidet mit, wenn es beispielsweise um Moral geht.

Deshalb kann es sich lohnen, dieses spirituelle Ich bewusst in die tägliche Lebensgestaltung einzubeziehen. Dazu ist es nötig, es sich einmal anzuschauen und kennen zu lernen. Danach können Sie es mit besonderen Aufgaben betrauen oder an der Gestaltung des Alltags beteiligen. Ich schlage Ihnen vor:

> *Sie entspannen sich. Sie gehen am besten auch noch auf die tiefere Wohlfühl-Ebene (Übung 9). Dann lassen Sie Ihr spirituelles Ich neben sich treten. Es hat in etwa Ihre Gestalt. Sie schauen es sich an: Wie sieht es aus? In welchem Zustand ist es? Womit ist es gerade beschäftigt oder was können Sie in dieser Hinsicht aus seinem Blick, aus seiner Haltung, aus seinen Gesten schließen?*

Vielleicht sieht es depressiv und verkümmert aus? Oder es ist umgekehrt: Es tanzt gerade begeistert? Jedenfalls können Sie so einen Eindruck gewinnen, wie dieses Ich im Moment in Ihr Leben einbezogen ist und daran teilhat. Sie können auch sehen, wie vergeistigt es ist: Vielleicht ist es eine durch und durch lichte Gestalt oder es wirkt eher erdverbunden.

Auftrag an das spirituelle Ich

Als Nächstes stellt sich die Frage, ob Sie Ihr spirituelles Ich vielleicht mit besonderen Aufgaben beauftragen wollen, für die eben gerade dieses Ich zuständig ist. Eine solche wesentliche Aufgabe ist, für Sie ständigen Kontakt zu übergeordneten Lebenszielen und -perspektiven zu halten. Dieser Kontakt verhilft Ihnen zu mehr innerer Orientierung, Kraft und Lebensfreude. Das spirituelle Ich erschließt Ihnen damit zusätzliche Lebensreserven. Sie können es in folgender Weise beauftragen:

Sie bitten das spirituelle Ich, beispielsweise ständig in empfangender Haltung für Übergeordnetes, Transzendentes, Göttliches offen zu sein. Und Sie stellen sich vor, dass es mit nach oben geöffneten Händen dasteht. Es soll so die Orientierung und Kraft aus dem spirituellen Bereich empfangen, die Sie für den Alltag brauchen, und dann an Sie weitergeben. Sie können das spirituelle Ich aber auch damit beauftragen, genau das zu tun, was dieses Ich selbst für angebracht und wichtig hält. Sie schauen ihm dann zu, was es tut.

Indirekt erfahren Sie so, was Ihre Intuition im Moment für Sie auf dieser Ebene für angebracht hält. Und wenn Sie zumindest morgens oder abends einmal nach Ihrem spirituellen Ich schauen, haben Sie so im Alltag eine Möglichkeit mehr, Kontakt zu Ihrer persönlichen Spiritualität zu halten.

Übung 93 Vertrauen ins Leben gewinnen: Das innere Leuchten der Dinge wahrnehmen

Vertrauen ins Leben

Vertrauen ins Leben, das heißt: sich vom Leben getragen fühlen. Im Leben Geborgenheit empfinden. Fülle erleben. Sich eingebunden wissen in Beständigkeit und zugleich immer währende Erneuerung. Die Zuversicht haben, dass sich alle Schwierigkeiten letztlich regeln lassen und dass auch die Kraft zu eigener Änderung vorhanden ist, wenn ein Problem nur so zu bewältigen ist. Mit Vertrauen ins Leben lebt es sich leichter, lustvoller, kraftvoller.

Manche Menschen haben ein solches Vertrauen. Sie hatten eine glückliche Kindheit. Sie hatten Vertrauen zu ihren Eltern und wurden darin fast nie enttäuscht. In solchen Fällen müssen dann später schon herbe Schicksalsschläge kommen, damit ein solches Urvertrauen Schaden nimmt. Doch nicht jeder oder jede wächst so glücklich auf. Und nicht alle bleiben von Schicksalsschlägen verschont. – Was dann? – Dann lässt sich an verschiedenen Punkten ansetzen: Kindheitserfahrungen können aufgearbeitet werden. Die negative Kraft anderer Erlebnisse kann gebrochen werden. Verhaltensweisen können umgestellt werden. Oder Zukunftsängste können verringert und Zukunftserwartungen ins Positive gewendet werden.

Es lässt sich auf solche Weise einiges ändern. Zur Ergänzung und Unterstützung ist zusätzlich Hilfe auf der spirituellen Ebene möglich. Sie können Folgendes versuchen:

Sie entspannen sich, schließen die Augen und stellen sich dann vor: Die Natur und die ganze Welt sind von innen her mit leicht gelblichem Licht erleuchtet. Dieses Licht hat eine besondere Energie. Zugleich gibt es allem von innen heraus eine besondere Bedeutung. Nichts ist in diesem Licht zufällig. Alles wird von einer tiefen Kraft von innen heraus getragen – das sehen Sie in diesem Licht. Alles ist miteinander verbunden. Und auf allem liegt zudem noch der funkelnde Glanz von Millionen kleinster Tautropfen.

Versuchen Sie, diese Sicht zu entwickeln. Bemühen Sie sich, das innere Leuchten der Dinge zu sehen. Wenn Ihnen das gelingt, prägen Sie sich dieses Bild ein. Und rufen Sie es sich jedes Mal zurück, wenn Ihnen Ihre Existenz enttäuschend erscheint. Ihr Leben bekommt dann etwas von dem geheimen Glanz, den Sie innerlich über allen Dingen gesehen haben.

Ich überlasse es Ihnen, als was Sie die innere Kraft in den Dingen ansehen wollen. Ob es Gott für Sie ist, der darin zum Ausdruck kommt, oder ob es etwas anderes ist. Mir ist wichtig, dass sich etwas von dieser Kraft auf Sie überträgt. Dass Sie diese Kraft in sich selbst fühlen. Und dass sie Ihnen Vertrauen ins Leben gibt.

Übung 94 Lebenszufriedenheit erreichen: Neue Empfindungen in sich einlassen

Gründe für generelle Unzufriedenheit

Mit Unzufriedenheit vergällt sich so mancher Mensch sein Leben. Was auch immer Positives geschieht: Es reicht nicht, ihn wirklich zufrieden zu stellen. Und wenn Negatives geschieht, bestätigt es nur seine trübe Weltsicht. Solche Unzufriedenheit hat drei wesentliche Gründe: Der eine Grund liegt darin, dass man an sich selbst vorbeilebt. Elementare persönliche Bedürfnisse werden nicht befriedigt. Vielleicht sind die äußeren Umstände dafür verantwortlich: Man hat eine frustrierende Berufssituation, eine belastende Wohnsituation oder einen schier erdrückenden Schuldenberg. Oder man hat falsche oder widersprüchliche persönliche Ziele, ohne es zu merken. Ein zweiter Grund ist, dass man zu hohe Erwartungen hat. Man setzt seine Wünsche und Ziele so hoch an, dass man ständig für sie rackert, ohne sie je zu erreichen. Dann bleibt man immer unzufrieden. Das ist etwa bei dem Menschen so, der unbedingt Vorgesetzter werden möchte, ohne dass seine Fähigkeiten für die gewünschte Beförderung reichen. Ein dritter Grund sind negative Kindheitserfahrungen, die bislang unaufgearbeitet sind. Sie können das Leben so vergiften, dass Lebenszufriedenheit einfach nicht eintreten kann. Dann ist eine therapeutische Aufarbeitung unumgänglich.

Änderungsweise: Unzufriedenheit gegen Zufriedenheit austauschen

Haben Sie Probleme mit der Lebenszufriedenheit? Aber die genannten Gründe finden Sie nicht bei sich vor? Dann liegen die Ursachen dafür wohl nicht so tief. Und Sie können sich selbst ein Stück weiterhelfen. Das Ziel ist dann, die Unzufriedenheit aus sich zu verbannen und stattdessen Zufriedenheit einziehen zu lassen. Ich biete Ihnen dazu folgendes innere Bild an:

Sie entspannen sich zunächst. Sie schließen die Augen und gehen möglichst auf eine tiefere Wohlfühl-Ebene (Übung 9). Dann stellen Sie sich vor, dass es in Ihrem Körper neben dem Blutkreislauf noch ein seelisches Röhrensystem gibt. In diesem kreist Ihre Unzufriedenheit wie eine Flüssigkeit. Schauen Sie sich zunächst mit Ihren inneren Augen an, von welcher Art die Röhren sind. Dann untersuchen Sie, welche Klarheit und Farbe die Unzufriedenheit in diesen Röhren hat. Schließlich öffnen Sie unter beiden Fußsohlen einen Verschluss und lassen die Flüssigkeit der Unzufriedenheit ab. Sie kann in ein Gefäß in der Erde ablaufen und dann versickern. Prüfen Sie dabei, wie die Unzufriedenheit riecht.

Wenn die Unzufriedenheit abgelaufen ist, schließen Sie die Öffnungen unter den Füßen. Dann öffnen Sie oben auf dem Kopf einen kleinen Einfüllstutzen. Da lassen Sie sich nun Zufriedenheit einfüllen – möglichst von einer höheren Macht. Dieser Zufriedenheit sind vielleicht zugleich noch andere und für Sie neue Gefühle beigemischt – wie etwa Kraft, Intensität oder Freude. Schauen Sie sich beim Einfüllen an, wie die neue Flüssigkeit aussieht. Prüfen Sie, wie sie riecht. Und spüren Sie, welche anderen Gefühle ihr beigemischt sind. Lassen Sie sich ganz damit auffüllen. Und lassen Sie von nun an Zufriedenheit und die anderen Gefühle in sich kreisen.

Wirkungen des Austauschs

Die Unzufriedenheit kann eine trübe, übel riechende Brühe sein. Sie können dann nur noch mit dem Kopf schütteln, dass Sie so etwas in sich geduldet haben. Die Zufriedenheit dagegen kann klar und wohlriechend sein. Es ist geradezu eine himmlische Wohltat, sie von oben in sich hereinfließen zu lassen. Und es tut außerordentlich wohl, sie in sich kreisen zu lassen.

Allerdings genügt es meist nicht, nur einmal diesen Flüssigkeitswechsel zu vollziehen. Es wird wohl mehrfach nötig sein. Zugleich wird die eingefüllte Zufriedenheit immer wieder darauf drängen, dass Veränderungen in Ihrem

Leben stattfinden, damit sie in Ihnen bleiben kann. Wenn es so ist, sollten Sie überprüfen, ob Sie vielleicht doch noch falsche Lebensziele haben. Oder ob Sie überhöhte Ansprüche in sich pflegen, welche die neue Zufriedenheit bald wieder in Unzufriedenheit umkippen lassen. Oder ob es eben alte Lebenserfahrungen gibt, die Zufriedenheit verhindern. Wenn das zutrifft, sollten Sie dringend etwas ändern. Und wenn das dann geschieht, kann von da an die Zufriedenheit dauerhaft in Ihnen bleiben.

Übung 95 Kultivierung erleben: Zivilisiert werden

Sinn von Zivilisierung

Die Zivilisation ist ein fortschreitender Prozess der Kultivierung. Aus Wilden werden Menschen, deren spontane Impulse immer mehr überformt und kontrolliert werden. Dabei erlischt allerdings nicht jede Form von Spontaneität. Es wird auch nicht jeder Impuls bis in die letzte Regung dosiert. Sondern es entsteht eine gute Balance zwischen ungezügelter Triebhaftigkeit und totaler Selbstkontrolle. Die Zügelung und Zähmung der Impulse ist nötig, damit verlässliche Umgangsformen und Manieren in eine Gesellschaft kommen. Sonst droht eine Regel- und Gesetzlosigkeit, in der letztlich fast alle zu Verlierern werden. Wenn man beispielsweise die Kriege des zurückliegenden Jahrhunderts nimmt, dann hat es dabei zwar einzelne Gewinner gegeben. Aber insgesamt hat die übergroße Mehrheit dabei immer Einbußen erlitten.

Wert von Vertrauen

Damit eine Gesellschaft gut funktioniert, ist sie auf gegenseitiges Vertrauen ihrer Mitglieder untereinander angewiesen. Fast jede Vereinbarung, fast jedes Geschäft setzt ein Minimum an Vertrauen voraus. Die meisten Begegnungen geschehen unter der stillschweigenden Voraussetzung, dass die andere Seite sich normal verhält und nicht unerwartet beleidigend oder tätlich wird. Höflichkeit ist das Schmiermittel, damit es nicht in dem Räderwerk der Gesellschaft allzu sehr knirscht. Aber Vertrauen ist die Voraussetzung, dass die Räder überhaupt ineinander greifen können.

Weltanschauungen und Religionen können ein wesentliches Mittel sein, um Verlässlichkeit und Vertrauen zu schaffen. Die in ihnen enthaltenen Wert- und Moralvorstellungen geben Verhaltensweisen vor. Damit wird das eigene Verhalten für andere voraussehbar und verlässlich. Vertrauen entsteht. Man kann es auch so sagen: Es muss einen bestimmten Anteil an Menschen in einer Gesellschaft geben, der sich rücksichtsvoll und vertrauensvoll benimmt, damit die ganze Gesellschaft einigermaßen funktioniert und nicht das Chaos ausbricht.

Dabei ist die Kontrolle über Triebhaftigkeit und Impulse nicht nur ein Segen für andere, sondern für die meisten Menschen selbst. Sie leiden, wenn sie stärker anecken, sich unbeliebt machen oder gar Feinde schaffen. Es bereitet ihnen Gefühle von Unsicherheit, wenn sie sich hilflos ihren eigenen Impulsen und Launen ausgeliefert fühlen. Dagegen gibt es Sicherheit, wenn man weiß, dass man sich sogar in kritischen Situationen auf sich selbst verlassen kann.

Unzivilisiert werden

Ich möchte Ihnen einmal das Erlebnis vorschlagen, sich ziemlich unkontrolliert den eigenen Impulsen ausgeliefert zu fühlen. Und danach können Sie erfahren, wie es Ihnen geht, wenn Ihnen eine Weltanschauung oder Religion Verhaltensregeln vorgibt, wenn Sie also gezähmt und zivilisiert werden. Sie werden erleben, dass Sie sich in zivilisierter Form mit sich selbst wesentlich wohler fühlen! Die erste Erfahrung machen Sie folgendermaßen:

Sie entspannen sich und schließen die Augen. Dann stellen Sie sich innerlich vor, dass es keinerlei Verhaltensmaßregeln mehr gibt. Dass Sie jede Art von Zivilisation über Bord geworfen haben. Sie können sich einfach so verhalten, wie es ungefiltert aus Ihnen herausbricht. Sie spüren deutlich, welche Impulse jetzt in Ihnen hochkommen und zu welchem Verhalten sie drängen.

Was geschieht? Wenn ich diese Vorgabe in einer Gruppe mache, spüren viele Menschen, wie animalische Impulse über sie kommen. Sie haben das Gefühl, dass sie irgendwie tierisch werden. Sie werden gierig. Es geht für sie plötzlich um Fressen oder Saufen. Oder sie fühlen, wie sie Dinge rücksichtslos an sich raffen wollen. Sie wollen so viel wie möglich haben. Besonders bei Männern taucht zudem häufiger Kampfeslust auf. Sie möchten dann andere niedermachen und sich rücksichtslos durchsetzen.

Zivilisiert werden

Für die zweite Erfahrung, die des Zivilisiertseins, suchen Sie sich zunächst die Weltsanschauung oder Religion aus, von der Sie zivilisiert werden möchten. Dann gehen Sie so vor:

Sie stellen sich vor, dass die ausgewählte Weltanschauung oder Religion zunächst außen vor Ihnen steht oder liegt. Sie sehen sie in Symbolform vor sich – etwa als Wort oder Gegenstand. Solch ein Gegenstand kann beispielsweise ein Buch sein. Dann lassen Sie die Weltanschauung oder Religion von außen in Ihren Körper eintreten und sich in Ihnen ausbreiten. Sie schauen nun in sich hinein und beobachten, was sich tut und was sich verändert. Sie nehmen wahr, wie Sie von der Weltanschauung oder Religion durchdrungen werden. Sie registrieren, wie Sie am Ende sich selbst und Ihre ganze Existenz empfinden. Sie achten darauf, welche Verhaltensweisen Sie jetzt in sich spüren.

Wirkungen der Übung

Viele Leute machen dann die Erfahrung von Heiterkeit, Leichtigkeit und innerem Frieden mit sich selbst. Sie sind ausgeglichen. Das Leben wirkt freundlich und angenehm. Und sie können nun in besonders offener Weise auf andere Menschen zugehen. Allerdings kommt es sicherlich auf die Weltanschauung und Religion an, die Sie in sich hineinlassen. Die beschriebenen Erfahrungen haben Menschen mit christlicher Orientierung gemacht. Für andere Anschauungen liegen mir zu wenig Berichte vor.

Sie können aber auch eine Weltanschauung nach der anderen in der beschriebenen Form durchtesten und sehen, wie sie Ihnen bekommen. Voraussetzung ist natürlich, dass Sie zumindest eine gewisse Ahnung von den jeweiligen Weltbildern haben. Dann lassen sich zum Teil verblüffende Erfahrungen machen. Sie werden sich wundern, was Ihnen da geschieht.

Übung 96 Sich das Leben erleichtern: Positiv beten

Ziel: Probleme leichter werden lassen

Viele Menschen beten. Häufig ist es ein Stoßgebet, mit dem sie sich in einer schwierigen Situation Hilfe und Erleichterung verschaffen wollen. Es kann tatsächlich entlastend sein, bei einer höheren Macht abzuladen, was gerade drückt. Man kann allerdings so beten, dass man immerzu bei seinem Problem bleibt und drum herum kreist. Dann kann sogar das Gegenteil von Entlastung eintreten: Das Problem wird schwerer und schwerer. Man kann aber auch in einer Form beten, durch die das Problem leichter wird. Ich nenne ein solches Beten: Positiv beten. Ich möchte Ihnen hier drei Möglichkeiten aufzeigen, positiv zu beten. Die erste Form geht so:

Sie denken innerlich zuerst an die höhere Macht, zu der Sie beten. Sie stellen sich dabei etwas Positives von ihr vor: ihre Größe, ihre Kraft, ihre Liebe. Vielleicht kommt Ihnen spontan ein Bild dazu. Erst danach gehen Sie zu Ihrem Problem über. Wenn Sie Ihr Problem nennen und beschreiben, dürfen Sie all das sagen, was Sie belastet. Versuchen Sie, sich durch Reden zu entlasten. Aber achten Sie auch darauf, dass Sie dabei nichts schlimmer machen, als es ist. Am Ende gehen Sie wieder zurück zu der höheren Macht. Vielleicht bekommen Sie ein inneres Bild von ihrer Kraft. Denken Sie jedenfalls an Positives und Hilfreiches, das von ihr ausgeht. Als Letztes versuchen Sie dann, ein Bild von dem Zustand zu bekommen, in dem Ihr Problem gelöst sein wird. Sehen Sie diesen Zustand deutlich vor sich! Vielleicht können Sie sich sogar schon darauf freuen!

Wenn Sie Ihr Problem so einrahmen, dass Positives am Anfang und am Ende steht, wirkt schon das erleichternd. Ihr Problem verliert an negativer Kraft. Allerdings setzen Sie nicht irgendwelche utopischen Wunschbilder ans Ende. Versuchen Sie ein Bild des zukünftigen Zustandes »geschenkt« zu bekommen – statt es mit Wunschgewalt herzuzerren. Oder wählen Sie eine ganz allgemeine Form eines zukünftigen positiven Zustandes: Sehen Sie sich selbst in göttliches Licht gehüllt.

Ziel: Positive Ausstrahlung

Die zweite Form des positiven Betens hat mit anderen Menschen zu tun. Sie sorgen sich beispielsweise um jemanden. Sie wollen durch ein Gebet deshalb etwas tun. Dann machen Sie es in positiver Form folgendermaßen:

Denken Sie zunächst wieder an die Größe, Kraft oder Liebe Gottes bzw. der höheren Macht, zu der Sie beten. Dann tragen Sie dieser Macht Ihre Sorgen wegen der Person vor, um die es Ihnen geht. Aber versuchen Sie gleich eine Idee davon zu entwickeln, welchen Zustand Sie diesem Menschen wünschen. Sehen Sie ihn von vornherein nur in diesem positiven Zustand, den Sie für ihn haben wollen. Lassen Sie sich wieder diesen Zustand »schenken«. Oder nehmen Sie – als Alternative – die schon angesprochene allgemeine Form des Wohlbefindens: Sehen Sie einfach diesen Menschen in göttliches Licht gehüllt.

Bei dieser Form der Sorge befassen Sie sich – zumindest bildlich – nur mit den positiven Aussichten des anderen Menschen. Das schützt Sie davor, in seinen Problemen zu versinken – wovon er gar nichts hätte. Im Gegenteil: Ihnen wird bei solchem Beten leichter ums Herz, weil Sie schon die zukünftige Besserung erblicken. Und wenn Sie diesem Menschen danach real begegnen, strahlt zudem etwas von Ihrer positiven Erwartung auf ihn aus.

Ziel: Selbstveränderung

Bei der dritten Form, positiv zu beten, geht es um die Anregungen in diesem Buch, wie Sie sich selbst verändern können. Dabei ist häufig eine Bedingung, dass Sie das vorgeschlagene Bild immer wieder auf sich wirken lassen. Dann kann es sich langsam umsetzen. Zusätzlich kann es helfen, wenn Sie dieses Bild mit in das Gebet einschließen:

Jeden Tag äußern Sie im Gebet die Bitte, dass die von Ihnen gewünschte Veränderung vorangeht. Und dabei stellen Sie sich jedes Mal das entsprechende innere Bild vor.

Wenn Sie dies so tun, wird Ihre Bemühung um Veränderung in einen größeren Rahmen gestellt. Sie wird in Ihr gesamtes Weltbild eingebunden und da verankert. Die Wirkung tritt damit schneller und zugleich dauerhafter ein.

Übung 97 Sinn im Leben finden: Den Blumenhügel besuchen

Für viele Menschen hat das Leben fraglos einen Sinn. Sie brauchen nicht darüber nachzudenken. Sie gehen in ihrer Familie auf. Ihr Beruf füllt sie ganz aus. Oder sie pflegen einen großen Bekanntenkreis und spüren, dass sie darin fest verwurzelt sind. Die Sinnfrage stellt sich nicht, wenn man sich fest in soziale Zusammenhänge eingebunden weiß. Oder wenn man eine Aufgabe gefunden hat, die einen ganz ausfüllt. Sinn im Leben hat viel damit zu tun, dass man innere Verbundenheit mit anderen Menschen oder mit dem Leben insgesamt spürt. Oder anders gesagt: Wer liebt und geliebt wird, hat kein Sinnproblem.

Ursachen der Sinnfrage

Die Sinnfrage stellt sich dagegen bei vielen Menschen, die arbeitslos sind. Sie stellt sich ebenso vielen Einsamen. Oder sie stellt sich, wenn man nur vordergründig eingebunden oder nur teilweise ausgefüllt ist. Sie ist da, wenn man spürt, dass man an den eigenen tieferen Bedürfnissen vorbeilebt.

Wenn die Sinnfrage zu einem Problem geworden ist, lässt sich daran in der Regel nicht so leicht etwas ändern. Meistens ist ein größerer Wandel nötig, um Abhilfe zu schaffen. Aber zunächst muss man die Richtung klären, in der man Sinn suchen will. Dazu schlage ich Ihnen Folgendes vor:

Sie entspannen sich. Und dann gehen Sie möglichst noch auf die tiefere Wohlfühl-Ebene (Übung 9). Nun stellen Sie sich einen von Blumen übersäten runden Hügel vor. Sie steigen an seiner Seite hoch. Zusätzlich nehmen Sie möglichst einen inneren Begleiter oder eine innere Begleiterin mit (Übung 90). Oben über dem Hügel stehen ein paar weiße helle Wölkchen, die der Kuppe des Hügels besondere Bedeutung verleihen. Sonst aber scheint die Sonne. Und wenn Sie oben auf dem Hügel ankommen, sehen Sie da eine größere, tiefere Mulde vor sich, die ebenfalls blumenübersät ist. Darin finden Sie den Sinn Ihres Lebens. Erkunden Sie, was es da gibt.

Wirkungen der Übung

Sie sollen diesen Hügel als ausgesprochen angenehmen Ort erleben. Deswegen auch das Blütenmeer, das über ihm liegt. Zugleich sind ein paar bedeutungsvolle Wolken am Himmel, die auf die tiefere Dimension des Lebens hindeuten, die Sie da suchen. Und was finden Sie? Es können Menschen sein, mit denen Sie vielleicht längst verbunden sind, ohne dies zu merken. Oder es sind Menschen, die Sie sich für die Zukunft als Aufgabe suchen sollten. Oder es findet sich ein Symbol, das auf eine technische, organisatorische oder künstlerische Aufgabe hindeutet. Dabei kann es vorkommen, dass Sie in dieser Mulde zunächst nur eine Hütte, ein Zelt oder ein Gebäude sehen. Sie müssen dann hineingehen. Drinnen finden Sie den gesuchten Sinn.

Übung 98 Menschliche Autorität gewinnen: Zur Lichtgestalt werden

Voraussetzungen menschlicher Autorität

Es gibt fachliche Autorität: Da geht es um Wissen und Können in einem Fachgebiet. Und es gibt menschliche Autorität: Da geht es um Klarheit, Souveränität, Würde und Vorbildfunktion. Menschliche Autorität beruht auf innerer Unabhängigkeit. Ein Mensch, der solche Autorität besitzt, unterwirft sich nicht vordergründigen Moden. Er winkt ab, wenn man ihn vereinnahmen will. Er denkt in der Regel selbstständiger als andere. Er fühlt meistens klarer. Er handelt oft entschiedener. Er ist innerlich weniger zerrissen. Er gesteht jedem anderen Menschen menschliche Würde zu. Und er urteilt nicht nur nach Äußerem, sondern auch nach inneren Voraussetzungen. Solch ein Mensch ruht in sich selbst. Er ist mit sich in Einklang. Er wurzelt in einer Selbsterkenntnis, die ihn bescheiden macht. Er wurzelt in einer höheren Weltsicht, die ihm Klarheit gibt. Er wurzelt in einer Liebe, die ihm innere Verbundenheit und Geborgenheit vermittelt. Der tiefere Grund für seine Unabhängigkeit ist eben diese Geborgenheit.

Solch eine Autorität ist jedem Menschen zu wünschen. Aber es gibt kein Verfahren und auch kein inneres Bild, das einen Menschen automatisch dahin befördert. Es geht nicht ohne Anstrengung und Mühe. Ein Mindestmaß an Selbsterkenntnis, höherer Weltsicht und Liebe sind Voraussetzung und sie müssen zum Teil mühsam erworben werden. Allerdings gibt es innere Bilder, die den Prozess der Autoritätsgewinnung anregen und fördern können. Folgendes innere Bild kann Sie darin unterstützen:

Sie entspannen sich und stellen sich dann vor: Sie sehen sich selbst vor sich. Sie stehen auf einer Lichtscheibe, die auf dem Boden liegt. Weiter sehen Sie, dass Sie durchsichtig sind und dass Ihre äußeren Umrisse aus klarem Glas bestehen. Und schließlich sehen Sie, dass Sie innerlich mit angenehmem göttlichem Licht angefüllt sind. Wenn Sie dies deutlich gesehen haben, können Sie anschließend in diese Gestalt hineintreten. Sie können nun unmittelbar fühlen, wie es ist, gläsern zu sein, mit solchem Licht angefüllt zu sein und sich auf einer Lichtscheibe zu befinden.

Wirkungen der Übung

Was macht dieses Bild mit Ihnen? Es gibt Impulse an Ihr Unbewusstes: Die Lichtscheibe unter Ihnen regt die Zurückdrängung von »niederen« Regungen wie Egoismus, Aggression oder Rache an. Die gläserne Struktur fördert klares Denken, Fühlen und Handeln. Das innere Licht schließlich verstärkt Gefühle der Aufmerksamkeit, Zuwendung und Zuneigung zu anderen Menschen – also so etwas wie Nächstenliebe.

Dabei kann eine entsprechende Weltanschauung und religiöse Bindung zusätzlich helfen. Denn wenn Werte wie Wahrheit, Disziplin, Selbstbeschränkung oder Liebe schon durch Ihr Weltbild wichtig für Sie sind, zeigt das innere Bild schneller Wirkung.

Anwendungsdauer der Übung

Sie sollten sich das innere Bild längere Zeit täglich vor Augen führen. Allerdings kann das durchaus bisweilen zu inneren Konflikten führen. Unangebrachte Regungen, Unklarheiten oder Abwertung von anderen können bewusster werden als früher. Sie haben sich dann damit auseinander zu setzen. Das Bild drängt auf Änderung.

Aber nach einigen Wochen werden Sie registrieren, dass sich tatsächlich etwas in Ihnen zu ändern beginnt. Sie werden spüren, dass Sie innerlich unabhängiger, klarer und offener für andere Menschen werden.

Übung 99 Persönlichen Wert erfahren: Den eigenen inneren Reichtum erkennen

Nicht wenige Leute kommen sich ziemlich armselig vor. Manche fühlen sich sogar als Nichts. Das hat viel mit ihren Wertmaßstäben zu tun. Sie bestimmen ihren eigenen Wert vor allem im Vergleich mit anderen Menschen – und besonders mit deren Zuckerseite.

Subjektivität des persönlichen Wertes

Vielleicht wissen Sie, dass ein Mensch höchstens um die 100 Euro wert ist. Denn wenn man ihn seine chemischen Bestandteile zerlegte, wäre bei einem Verkauf nicht mehr zu erlösen. Allerdings kann man auch einen anderen Maßstab anlegen: Man kann ihn an dem messen, was er mit seiner Arbeit im Laufe eines Lebens an Einkommen erzielt. Nimmt man diesen Maßstab, dann ist etwa ein Lehrer um eine Million Euro wert. Sie sehen: Es kommt ganz auf die Bezugsgröße an.

Jeder Mensch hat ganz eigene Wertmaßstäbe. Das wird deutlich, wenn ich Sie frage: Möchten Sie ein Mensch völlig ohne Gefühle sein? In der Regel werden Sie den Gedanken schrecklich finden, es sei denn, Sie stecken in massiven Depressionen. Also haben Ihre Gefühle tatsächlich einen Wert für Sie.

Und was sagen Sie, wenn ich Sie frage: Möchten Sie ohne Ihre Erfahrung sein? Möchten Sie ohne Ihr Wissen sein? Möchten Sie ganz ohne die körperlichen oder seelischen Schmerzen sein, die Sie schon in Ihrem Leben erlitten haben? Vermutlich wollen Sie das nicht. Also hat das alles einen Wert für Sie.

Ausmaß der inneren Reichtümer

Sie sind ein Mensch voller innerer Reichtümer! Das sage ich bewusst provokatorisch. Und wenn Sie es von mir bewiesen haben wollen, dann lassen Sie sich bitte auf das folgende innere Bild ein:

Entspannen Sie sich zunächst und gehen sie auf die tiefere Wohlfühl-Ebene (Übung 9). Dann stellen Sie sich einen großen Saal vor. In diesen tragen Sie einen Sack nach dem anderen. In dem ersten Sack sind Ihre Gefühle, im zweiten Ihre Erfahrung, im dritten Ihr Wissen, im vierten Ihre seelische Stärke. Der Inhalt steht immer darauf. Und wenn Sie solch einen Sack hineintragen, zeigt seine Größe an, wie wertvoll der Inhalt für Sie ist. Danach stellen Sie in Säcken dazu: Ihre Intelligenz, Ihr Mitgefühl, Ihre Kreativität, Ihre erlittenen Schmerzen, Ihre Wut, Ihren Sinn für Schönheit. Und all das, was Ihnen noch einfällt. Hören Sie nicht zu früh auf! Sie bekommen dabei langsam ein Gefühl für all das, was Sie sind und Ihre Person ausmacht. Schließlich stellen Sie einfach den Rest, der übrig ist, in namenlosen Säcken hin: Und Sie schauen, wie voll jetzt der Saal ist!

Qualität der inneren Reichtümer

Jetzt können Sie aufhören, wenn Sie wollen. Der mit Säcken vollgestellte Saal vermittelt schon ein eindrucksvolles Bild von Ihrem inneren Reichtum. Allerdings können Sie – in einer zweiten Stufe – die Säcke ausschütten und sehen, was drinnen ist. Sie können dann beobachten, wie deren Inhalt den Saal auffüllt. Ich habe aber vorher eine Bitte: Ziehen Sie möglichst eine spirituelle Gestalt hinzu (Übung 90). Und lassen Sie diese Gestalt die Säcke ausschütten. Unter deren Händen wird sich der Inhalt verwandeln:

Sie lassen diese Gestalt einen Sack nach dem anderen öffnen und ausschütten. Sie schauen, was herauskommt. Vielleicht sind verschiedene Farben und Materialien darin. Vielleicht ist das eine bleischwer und das andere federleicht. Vielleicht wirkt das eine stumpf und das andere glitzert. Wenn alle Säcke ausgeschüttet sind: Wie voll ist dann der Raum? Und wie sieht das Ausgeschüttete aus? Ist es ein buntes Durcheinander? Ist es wilde Fülle? Schließlich stellen Sie sich noch vor, dass sich der Saal nach oben zum Himmel hin öffnet. Nun fällt göttliches Licht herein. Dieses Licht durchdringt alles im Saal. Es erleuchtet alles – auch von innen. Und schließlich bringt es noch eine besondere Ordnung in den Saal. Alles fügt sich zu einem ganz besonderen Ganzen zusammen – schauen Sie hin und schauen Sie es sich an!

Bei diesem inneren Bild werden eckige, runde, kärgliche oder reich verzierte Säle gesehen. Der Inhalt der Säcke ist auffällig oft Gold. Und wenn sich die Saaldecke öffnet, gewinnt alles zusätzlich an Glanz und Bedeutung. Als Mensch haben wir eine Fülle von Schätzen in uns. Das weiß unsere Intuition und das lässt sie uns auf diese Weise erfahren.

Übung 100 Transzendenz erleben: Himmlische Musik hören

Spiritualität kann durchaus etwas mit Sinnenfreude zu tun haben. Dann allerdings geht es häufig um eine besonders erhebende Form von Sinnenfreude. Sie macht in beeindruckender Weise das Leben freundlicher und schöner. Sie lässt die üblichen Probleme und Schwierigkeiten zusammenschrumpfen und viel erträglicher werden. So etwas geschieht etwa beim Hören himmlischer Musik. Was ich damit meine? Nun, eine Musik, welche die normalen Dimensionen sprengt. Eine transzendente Musik.

Voraussetzung: Hörwillen

Es ist meine Erfahrung, dass solche Musik für viele Menschen erreichbar und hörbar ist. Und ich gehe einfach einmal davon aus, dass solche Musik auch für Sie zugänglich ist. Bei ihr kommt es nicht auf die musikalische Begabung an, sondern nur auf den Hörwunsch und den Hörwillen. Wenn Sie diesen Willen haben, nehmen Sie sich an einem ruhigen Tag etwas Zeit dafür. Und dann gehen Sie folgendermaßen vor:

Sie entspannen sich und gehen mit geschlossenen Augen möglichst auf die tiefere Wohlfühl-Ebene (Übung 9). Danach stellen Sie sich zunächst einen wolkigen Himmel über sich vor. Dann jedoch beginnt sich dieser Himmel zu öffnen: Die Wolken über Ihnen rücken beiseite und es entsteht da oben ein besonderer himmlischer Raum.
Bald hören Sie die ersten Töne von dort oben. Es scheint da ganze Instrumenten- und Musikergruppen zu geben. Sie hören vielleicht zunächst Bekanntes. Dann aber geht die Musik zu ganz neuen Variationen über. Sie hören vielleicht ganz neue Instrumente oder Instrumenten-Kombinationen. Sie hören zugleich eine außergewöhnliche Intensität und Musikalität. Etwas absolut Besonderes. Etwas Einmaliges.

Ergebnis: Innere Erhebung

Vielleicht hören Sie eine Musik, die durchaus irdisch sein könnte – aber eben in besonderer Qualität. Möglicherweise kommt Ihnen aber etwas zu Ohren, das Sie in dieser Form und Vollkommenheit nie in der Realität hören könnten – also absolut himmlische Musik. Es wird ein Erlebnis für Sie sein. Am besten mühen Sie sich nicht mit Erklärungsversuchen. Fragen Sie sich nicht, wie es möglich ist, solche Musik zu hören. Spüren Sie lieber, was diese Musik mit Ihnen macht: Wie sie Sie aus dem Alltag heraushebt, Sie stärkt, das Leben positiver sehen lässt. Und wie Sie Ihnen vielleicht auch neue Kraft gibt, an Erhebendes und Transzendentes zu glauben.

Übung 101 Weltsicht abrunden: Der Traum von Gott

Funktion des persönlichen Weltbildes

Unser Glaube hat Einfluss auf unsere Fähigkeit, Probleme zu lösen. Unser Weltbild ist mitverantwortlich, ob wir unser Leben leichter oder schwerer nehmen und bewältigen. Denn Glaube und Weltbild sind ein Bezugsrahmen bei Entscheidungen. Zwar wird längst nicht jedes Problem davon berührt. Aber gerade bei lebenswichtigen Themen kommen sie ins Spiel. Etwa dann, wenn wir uns für oder gegen eine gefährliche Operation entscheiden sollen. Oder auch dann, wenn wir uns fragen, ob wir uns nun für eine tiefe Beleidigung rächen oder nicht.

In manchen Situationen können Glaube und Weltbild Mut machen. Sie können uns zudem Orientierung bieten und Entscheidungen erleichtern. Sie können Vertrauen ins Leben geben. Gelegentlich jedoch können sie uns auch in Konflikte stürzen, die wir ohne sie nicht hätten.

Glaube und Weltbild werden in der Regel in einer bestimmten Weise vorgefunden. Sie werden etwa von den Eltern weitergegeben. Oder man nimmt die Weltanschauung einer bestimmten Gemeinschaft an. Diese Anschauung wird dann noch persönlich abgewandelt – aber die Grundlinien liegen weitgehend fest.

Gestalt eines Wunsch-Weltbildes

Allerdings kann man einmal ganz andersherum denken und fragen: Was für ein Weltbild erleichtert uns das Leben? Welche Art von Glauben wäre für uns hilfreich? Was für einen Gott oder was für Götter erträumen wir uns eigentlich in unserem Innersten? Versuchen Sie sich einmal vorzustellen, Sie könnten Ihren derzeitigen Glauben oder Ihr derzeitiges Weltbild völlig beiseite legen. Und Sie könnten sich ganz frei neu entscheiden. Was wäre dann Ihr Traum-Glaube? Was wäre Ihr Traum-Gott? Was wäre Ihr Traum-Weltbild? Was würde Ihrem Lebensgefühl am meisten Auftrieb geben? Womit wären Sie am besten imstande, Ihre Probleme zu lösen?

Wenn Sie eine Antwort darauf finden würden, könnten Sie sehen, wie viel davon schon jetzt in Ihrem derzeitigen Glauben und Weltbild vorhanden ist. Und von dem Rest ließe sich vielleicht das eine oder das andere zusätzlich übernehmen. Sie hätten dann einen volleren Glauben, ein runderes Weltbild und Sie hätten von dieser Ebene her mehr Unterstützung bei der Lösung Ihrer Probleme.

Einbeziehung der inneren Weisheit

Wie können Sie vorgehen, wenn Sie Ihre innersten Träume in dieser Hinsicht erfahren wollen? Sie wenden sich an Ihre innere Weisheit. Ich gehe davon aus, dass wir so etwas ins uns haben. Diese Weisheit ist unabhängig von unseren aktuellen Wünschen, Konflikten und Befürchtungen. Sie ist eine Stelle in uns, die auf einer höheren Ebene weiß, was uns gut tut. Und die uns zumindest andeuten kann, was für ein Glaube oder was für ein Weltbild für uns langfristig hilfreich ist. Stellen Sie sich diese Ihre innere Weisheit als eine weise alte Frau oder einen weisen alten Mann vor. Dann können Sie sie befragen. Nehmen Sie sich dafür möglichst an einem besonderen und zugleich ruhigen Tag Zeit. Und dann gehen Sie so vor:

Sie entspannen sich und gehen auf die tiefere Wohlfühl-Ebene (Übung 9). Dann steigen oder fliegen Sie auf einen Berg. Dort suchen Sie etwas unterhalb des Gipfels die Höhle mit der weisen Frau oder dem weisen Mann. Bald sehen Sie diese Höhle und finden da tatsächlich eine alte, weise Gestalt. Diese bitten Sie nun, Ihnen etwas über Glauben und Weltbild zu sagen, die Sie brauchen. Und Sie bitten sie zugleich, Ihnen möglichst etwas dazu zu zeigen.
Jetzt sagt Ihnen die Gestalt vielleicht etwas. Und Sie können nachfragen und um weitere Erklärung bitten. Danach führt die Gestalt Sie vielleicht in einen hinteren Teil der Höhle, wo eine große Leinwand hängt. Darauf werden jetzt Bilder gezeigt, die etwas mit Glauben und Weltbild zu tun haben. Schauen Sie, inwieweit Ihnen das weiterhilft. Inwiefern Sie einen Traum-Glauben oder ein Traum-Weltbild darin erkennen.
Vielleicht führt die alte, weise Gestalt Sie aber vor die Höhle und dann auf den Gipfel des Berges. Dort sehen Sie ringsum vom Himmel herunter bis zur Erde Ihr Traum-Weltbild. Und wenn dieses Traumbild schön, erhaben und wohltuend ist: Genießen Sie es! Lassen Sie sich davon beeindrucken!

Sie haben tief drinnen in sich ein Gespür, das Ihnen sagen kann: Ja, dies innerlich Gesehene ist gut für mich! Oder: Nein, das ist es nicht, was ich brauche! Prüfen Sie das Gesehene mit diesem Gespür. Nehmen Sie nicht bedingungslos an, was Sie schauen. Verwerfen Sie aber auch nicht gleich auf den ersten Blick, was Ihnen zunächst einmal widerstrebt.

Beispiel für eine Bilderfahrung

Was kann Ihnen da geschehen? Ein Mann berichtete, dass er sich von dem Berg hochgezogen fühlte und über der Erde in einen riesigen Lichtkreis geriet. Der wirkte wie ein großes göttliches Auge. Er hatte dabei das Gefühl, sich mitten im Augapfel des Göttlichen zu befinden. Dieses sah ihn liebevoll von allen Seiten an. Zugleich war in ihm das überwältigende Empfinden, dass dieses gewaltige Göttliche ganz allein für ihn da war. Dann wurde er wieder behutsam auf die Erde gesetzt. Da blieb ihm noch eine ganze Weile das Gefühl erhalten, dass seine Existenz von außerordentlicher Bedeutung sei. Und dass er darin liebevolle Begleitung hat.

Wenn Sie offen für solche oder andere Erfahrungen sind: Schauen Sie, was Sie erleben!

Nachwort

Die Welt der inneren Bilder ist weit größer als die der äußeren visuellen Sinneseindrücke. In ihr sind bildliche Gestaltungen möglich, die in der Realität undenkbar sind. Entsprechend groß sind auch die Einsatzmöglichkeiten der inneren Bildern – sie sind nahezu unbeschränkt.

Weitere Anwendungen innerer Bilder

Dieses Buch bietet nur einen winzigen Ausschnitt der möglichen Anwendungen. Es gibt fast kein Problem, bei dem innere Bilder nicht in irgendeiner Form hilfreich sein könnten. Im Alltag setzen wir sie ohnehin häufig – wenn auch meist unbewusst – ein. Deshalb bleibt es Ihnen als Leserin bzw. Leser überlassen, selbst kreativ zu werden und bei besonderen Herausforderungen eigene innere Bilder zu entwickeln. Wenn also die Übungen in diesem Buch Ihre persönliche Fragestellung nicht abzudecken vermögen, steht es Ihnen offen, dafür – entsprechend den Beispielen in diesem Buch – neue hilfreiche bildliche Symbole zu entwickeln und zu verwenden.

Aber nicht nur in dieser Weise können Sie zusätzlich von diesem Buch profitieren. Allein schon der Umgang mit inneren Bildern macht Sie kreativer. Die assoziativen Fähigkeiten Ihres Gehirns werden trainiert. Die Zugänge zu Ihren unbewussten Wissens- und Erfahrungsbeständen werden erleichtert. Ihre Intuition wird gefördert und stimuliert. Sie werden, wenn Sie dieses Buch häufiger verwenden, in vielen Lebensbereichen spürbar leichter neue Ideen, Lösungen und Innovationen entwickeln.